합법적으로 세금 안내는 110가지 방법

21년 연속 베스트셀러! 2025년판 **부동산편**

합법적으로 세금안내는 110가지 방법

"절세를 알아야 부자가 될 수 있다"

세무사 **신방수** 지음

아라크네

절세 전략 잘 세워
부자 되세요!

여기저기서 세금이라는 말을 들으면 언뜻 '그게 나와 무슨 상관이 있어?' 하는 생각이 들지도 모릅니다. 하지만 우리는 생활 곳곳에서 원하든 원하지 않든 세금과 마주치게 됩니다.

아침에 일어나 모닝커피 한잔을 마실 때부터 시작해 월급을 받을 때, 부동산을 사고팔 때, 사업을 할 때 등 세금을 빼놓고는 그 어떤 경제활동도 할 수 없습니다.

또한 세금은 자산 증식에 아주 큰 영향을 미칩니다. 주위를 둘러보십시오. 소득 수준이 비슷한데도 누구는 부자 소리를 들으며 사는가 하면, 누구는 하루하루를 빠듯하게 살아갑니다. 또 시세가 비슷한 부동산을 소유하고 있으면서도 세금을 수천만 원 더 낸 사람들도 있습니다.

왜 이런 차이가 생길까요? 잘 살펴보면 한 가지 공통점을 찾을 수 있습니다.

부자들은 모두 절세 방법을 잘 알고 있다는 점입니다. 똑같은 샐러리맨이라고 해도 연말정산을 누가 얼마나 더 꼼꼼히 챙기느냐에 따라 환급받는 세금이 한 달 월급만큼 차이가 나기도 합니다. 마찬가지로 비슷한 규모의 기업체를 운영하는 사장님들도 회계나 세무 처리를 얼마나 잘 하느냐에 따라 힘들게 번 재산을 지킬 수도, 못 지킬 수도 있습니다.

부동산도 마찬가지입니다. 특히 부동산 세금은 거미줄처럼 얽혀 있어서 첫 실마리를 잘 풀어야 재산을 지킬 수 있습니다. 실제로 투자 수익률이 높은 사람들은 세금을 자유자재로 다룹니다.

이렇듯 튼튼한 방어벽을 쳐 세금이 빠져나갈 틈 없이 소득 관리를 할 때 비로소 부자의 길에 들어서게 됩니다. 세금에 무지한 나머지 무방비 상태로 있다 보면 그동안 공들여 쌓아 놓은 재산이 어느 순간 세금으로 뒤바뀌어 버리는 어이없는 경험을 맛보게 될 것입니다.

이 책 『부동산편』에서는 최근 확 바뀐 세제 정책의 변화에 따른 대응법을 자세히 다루고 있습니다. 알다시피 근래 부동산 시장이 급등하면서 다양한 대책들이 쏟아졌는데, 그중 2020년 7·10대책이 가장 대표적입니다. 정부는 이 대책을 통해 역대 가장 강력하다고 평가를 받을 정도로 취득세와 종부세 그리고 양도세를 한꺼번에 올렸습니다. 또한 말도 많고 탈도 많았던 주택임대등록제도를 사실상 폐지하고,

1인 부동산 법인에 대한 세금도 크게 인상했습니다. 그런데 2022년 5월에 등장한 새 정부에서는 이러한 세제들을 모두 완화하기 위해 노력하고 있지만 생각보다 속도가 나지 않고 있습니다. 국회의 협조를 받아 개정해야 하는 한계가 있기 때문입니다. 물론 2025년에는 경제 상황 등에 따라 취득세나 양도세 세율이 다소 인하될 가능성도 있어 보입니다. 이 외 다양한 곳에서 부분 개정이 있을 수 있습니다. 그래서 2025년에도 부동산 세금이 어떤 식으로 흘러갈지 이해하는 것이 상당히 중요하리라 봅니다.

이번 2025년 개정판은 이러한 흐름 속에서 가장 핵심적인 내용들을 최대한 담기 위해 노력했습니다. 특히 중요성이 크게 부각되고 있는 취득세 중과세 제도를 집중적으로 설명하였으며, 더 나아가 2022년 5월 10일 새 정부의 등장 이후에 개정된 내용들을 빠짐없이 분석하였습니다. 예를 들어 종합부동산세 인하, 최종 1주택에 대한 양도소득세 보유 기간 재계산 제도 폐지, 일시적 2주택 비과세 등 처분 기한 3년으로 통일, 조정대상지역 대폭 해제 등에 따른 분석이 이에 해당합니다. 이 외에도 2025년 이후에 적용될 내용들도 모두 반영하였습니다. 예를 들어 2024년 1·10대책에 따른 신축 소형 주택 등에 대한 주택 수 제외, 6년 단기 임대 제도 도입, 혼인에 따른 비과세 기한 5년에서 10년으로의 연장(2024. 11. 12. 개정) 등이 이에 해당합니다.

지금껏 세금 문제를 다룬 책은 많았습니다. 하지만 저는 이 책을 포함한 〈합법적으로 세금 안 내는 110가지 방법〉 시리즈인 『개인편』

『기업편』이 기존의 다른 책들과는 내용적인 면에서 한 걸음 더 앞서 있다고 자신합니다.

월급생활자나 자영사업자로서 세테크에 첫발을 내딛는 분들은 물론이고 자산관리 업무에 종사하시는 분들 모두 이 책에서 원하던 절세 전략을 찾을 수 있으리라 확신합니다. 특히 금융권이나 부동산 관련업 그리고 창업 등 사업 컨설팅에 종사하는 분들에게 살아 있는 컨설팅 자료로도 충분할 만큼 다양한 사례와 구체적인 방법들이 가득 담겨 있습니다. 만일 책을 읽다가 궁금한 사항이 있거나 세무 상담이 필요한 경우에는 저자가 운영하고 있는 네이버 카페(신방수세무아카데미)를 이용하기 바랍니다.

마지막으로 이 책을 내도록 독려해 주신 아라크네 사장님과 책 출간으로 밤늦게까지 고생한 편집부 여러분 모두에게 감사드립니다. 그리고 행복한 가정을 만들기 위해 노력하고 있는 아내와 자신의 삶을 개척하기 위해 고군분투하고 있는 사랑하는 딸 하영이와 주영이에게 이 지면을 통해 깊은 감사의 마음을 전합니다.

신방수(세무사)

차례

chapter 01   부동산 감세의 시대

chapter 02   취득세 중과세 대응법

chapter 03 보유세 줄이는 방법

chapter 04 주택 전·월세 소득 절세 전략

등장인물 소개

고단수
든든세무법인의 간판급 세무사. 많은 이들이 고심하는 세금 문제에 언제나 명쾌한 답을 내려 주는 해결사 역할을 한다.

이절세
금융회사의 자산관리 담당 팀장. 아내 야무진과 함께 다양한 세금 문제를 고민하는 사이, 어느새 세무 전문가 뺨치는 실력의 소유자가 되었다.

야무진
든든세무법인에서 근무하며 고단수 세무사를 만났다. 주변에서 일어나는 모든 세금 문제를 고단수 세무사와 상의하며 실전 경험을 넓히고 있는 중이다.

부동산 감세의 시대

모든 일은 기본이
중요한 거라구요!

지금까지의 부동산 세금 지식은 버려라

세무 업계에서 선두를 달리고 있는 고단수 세무사가 뭔가를 골똘히 생각하고 있다. '음, 부동산 세금이 생각보다 많이 복잡해졌어. 일선에 있는 세무 전문가들도 잘 모를 것 같은데, 이를 어쩜담.'

고 세무사는 최근 돌아가는 경제 상황과 부동산 시장이 녹록지 않음을 알았다. 본업인 세무 또한 만만치 않다는 걸 현장에서 느껴왔던 터라 이 상황을 가만히 지켜볼 수만은 없었다.

'그래. 지금까지의 세제들은 모두 낡은 것이 되었어. 이제 판을 다시 세워야겠어. 나를 기다리고 있는 사람들이 많을 테니……'

같은 시간, 고 세무사와 호흡을 함께한 적이 있는 이절세와 야무진 도 각오를 다지고 있었다.

"오빠, 부동산 세금이 너무 어려워졌어. 마치 미로를 헤매는 기분이야. 농담 아니야."

"맞아, 나도 공부를 한다고는 하는데 잘 모르겠더라. 이런 상황을 대략난감이라고 하지."

이절세는 한 금융회사에서 자산관리를 담당하는 팀장이고 그의 아내인 야무진은 한때 든든세무법인에서 고 세무사와 일한 적이 있었다.

"오빠, 우리 이번에도 고 세무사님과 같이 이 난국을 돌파해 보는 게 어떨까? 물론 바쁜 분이지만 우리가 부탁한다면 흔쾌히 제안을 수락해 주시지 않을까 싶어."

"나야 늘 오케이지. 이번에 진짜 제대로 한번 해 보자. 우리처럼 운이 좋은 사람들도 없을 거야. 그분과 함께 할 수 있다니……."

그들의 바람대로 이절세, 야무진, 고단수 세무사, 세 사람이 다시 뭉치게 되었다.

"그동안 잘들 계셨는지요. 오늘부터 저와 함께 확 바뀐 부동산 세금도 공부하고 그에 맞는 전략도 세워 봅시다. 이절세 팀장님 그리고 야무진 씨, 각오는 되어 있겠죠?"

"그럼요."

둘은 동시에 씩씩하게 대답했다.

"좋습니다. 이제 시작하겠습니다. 본격적으로 들어가기에 앞서 질문 좀 하겠습니다. 요즘 부동산 세금의 특징은 한마디로 뭐라고 생각하시나요?"

"네에?"

"하하하, 초반부터 긴장들을 하네요. 내가 있으니 걱정하지 마세요. 자, 작금의 세금을 보면 모든 단계에서 과세가 강화되었음을 알 수 있을 겁니다. 취득세도, 보유세도, 양도세도… 하지만 지금은 과거와는 다르게 부동산 세금의 약발이 많이 떨어졌습니다. 새 정부에서 세금 완화책을 많이 냈거든요. 그래서 지금은 부동산 감세의 시대가 아닌가 싶습니다."

"하하, 그렇군요. 세무사님, 그런데 노력한다고는 했지만, 아직 손 볼 곳이 상당히 많이 남아 있다고 합니다. 맞지요?"

"그렇습니다. 하여튼 전과 분위기가 확 바뀌고, 앞으로도 또 바뀔 예정이니 새로운 마음으로 공부를 해야 할 겁니다. 그래서 오늘의 주제는 '지금까지의 부동산 세금 지식은 버려라'입니다. 하하하."

고 세무사는 이에 대한 설명들을 추가하기 시작했다.

최근 세제 트렌드, 이렇게 바뀌었다

부동산 세금 중 비중이 가장 높은 주택의 경우 최근 정신을 차릴 수 없을 정도로 많은 부분이 바뀌었다. 사실 얼마 전까지만 해도 실수요자든 투자수요든 주택에 대한 세제가 단순해 이를 이해하는 데 별 어려움이 없었다. 예를 들어 실수요자의 경우 2년 이상 보유만 하면 양도세 비과세를 해 주고 보유세 부담도 미미했다. 이러한 양도세 비과세 조건에 최근 2년 거주 요건이 추가되었다. 그런데 이 요건이 전국의 모든 지역에 일괄적으로 적용되는 것이 아니라 특정한 지역에만 적용되어 주택을 취득할 때 이를 일일이 확인해야 한다는 문제점이 발생한다. 또한 실거래가가 12억 원(2021년 12월 8일 전은 9억 원)을 초과한 1주택자의 경우 일부 양도차익에 대해서는 과세가 되는데, 이때 장기보유 특별공제를 최대한 받는 것이 중요하다. 그런데 종전에는 10년 이상만 보유하면 80%까지 적용하던 이 공제를 10년 이상 거주해야 최대 80%를 적용하는 것으로 세법이 바뀌었다. 따라서 투자 목적으로 1주택을 보유한 경우 거주 여부가 상당히 중요하게 되었다.

한편 2주택 이상 자의 경우 종전에는 일반세율로 양도세를 내면 그뿐이었고 보유세 부담도 거의 없었다. 하지만 근래에 주택가격이 급등하자 2018년 4월 1일에 중과세가 도입되었다. 여기에 2018년 9·13대책과 최근의 2020년 7·10대책 등에 따라 다주택자를 대상으로 종부세를 크게 올리는 등 세제가 급격히 변하고 있다. 더 나아가 그동안 과세의 사각지대에 있던 임대소득세가 본격 과세되는 등 세제 환경이 큰 변화를 겪고 있다.

구분	취득	보유·임대	양도
2주택 이상 자	취득세 중과	• 종부세 인상 • 임대소득세 본격 과세	중과세 계속 적용

이처럼 다주택자들에게 보유세와 양도세 등이 많이 과세되면 투자 메리트가 줄어들게 된다. 예를 들어 5년 보유로 양도차익 1억 원이 기

대된다고 하자. 이 기간 동안 보유세와 이자비용 등이 2,000만 원 발생하고 처분 시 5,000만~6,000만 원의 양도세가 발생한다면 이 부동산을 보유할 이유가 없다. 한편 서민들의 주거 안정을 위해 도입된 주택임대사업자들의 세금 혜택도 많은 변화를 겪고 있다. 이 제도가 주택가격을 급등시킨 주요 원인으로 지목되자 2018년 9월 14일 이후 취득해 임대한 주택들에 대해서는 혜택을 대폭 축소했다. 이에 더 나아가 2020년 8월 18일 이후부터는 아파트에 대해서는 신규등록제도를 폐지했다. 또한 기등록자들의 경우에도 자동말소 같은 제도를 도입해 종부세 합산 배제 같은 혜택을 폐지했다.

이러한 흐름을 종합해 보면 실수요자라고 해도 고가주택에 대해서는 세제 혜택을 줄이는 한편 투자수요자들에 대해서는 세 부담을 늘리는 쪽으로 정책이 변해 왔음을 알 수 있다. 하지만 요즘은 종전과 분위기가 사뭇 다르다. 최근 각종 세제가 줄줄이 완화되고 있기 때문이다.

어떻게 대책을 꾸려야 할까?

현재의 부동산에 관련된 세금은 매우 복잡하다. 부동산 종류별로, 그리고 거래 단계별로 다양한 제도들이 얽혀 있기 때문이다. 따라서 일반인들이 자신의 상황에 맞게 이에 대한 해법을 찾는 것은 매우 어려운 실정이다. 그렇다면 그냥 두고만 보고 있어야 할까? 물론 그렇지 않다. 그러면 어떻게 해야 할까? 이하에서 가장 효율적으로 부동산 세금을 다루는 방법을 정리해 보았다. 물론 세부적인 내용들은 순차적으로 살펴볼 것이다.

첫째, 세금에 대한 기본기를 쌓아야 한다

부동산 세금에 대해 잘 알고 싶다면 기본기를 충실히 쌓아야 한다는 것은 두말할 필요가 없다. 이를 위해서는 세목별로 세금 체계를 정확히 이해하는 것이 중요하다. 특히 과세 대상과 과세표준, 그리고 세율을 어떤 식으로 산정하는지 이해할 수 있어야 한다.

둘째, 정부의 세금 정책을 따라잡을 수 있어야 한다

정부는 세제를 가지고 부동산 시장을 규율하는 경우가 많다. 따라서 현재의 시장 상황이 어떤지 살펴보고 그에 따라 어떤 세금 정책들이 도입되었는지, 앞으로 어떤 세금 정책들이 도입될 것인지 등에 관심을 둬야 한다. 일반적으로 세제는 매년 7월이나 8월에 개편안이 나오고 12월 말에 국회에서 최종 확정된다. 다만, 대통령령으로 규정된 것들은 연도 중이라도 입법예고를 거쳐 언제든지 시행될 수 있다는 점에 유의해야 한다.

셋째, 본인의 상황에 맞는 해법을 찾을 수 있어야 한다

세제를 공부하는 이유는 본인의 상황에 맞는 해법을 찾기 위해서다. 따라서 배웠던 지식을 본인의 상황에 맞게 적용하는 것도 중요하다. 그런데 최근의 세법은 여러 차례 개정을 거치면서 상당히 복잡하게 변하였다. 그 결과 일반인이 자신의 문제를 스스로 풀어내는 것이 쉽지 않게 되었다. 따라서 실무 처리를 할 때에는 반드시 전문 세무사의 도움을 받는 것이 좋을 것으로 보인다.

> **TIP**
>
> ### 정부의 주요 세제 정책
>
> ① **2017년 8월 2일(8·2대책):** 양도세 비과세 거주 요건 및 중과세 도입 등
> ② **2018년 9월 13일(9·13대책):** 임대사업자 세제 혜택 축소, 종부세 인상 등
> ③ **2020년 7월 10일(7·10대책):** 취득세 중과세, 종부세 인상, 양도세 세율 인상, 주택임대등록제도 개정 등
> ④ **2022년 5월 10일(5·10대책):** 최종 1주택 비과세 보유 기간 재계산 제도 폐지, 양도세 중과세 2025년 5월 9일까지 연장, 조정대상지역 내 일시적 2주택 처분 기한 1년에서 2년으로 연장
> ⑤ **2022년 12월 21일(12·21대책):** 취득세 중과세율 50% 인하, 양도세 단기세율 70% 등에서 45%로 인하 등을 골자로 하는 부동산 세제 완화안이 발표되었으나 국회 통과를 하지 못했음.
> ⑥ **2023년 1월 12일(1·12대책):** 취득세, 종부세, 양도세 일시적 2주택 처분 기한 3년으로 통일(재건축 대체주택 비과세 등도 3년으로 통일)
> ⑦ **2024년 1월 10일(1·10대책):** 일정 기간 내 취득한 신축 소형 주택, 기축 소형 주택(등록), 지방의 미분양 주택, 인구 감소지역 주택 등을 주택 수에서 제외

2024년 부동산 세금 총정리

"부동산 세금 종류도 많고 바뀐 것도 상당히 많은 것 같네요. 그런데 이 세금들을 언제 좇아가나요?"

이절세 팀장은 다소 맥이 풀렸다. 공부해야 할 내용이 생각보다 많고 절세하기가 쉽지 않아 보였던 탓이다.

"이해됩니다. 부동산 세금은 과거의 정책부터 찾아가면서 따지는 방법도 좋지만, 일단 올해 세금부터 정리해 보고 내년 세금을 전망한 다음 전략을 마련하는 순서로 진행해 봅시다."

"네, 좋습니다."

이절세와 야무진이 흔쾌하게 동의했다.

지금부터 고단수 세무사의 설명을 들어 보자. 물론 세부적인 내용은 뒤에서 하나씩 살펴볼 것이다.

일단 2024년 12월 현재 기준으로 주택에 관한 3대 세제 등이 어떤 식으로 전개되고 있는지 전체적인 흐름부터 알아보자.

구분	내용
취득세	• 2주택(일시적 2주택 포함) 이하: 1~3% • 위 외: 8~12%
종부세	• 1주택: 12억 원까지 비과세 • 3주택 이상+과세표준 12억 원 초과: 2~5% • 위 외: 0.5~2.7%
양도세	• 1주택자: 12억 원까지 비과세 • 일시적 2주택: 3년 내 처분 시 비과세 • 주택 단기 양도세율: 70%, 60%, 6~45% 등 • 중과세율: 기본세율+20~30%p(한시적 중과 배제)
기타	• 주택임대사업자: 기존 등록은 자동말소, 신규 등록은 10년 장기로 가능 (아파트는 등록 불가) • 부동산 매매사업자: 조정대상지역 해제 등에 따라 활성화 • 부동산 법인: 취득세(12%), 종부세(2.7~5.0%), 추가 법인세(20%) 적용 중

위의 내용 중 취득세, 보유세, 양도세를 중심으로 하나씩 살펴보자.

첫째, 취득세는 이렇다

2024년의 주택 관련 세율은 1~12%까지 다양한 모습을 하고 있다. 특히 2020년 8월 12일부터 도입된 중과세율이 최고 12%까지 적용되어 다주택자나 법인의 취득에 많은 영향을 주고 있다. 그렇다면 구체적으로 취득세는 어떤 식으로 적용되고 있는지 표로 정리해 보자.

구분	신규 주택이 조정대상지역 내에 소재한 경우	신규 주택이 비조정대상지역 내에 소재한 경우
무주택자가 1주택을 취득 시	무관	좌동
1주택자가 1주택을 취득 시	3년 내 종전 주택 처분 시 일반세율 적용 (취득 후 조정대상지역 해제의 경우에도 3년 내 처분해야 함)	무관*
2주택자가 1주택을 취득 시	12% 적용	8% 적용*
3주택자가 1주택을 취득 시	12% 적용	12% 적용
법인이 취득 시	12% 적용	12% 적용

* 신규 주택이 비조정대상지역 내에 소재한 경우 두 군데서 차이가 있다.

위 표를 보면 주택 수 2채 이하는 일반세율이 적용되나 그 이상이 되면 8~12%까지 세율이 올라간다. 그런데 여기서 2채 이하의 경우 신규 주택이 비조정대상지역에 소재하면 무조건 1~3%의 세율이 적용되지만, 조정대상지역에 소재하면 종전 주택을 신규 주택의 취득일로부터 3년 이내에 처분해야 한다. 이를 이행하지 못하면 8%의 중과세율이 적용된다. 한편 그 외 다주택자는 주택 수가 중요하다. 3채부터는 8~12%의 세율이 적용되기 때문이다. 그런데 이때 주택 수는 2020년 8월 12일 이후에 취득한 입주권, 주택분양권, 주거용 오피스텔 등이 포함된다. 다만, 시가표준액 1억 원 이하인 주택 및 오피스텔과 농어촌주택, 신축 소형 주택 등은 주택 수에서 제외된다. 따라서 다주택자가 추가로 주택을 취득하는 경우에는 이에 유의해 적용되는 세율부터 확인할 필요가 있다. 한편 법인은 주택의 시가표준액이 1억 원을 초과하면 원칙적으로 지역과 관계없이 12%가 적용되고 있다.

Q. 1세대 2주택자가 시가표준액 1억 원 이하의 주택을 취득하면 세율은 몇 %인가?

A. 시가표준액 1억 원 이하의 주택(오피스텔 포함)은 주택 수에 포함하지 않는 한편, 중과세를 적용하지 않는다. 따라서 이 경우 취득세율은 1%가 적용된다.

Q. 1세대 2주택자가 분양가가 2억 원인 분양권을 취득한 경우 향후 주택 완성 시 이에 대한 세율은 몇 %인가?

A. 분양권 계약일 현재 3주택에 해당하므로 분양권에 의해 완성된 주택에 대해서는 8~12%의 중과세율이 적용된다. 분양권은 분양가에 관계없이 무조건 주택 수에 포함되며 중과세 제도를 적용받는다.

둘째, 보유세인 종부세는 이렇다

매년 6월 1일을 기준으로 과세되는 종부세는 2024년에 큰 쟁점 없이 마무리된 듯하다. 종부세 공제금액이 6억 원에서 9억 원(1주택자는 11억 원에서 12억 원)으로 인상되었고 세율이 전반적으로 인하되었기 때문이다. 특히 2주택 이상 자에게 적용되던 중과세율이 3주택 이상 자 중 과세표준 12억 원 초과 시만 적용되어 이를 적용받는 층이 대폭 줄었다.

구분	1세대 1주택 특례	이 외
종부세 적용	기본공제 12억 원, 80% 세액공제	기본공제 9억 원
주택 수 제외	등록 임대주택, 상속 주택, 일시적 2주택, 지방 저가주택 등	
기본공제	12억 원	9억 원
공정시장가액비율	60%	60%
세율	0.5~2.7%	• 일반: 0.5~2.7% • 중과: 2.0~5.0%(3주택 이상, 과세표준 12억 원 초과 시)
세 부담 상한율	150%	150%

Q. 1세대 2주택(기준시가의 합계 10억 원)을 각 개인이 1채씩 보유하고 있다. 이 경우 종부세가 과세되는가?

A. 아니다. 종부세는 개인별로 과세되며, 각 개인별로 9억 원을 초과해야 과세되기 때문이다.

Q. 중과세 적용 시 "과세표준 12억 원"을 기준시가로 환산하면 얼마가 되는가?

A. 대략 29억 원이 된다.

이는 아래 식에 의해 따라 계산한 것이다.

- (기준시가-9억 원)×60%(공정시장가액비율)=12억 원

결국, 한 개인이 3채 이상을 보유하더라도 모든 주택의 기준시가 합

계액이 29억 원에 미달하면 종부세 중과세를 피할 수 있게 된다.

셋째, 양도세는 변화가 상당했다

양도세는 부동산 시장 참여자가 가장 관심 있게 보는 세제로 현 정부에서도 다양한 정책을 쏟아 냈다. 2024년 12월 현재 기준으로 이를 정리하면 다음과 같다.

구분	내용	비고
2022년 5월 10일	• 최종 1주택 보유 기간 재계산 제도 폐지 • 일시적 2주택 2년으로 연장 및 전입 의무 폐지 • 양도세 한시적 중과 배제 기한 연장	• 2025. 5. 9.까지 연장 (추가 연장 예상)
2023년 1월 5일	조정대상지역 대폭 해제	서울 강남·서초·송파·용산구만 지정되어 있음.
2023년 1월 12일	모든 세목 일시적 2주택 처분 기한 3년으로 통일	• 취득세, 종부세, 양도세에 해당 • 재건축 대체주택 비과세도 3년으로 연장

위 내용을 보면 다주택자에 대한 비과세 환경 개선, 세목 간 일시적 2주택자에 대한 처분 기한 통일, 중과세 제도 개선 등이 화두였다는 것을 알 수 있다(이로 인해 부동산 세제가 많이 간소화되었다). 이 외 2023년 1월 5일에 단행된 조정대상지역 대폭 해제도 시장에 다양한 효과를 가져다주었다. 이러한 내용을 좀 더 구체적으로 살펴보자.

첫째, 다주택자에 대한 비과세 환경이 개선되었다

2020년 5월 10일 전에 다주택자가 처분을 통해 1세대 1주택에 대한 비과세를 받기 위해서는 최종 1주택이 남겨진 날로부터 2년 이상을 새롭게 보유해야 했다. 하지만 2020년 5월 10일부터는 이 제도가 폐지되어 해당 주택의 취득일로부터 소급하여 2년 이상을 보유(거주)하면 비과세를 쉽게 받을 수 있게 되었다.

둘째, 일시적 2주택에 대한 처분 기한이 3년으로 통일되었다

원래 일시적 2주택은 양도세에서 선보인 제도였으나 최근 취득세 중과세 제도가 도입되어 여기에 이 개념이 도입되었다. 이 외 종부세에서도 1세대 1주택 특례(12억 원 기본공제와 80% 세액공제)를 적용할 때 이 개념을 도입하였다. 따라서 이사 등을 하면서 일시적 2주택이 된 경우 종전 주택을 3년 이내에 양도하면 각종 특례를 적용받을 수 있게 된다.

구분	일시적 2주택 특례 내용	비고
취득세	일반세율 적용	신규 주택이 조정대상지역에 소재하는 경우
종부세	1세대 1주택 종부세 특례 적용	지역과 관계없음.
양도세	양도세 비과세 적용	지역과 관계없음.

셋째, 중과세 제도는 사실상 무력화되었다

주택에 대한 중과세는 다주택자가 조정대상지역 내의 주택을 양도하면 기본세율+20~30%p를 적용하는 제도에 해당한다. 따라서 현실적으로 이러한 중과세율이 적용되면 거래를 할 수 없게 된다. 이에 정부는 2년 이상 보유한 주택에 대해서는 한시적으로 중과 배제를 해 주고 있다. 그러나 이보다도 더 중요한 것은 바로 조정대상지역의 해제다. 이 지역에서 해제되면 100채를 가지고 있더라도, 아무리 비싼 주택을 가지고 있더라도 중과세가 적용되지 않기 때문이다. 이에 따라 2024년 12월 현재 서울 강남·서초·송파·용산구 등 4곳만 제외하고는 중과세가 적용되지 않는다. 이러한 이유로 중과세 제도가 무력해졌다고 하는 것이다. 참고로 조정대상지역의 해제는 중과세뿐만 아니라 다양한 곳에서 영향을 미치는데, 이를 알아 두는 것도 좋을 것으로 보인다.

Q. 1세대 3주택자가 1채를 처분한 후 일시적 2주택을 만들었다. 이 경우 비과세가 성립하는가?

A. 그렇다. 양도세는 "양도일 현재"를 기준으로 비과세 요건을 갖추면 되기 때문이다.

Q. 1세대 1주택자가 조정대상지역의 주택을 취득한 경우 일시적 2주택으로 비과세 받기 위해 신규 주택으로 전입을 해야 하는가?

A. 아니다. 신규 주택으로의 전입 요건은 2020년 5월 10일부터 폐지되었다.

Q. 2021년에 신규 주택을 취득할 때 조정대상지역이었지만 거주하지 못했다. 그런데 최근 이 지역이 조정대상지역에서 해제되었

다. 그렇다면 이 경우 거주하지 않아도 비과세를 받을 수 있는가?

A. 아니다. 거주 요건은 취득 당시를 기준으로 적용한다. 참고로 양도세 중과세는 양도일 현재를 기준으로 판단한다.

Q. 주택임대사업자가 2018년 9월 14일 이후에 조정대상지역 내에서 주택을 취득하면 종부세 합산 배제와 양도세 중과 배제를 받을 수 없다. 그런데 이후 조정대상지역에서 해제되는 경우에도 마찬가지인가?

A. 아니다. 조정대상지역에서 해제된 경우에는 이를 규제할 이유가 없다(아래 TIP 참조).

TIP

조정대상지역 해제가 각 세목에 미치는 영향

조정대상지역은 부동산 가격이 급등한 지역을 말하는데, 조정대상지역에서 해제되면 세제는 아래처럼 변화한다.

구분	지정 시	해제 시
개인	• 취득세: 일시 2주택 3년 이내 처분 • 양도세 비과세: 거주 요건 적용 • 양도세 중과세: 중과 적용	• 3년 이내 처분 불요 • 거주 요건 적용 배제 • 중과 적용 배제
주택임대사업자	2018년 9월 14일 이후 취득분 종부세 과세 및 양도세 중과세 적용	종부세 합산 배제 및 양도세 중과 배제

여기서 주의할 것은 주택 취득(잔금) 당시 조정대상지역에 해당하였으나, 이후 이 지역에서 해제된 경우라도 1세대 1주택 비과세 적용 시 2년 거주 요건은 적용된다는 것이다.

2025년 부동산 세금은
어떻게 바뀔까?

"와, 이렇게 정리하니까 부동산 세금이 한눈에 모두 파악되는 것 같습니다."

야무진이 말했다.

"정말 그렇습니다. 역시 세무사님의 정리는 최고입니다. 그건 그렇고 2025년 부동산 세금도 잘 정리되겠지요? 하하하."

이절세가 호기심 어린 눈으로 고단수 세무사를 바라봤다.

"하하하. 제가 누굽니까? 고단수, 아닙니까?"

고 세무사는 2025년 부동산 세금에 대해 전망하기 시작했다. 먼저 2024년 7월에 발표된 2025년 부동산 세제 개편안부터 살펴보기로

했다. 하지만 여기에는 특별한 내용이 담겨 있지 않았다. 이것은 반전이 없는 한 2024년 이전의 세제가 2025년에도 그대로 흘러갈 가능성이 크다는 것을 의미한다.

물론 현 정부는 부동산 시장의 거래 활성화 등을 위해 취득세 중과세율의 완화와 양도세 단기세율 완화 등을 위해 노력할 것으로 전망된다. 이를 바탕으로 2025년 부동산 세금에 대한 전망을 요약해 보고 주요 세목별로 상세히 살펴보자.

구분	현행	2025년 예상
취득세	• 2주택(일시적 2주택): 1~3% • 위 외: 8~12%	• 좌동 • 완화 추진
종부세	• 기본공제: 9억 원(1주택 12억 원) • 중과세율: 2~5%	• 좌동 • 좌동
양도세	• 1주택(일시 2주택): 비과세 • 2주택 이상: 중과세 한시적 중과 배제 • 단기 양도세율: 70%, 60% 등	• 좌동 • 중과 배제 기한 추가 연장 • 완화 추진
주택임대사업	• 기존 등록자: 자동말소 등 • 신규 등록자: 아파트 외 10년 장기 등록	• 좌동 • 좌동(6년 단기 임대 제도 도입)
부동산 매매업	• 원칙: 6~45% • 예외: 비교과세(양도세, 종합소득세 중 많은 세액)	• 좌동 • 좌동
부동산 법인	• 종부세: 2.7~5.0% • 추가 법인세: 20%(토지는 10%)	• 좌동 • 좌동

첫째, 취득세를 전망해 보자

2025년 부동산 시장의 거래 활성화를 위해서는 취득세 완화가 절실하다. 취득세율이 12%까지 올라가는 것은 아무리 경비 처리가 된다고 해도 과도한 현금 유출의 부담이 있기 때문이다. 이에 정부는 2022년 12월 21일 아래와 같이 부동산 세제 완화안을 발표한 적이 있었다.

구분	완화안	시행 시기
8% 중과세율	4%로 완화	2022년 12월 21일로 소급 적용*
12% 중과세율	6%로 완화(증여 포함)	

* 정부에서는 2021년 12월 21일에 발표한 안이 통과되는 경우 2022년 12월 21일로 소급하여 적용하겠다고 공언했지만, 이 약속이 실행되지 않을 것으로 보인다.

하지만 세율 변경은 국회 동의를 얻어야 하는데, 이 부분이 확정되지 않아 적용 여부가 불투명해지고 있다. 한편 1주택자나 일시적 2주택자는 1~3%의 세율이 적용되기 때문에 이들의 관점에서는 큰 쟁점은 없어 보인다. 다만, 후자의 경우 신규 주택이 소재한 지역이 조정대상지역이면 3년 이내에 처분해야 한다는 점에는 유의할 필요가 있다. 참고로 공시가격 1억 원 이하의 주택이나 신축 소형 주택 등은 주택 수에서 제외되므로 이 부분에 대한 판단이 중요하다.

※ 일시적 2주택자의 취득세 중과세를 피하기 위한 처분 기한

구분	처분 기한	비고
(비)조정대상지역 → 조정대상지역	3년	위반 시 8% 적용
(비)조정대상지역 → 비조정대상지역	없음.	1~3% 적용

둘째, 보유세는 큰 이슈가 없을 전망이다

보유세에 관한 쟁점들은 이미 2023년 이전에 정리되었다. 다만, 자동말소가 되는 임대주택이 추가되면 종부세가 급등하므로 이에 대한 대비가 있어야 할 것으로 보인다.

셋째, 양도세는 주로 비과세가 아닌 과세에서 다양한 시도가 있을 전망이다

양도세는 크게 비과세와 과세로 구분되는데, 이 중 비과세에 대한 쟁점은 2023년 이전에 대부분 정리되었기 때문에 주로 중과세를 포함한 과세 방식에서 다양한 쟁점이 발생할 가능성이 크다. 예를 들면 중과세 제도가 영구적으로 폐지될 것인지, 단기 양도세율을 완화할 것인지 등이 그렇다. 이에 정부는 2022년 12월 21일 아래와 같이 부동산 세제 완화안을 발표한 적이 있다.

구분	완화안	시행 시기
단기 양도세율(70%, 60%)	1년 미만 45%, 1년 이상 6~45%	2022년 12월 21일로 소급 적용
주택분양권 양도세율 (70%, 6~45%, 60%)		

하지만 세율 변경은 국회 동의를 얻어야 하는데, 취득세처럼 이 부분이 확정되지 않아 적용 여부가 불투명해지고 있다.

2025년의
부동산 절세 전략

"2025년의 부동산 세금은 연도 중에 다양한 방식으로 변경될 가능성이 어느 정도 열려 있습니다. 따라서 늘 이에 관한 정보를 놓치지 않는 것이 기본적으로 중요할 것으로 보입니다."

고 세무사가 앞서 언급한 내용을 종합하는 관점에서 말을 이어 나갔다.

"그렇다면 2025년은 어떤 식으로 절세 전략을 펼치면 좋을까요?"

이절세가 말했다.

"일단 주거용 건물과 비주거용 부동산으로 나누고 거기에 맞춰 개인 등의 전략을 하나씩 살펴보도록 합시다."

지금부터 고단수 세무사가 제시하는 2025년의 부동산 절세 전략을 알아보자. 참고로 아래의 내용은 상황에 따라 달라질 수 있다는 점에 유의하자.

주거용 건물

주거용 건물은 주로 주택을 말한다. 개인과 개인사업자(임대사업과 매매사업), 그리고 법인별로 전략을 마련해 보자.

개인

개인은 1세대 1주택, 일시적 2주택, 그 외로 나눠 살펴보자.

① 1세대 1주택자

1세대 1주택자는 2년 이상 보유하면 양도세 비과세를 받을 수 있다. 물론 2017년 8월 3일 이후 조정대상지역에서 취득하면 2년 이상 거주해야 한다. 만일 본인이 직접 거주하지 않을 시 2026년 12월 31일까지 상생 임대차계약을 맺으면 2년 거주한 것으로 봐주는 혜택을 누릴 수 있다. 특히 12억 원이 넘는 고가주택의 경우 거주 요건이 있어야 비과세는 물론이고 거주 기간에 따른 공제율을 추가할 수 있으므로 이 제도를 활용해 보는 것이 좋다. 한편 1세대 1주택 비과세를 판단할 때는 주택 수에 주의해야 한다. 이에는 실제 주택은 물론이고 주거용 오피스텔, 조합원 입주권, 주택분양권이 포함되기 때문이다.

주택분양권은 2021년 1월 1일(취득세는 2020년 8월 12일) 전까지는 주택 수에 포함되지 않았다(단, 인구감소지역 주택 등은 주택 수에서 제외됨, 83쪽 참조).

② 일시적 2주택자

일시적 2주택자에 대한 양도세 비과세는 매우 중요한 제도로, 신규 주택의 취득일로부터 3년 이내에 종전 주택을 양도하는 것이 중요하다. 만일 거래가 되지 않을 때는 세대가 분리된 자녀에게 양도하거나 가족법인에 양도할 수 있다. 다만, 이때 중요한 점은 거래금액을 시가에 맞춰서 정해야 하고 자금이 정확히 수수되어야 한다는 것이다. 이러한 것을 놓치면 양도세 대신 증여세 같은 엉뚱한 세금을 부과받을 수 있다. 한편 주택 외에 조합원 입주권이나 주택분양권을 보유한 경우에는 비과세 판단에 매우 유의해야 한다. 전자는 종전부터, 후자는 2021년 1월 1일 이후에 취득한 것은 비과세 판단 시에 주택 수에 포함되기 때문이다.

구분	조합원 입주권	주택분양권
일시적 2주택 비과세	입주권 승계취득일로부터 3년 이내에 종전 주택 처분	좌동(분양권 취득일로부터 3년 이내에 종전 주택 처분)
일시적 2주택 비과세 특례	승계 입주권의 주택 완성 전 또는 완성 후 3년 이내에 종전 주택 처분(단, 완성 주택으로 3년 내 이사 등)	좌동(주택 완성 전 또는 완성 후 3년 이내에 처분, 완성 주택으로 3년 내 이사 등)
사업 시행 중 대체주택 비과세 특례	사업 시행 후 대체주택 취득하고 1년 이상 거주+완성 전 또는 완성 후 3년 이내에 대체주택 처분(완성 주택으로 3년 내 이사 등)	규정 없음.

③ 그 외(1세대 3주택 이상)

다주택자가 비과세되는 방법은 앞에서 본 일시적 2주택이 있지만, 상속 주택이나 동거 봉양이나 혼인으로 합가한 주택, 농어촌주택, 등록한 임대주택 등이 있으면 비과세를 받을 수 있는 경우의 수가 상당히 많다. 예를 들어 부모와 합가를 하면서 주택 수가 3채가 되는 경우라도 비과세를 받을 수 있다.

※ 일시적 1세대 3주택 비과세 특례 적용 사례(소득세 집행기준 89-155-26)

구분	유형	비과세 특례 적용 요건
1.	일반주택(A)+상속 주택(B)+다른 주택(C)	C 주택 취득일부터 3년 이내 양도하는 A 주택
2.	일시적 2주택(A, B)+혼인 합가 주택(C) 또는 동거 봉양 합가 주택(C)	① B 주택 취득일부터 3년 이내 양도하는 A 주택 ② A 주택 양도 후 합가일부터 10년*(동거 봉양 포함) 이내 양도하는 B 주택 또는 C 주택
3.	혼인 합가 2주택(A, B) 또는 동거 봉양 합가 2주택(A, B)+다른 주택(C)	합가일부터 10년(동거 봉양 포함) 이내 및 취득일부터 3년 이내 양도하는 A 주택 또는 B 주택
비고**	일시적 2주택(A, B)+농어촌주택(C)	① B 주택 취득일부터 3년 이내 양도하는 A 주택 ② A 주택 양도 후 양도하는 B 주택

* 2024년 11월 12일 이후 양도분부터는 10년을 적용하고 있다(이하 동일).

** 여러 가지 사유가 복합적으로 작용하여 주택 수가 늘어나면 양도하기 전에 반드시 유권 해석 등을 통해 비과세 여부를 확인해야 한다.

Q. 거주 요건을 갖추지 못해 비과세를 받지 못할 때는 어떻게 하면
될까?

A. 이 경우에는 임대료를 5% 이내에서 올리는 상생 임대차계약을
맺으면 된다. 2024년 12월 31일까지 적용되나 연장될 가능성도
있어 보인다(2026년 12월 31일까지 연장되었다. 참고로 상생 임대
주택은 2년 거주 요건이 필요한 때에 요긴하게 사용할 수 있다. 저자의
카페에서 정확한 정보를 입수할 수 있다).

Q. 주택분양권이 주택 수에 포함되는 이유는?

A. 주택의 추가 취득이나 양도에 대한 불이익을 주기 위해서다.

Q. 1주택 보유 중에 주택분양권을 취득하면 1세대 1주택 비과세 요
건이 달라지는가?

A. 그렇다. 2021년 1월 1일 이후에 분양권을 취득하면 양도세 비과
세 적용 시 주택 수에 포함된다. 따라서 이 경우에는 일시적 2주
택 등의 방법으로 주택에 대해 비과세를 받아야 한다.

주택임대사업자 또는 부동산 매매사업자

① **주택임대사업자**

2020년 8월 18일을 기점으로 주택임대업에 대한 등록 제도와 세
제 등이 확 바뀌었다. 이전까지는 이 업을 우대했으나 이날 이후부터
는 홀대하는 식으로 제도가 개편되었기 때문이다. 먼저 기존 등록자
와 신규 등록자에게 적용되는 제도를 비교해 보고, 이를 중심으로 전

략을 생각해 보자.

구분	기존 등록자	신규 등록자
대상	아파트 등 모든 주택	아파트를 제외한 주택
임대 기간	4년, 8년 이상	10년(2025년 6년 단기 임대 추가) 이상
임대료 증액 제한	5% 이내(1년 이후에 임차인의 동의를 얻어 증액 가능)	좌동
말소 제도	• 자동말소: 4년 단기, 8년 장기 중 아파트 • 자진말소: 4년 단기, 8년 장기 중 아파트	자동말소 및 자진말소 제도 없음.
임대 유형 변경	단기에서 장기로의 변경 가능*	불가
세제 혜택	거주 주택 비과세 등	거주 주택 비과세 등

* 2020년 7월 11일~8월 17일까지 등록한 아파트 등은 세제 지원을 하지 않는다. 2020년 7·10대책에 따라 7월 11일부터 4년 단기 임대(단기에서 장기로의 변경 포함)를 하거나 아파트를 등록한 것에 대해서는 세제 지원을 중단했기 때문이다. 민간임대주택법의 개정 시행 시기와 불일치하여 이러한 현상이 발생한다.

기존 등록자는 4년 단기 임대나 8년 장기 임대 아파트는 임대 의무 기간이 종료되면 자동말소가 되므로 이때는 무엇보다도 종부세 대책을 먼저 세워야 한다. 종부세는 무조건 나오기 때문이다. 이 외 거주 주택 비과세는 최초 말소일로부터 5년 이내에 양도해야 한다는 점에도 주의해야 한다. 물론 임대주택이 한 채도 없는 상황에서 1세대 1주택만 있다면 이러한 규정이 적용되지 않는다. 이때는 일반 규정(소득세법 시행령 제154조)에 따라 비과세를 받으면 되기 때문이다. 한편 2024년 12월 현재 아파트를 제외한 주택을 신규 등록하고자 할 때는 반드시 10년(2025년 중 6년 단기 임대 도입 예정) 이상 임대해야 하고 중도에 자동말소 같은 제도가 없으므로 이러한 점을 고려할 필요가 있다. 따라서 실익이 없는 경우에는 굳이 등록할 이유가 없어 보인다.

Q. 등록 임대주택 2채 이상인 상태에서 자동말소된 임대주택을 먼저 양도한 경우에 거주 주택은 언제까지 양도해야 비과세를 받을 수 있는가?

A. 임대주택이 2채 이상인 경우엔 최초 말소일로부터 5년 이내에 거주 주택을 양도해야 한다.

Q. 주택임대사업자가 거주 주택을 보유 중에 대체주택을 취득했다. 이 경우 거주 주택에 대해 비과세가 가능한가?

A. 거주 주택에 대한 비과세와 일시적 2주택 비과세 특례가 이중으로 적용되는 경우에도 비과세를 적용한다.

② 부동산 매매사업자

경매를 통해 주택 등을 자주 거래하는 경우에는 부동산 매매업으로 사업자등록을 하면 다양한 효과를 누릴 수 있다. 예를 들어 부동산 매매사업자가 부동산을 단기 양도하면 높은 양도세율이 아닌 6~45%의 종합소득세율이 적용된다. 다만, 해당 부동산이 중과세가 적용되면 종합소득세와 양도세 중 높은 세율이 적용된다(이를 비교과세라고 한다). 하지만 중과세가 적용되는 조정대상지역이 대폭 해제되어 이러한 제도가 적용되는 경우는 극히 드물다. 따라서 개인에게 적용되는 취득세 중과세 문제만 해결할 수 있다면 매매사업자 등록을 통한 매매가 상당히 유용할 가능성이 있어 보인다.

구분	일반 양도	매매업 양도
세율	70%, 60%, 6~45%	6~45%(단, 양도세 중과세 대상*은 양도세로 과세됨) * 중과 주택, 비사업용 토지, 분양권을 말함.
필요경비	취득세, 중개 수수료 등 열거	좌 외+일반관리비+이자비용 등
종합소득 합산과세 등	양도세로 독자 과세	근로소득 등과 합산과세

Q. 부동산 매매사업자는 어떻게 되는가?

A. 부동산 매매업으로 사업자등록을 하면 된다.

Q. 부동산 매매업을 하면 좋은 점은 무엇인가?

A. 양도세 중과세가 적용되지 않은 주택과 토지는 보유 기간이 짧더라도 6~45%를 적용받을 수 있다. 이 외 인건비나 이자비용 등을 경비로 처리할 수 있다.

Q. 부동산 매매사업자가 주택을 취득하거나 보유하면 이에 대한 과세 방식은 어떻게 되는가?

A. 부동산 매매사업자도 개인에 해당하므로 개인에 대한 취득세와 보유세가 적용된다.

Q. 부동산 매매사업자가 거주한 주택에 대한 양도세는 어떤 식으로 과세되는가?

A. 사업용 주택을 제외하고 나머지 주택을 가지고 1세대 1주택 비과세 판정을 한다. 다만, 사업용 주택인지 아닌지는 별도로 판단해야 한다.

부동산 법인

부동산 거래는 개인이나 개인사업자가 아닌 법인을 통해서도 할 수 있다. 하지만 2020년 7·10대책 이후 법인에 대한 세제가 상당 폭으로 강화되었으므로 이를 고려하여 제한적으로 운영할 필요가 있다.

구분	규제 내용	비고
취득세	주택 취득세 중과: 12%	주택 수 불문. 단, 1억 원 이하 주택 등은 제외
종부세	• 2주택 이하: 2.7% • 3주택 이상: 5.0%	
법인세	• 일반 법인세: 9~24% • 추가 법인세: 20%	토지 추가 법인세 : 10%

Q. 법인이 서울에서 고가의 주택을 2채 보유하고 있다. 이 경우 종부세율은?

A. 법인은 주택 수에 따라 종부세율이 결정된다. 2채 이하는 2.7%, 3채 이상은 5.0%이다. 사례의 경우 2.7%가 적용된다.

Q. 법인이 2억 원짜리 주택을 처분해 이익이 1,000만 원 발생했다. 이때 법인세는 얼마나 예상되는가?

A. 일반 법인세 9%와 추가 법인세 20%를 고려하면 대략 290만 원의 법인세가 예상된다.

Q. 2025년 중에 소규모 임대법인에 대한 법인세율이 19~24%로 인상될 예정인데, 구체적으로 어떤 법인에 대해 이를 적용하는가?

A. 주업이 임대업이고 상시근로자 수가 5인 미만인 법인에 적용한다(이 외 지배주주군의 지분율이 50%를 초과해야 한다).

비주거용 부동산

주택 외 비거주용 부동산에는 대표적으로 수익형 부동산과 토지가 있다. 이를 중심으로 전략을 마련해 보자.

수익형 부동산

상가 같은 수익형 부동산에 대해서는 특별한 규제가 없으므로 평소와 같은 식으로 세제를 관리하면 된다. 다만, 수익형 부동산은 취득부터 양도할 때까지 부가가치세가 발생하므로 이의 업무 처리가 원활히 흘러가야 한다. 한편 수도권 과밀억제권역 내에서 설립된 지 5년이 안 된 법인이 지역 내의 부동산을 취득하면 취득세가 2배 이상 중과세된다는 점은 늘 고려 대상이 된다.

Q. 업무용 오피스텔을 2억 원에 취득하면 부가세는 2,000만 원인가?

A. 아니다. 부가세는 총 공급가액 중 건물의 공급가액에 대해서만 부과된다.

Q. 업무용 오피스텔을 주거용으로 전환하면 부가세를 반환해야 하는가?

A. 그렇다. 다만, 취득 시 환급받은 부가세 가운데 부가세 추징(10년) 기간 중 잔여기간에 대한 것만 반환하면 된다.

토지

토지는 사업용 토지와 비사업용 토지의 구분이 중요하다. 후자에 해당하면 중과세율이 6~45%+10%p로 적용되기 때문이다. 따라서 비사업용 토지에 해당하면 사업용 토지로 전환하는 것을 검토해 볼 수 있다. 만일 사업용 토지로의 전환이 힘든 경우에는 가족이나 법인 등에 이전한 후 이를 양도하는 방안도 생각해 볼 수 있으나 이때 시가의 적정성 문제, 이전 후 10년 이내 양도 시 취득가액을 증여자의 것으로 하는 이월과세, 소득세법상의 부당행위계산 등의 제도가 적용될 수 있으므로 실행 전에 제반 세무상 쟁점 등을 검토해야 한다. 한편 8년 자경농지의 감면 한도를 늘리기 위해 분할해서 양도하면 감면이 제한될 수 있으므로 주의해야 한다.

Q. 토지를 비생산적으로 활용하면 비사업용 토지에 해당한다. 그렇다면 이에 대해서는 장기보유 특별공제를 받을 수 없는가?

A. 아니다. 토지는 이 공제를 받을 수 있다. 주택은 이 공제가 적용되지 않는다.

Q. 8년 자경농지 감면 한도는 5년간 2억 원이다. 그래서 동일인한

테 농지를 나눠서 연도별로 양도하고자 한다. 문제는 없는가?

A. 2024년부터는 2년 내 동일인한테 나눠서 양도하면 같은 해에 양도한 것으로 보기 때문에 주의해야 한다.

양도세 등 세율 요약

양도세 등 세율은 수익률에 결정적인 영향을 미치므로 이에 대한 적용 방법을 정확히 알고 있어야 한다. 참고로 아래의 세율은 국회에서 정하는 사항으로 수시로 개정될 수 있다.

구분	내용	비고
1. 주택/입주권 양도세 세율	70%, 60%, 6~45%	보유 기간에 따라 달라짐.
2. 주택 중과세율	Max[위 단기세율, 6~45%+20~30%p]	• 양도 시 조정대상지역(서울 강남구 등 4곳)에 한함. • 입주권은 중과 배제 • 2년 이상 보유한 주택 한시적 중과 배제
3. 주택분양권 세율	70%, 60%	조정대상지역 불문
4. 토지/상가 세율	50%, 40%, 6~45%	토지 중과세율: Max[좌 단기세율, 6~45%+10%p]
5. 오피스텔 세율	• 주택: 위 주택 세율 적용 • 비주택: 위 상가 세율 적용	주거용 오피스텔인지 아닌지는 사실 판단 사항임(단, 지방세는 형식 판단).
6. 부동산 매매업	• 양도세 중과세: 비교과세 [Max(양도세, 종합소득세)] • 양도세 일반과세: 일반과세 (6~45%)	양도세 중과세 미적용 시 매매업 이점이 강화됨.
7. 부동산 법인	• 주택: 추가 과세(20%) • 비사업용 토지: 추가 과세 (10%)	양도세와 무관하게 주택/비사업용 토지면 추가 과세를 적용함.

최근 개정된 부동산 세법과 현 정부의 세제 정책 방향

2020년 7·10대책에서는 취득세 중과세 등 다양한 대책이 쏟아졌다. 이러한 내용들은 모두 입법이 완료되어 2024년 12월 현재에도 시행되고 있다.

구분	개인	법인	시행 시기
1. 유상거래에 따른 취득세 인상	① 1주택자: 1~3% → 좌동 ② 2주택자: 1~3% → 8% 　(단, 일시적 2주택자와 비조정대 　상지역은 1~3%) ③ 3주택자: 1~3% → 8(비조정) 　~12(조정)% ④ 4주택 이상 자: 4% → 12%	• 1~3% → 12% • 법인 전환 취득세 감면 배제(75%, 2025년 50%)	2020. 8. 12.
2. 증여에 따른 취득세 인상	3.5% → 12%(단, 2주택자, 조정 대상지역 내 3억 원 이상 주택)	좌동	
3. 종부세 인상	① 2주택 이하: 0.5~2.7% ② 3주택 이상 + 과세표준 12억 원 초과 → 2.0~ 5.0%	2.7%(2주택 이하), 5.0%(3주택 이상) ※ 기본공제 9억 원 및 세 부담 상한율 적용 배제	2021. 6. 1.
4. 양도세 인상	① 주택·조합원 입주권 단기 양도세율: 40%(1년 미만) → 70%(1년 미만), 60%(2년 미만) ② 분양권 단기 양도세율: 50% (조정대상지역) → 모든 분양권 70%(1년 미만), 60%(1년 이상) ③ 주택 중과세율: 기본세율 10~20%p → +20~30%p	일반 법인세 9~24% + 추가 법인세 10% → 추가 법인세 20% (토지는 10%)	• 개인: 2021. 6. 1. 이후 양도분 • 법인: 2021. 1. 1. 이후 양도분
5. 등록 임대 사업자 제도 보완	• 4년 단기 임대 → 폐지 • 8년 장기 임대 → 10년으로 개정 시행(단, 아파트는 등록 불가) ※ 기등록자의 경우 위 의무임대 기간 경과 시 자동 등록말소 (8년 다가구주택 등은 제외)	좌동	2020. 8. 18. (2025년 중 6년 단기 임대 도입 예정)

구분	개인	법인	시행 시기
6. 기타	분양권 주택 수 미포함 → 포함해 다른 주택에 대한 비과세와 과세 판단	분양권·조합원 입주권도 추가 과세 대상에 미포함 → 포함	• 취득세: 2020. 8. 12. • 양도세·법인세: 2021. 1. 1.
	2024년 1·10대책에 따른 신축 소형 주택 등은 취득세, 종부세, 양도세 과세 시 주택 수에서 제외 (83쪽 참조)	–	2024. 1. 1.

※ 6년 단기 임대등록제도의 도입과 그 영향

2025년 중에 6년 단기 임대등록제도가 도입될 예정이다. 물론 아파트는 등록할 수 없다. 이 경우 어떤 세제 혜택을 받을 수 있을지 정리해 보자.

구분	세제 혜택	비고
취득세	• 주택 수 제외 • 일반세율 적용	
종부세	합산 배제 가능	조정대상지역은 합산과세
양도세	중과 배제	조정대상지역은 중과세 적용
양도세 거주 주택 비과세	적용	생애 1회 적용
양도세 장기보유 특별공제 50~70%	적용 불가	건설 임대주택만 적용

위의 표를 보면 조정대상지역이라는 개념이 나온다. 이는 주택가격 상승률이 일정 수준을 넘어갈 때 국토교통부에서 지정하는 지역으로 2024년 12월 현재 서울 강남·송파·서초·용산구 등 4곳만 지정되어 있다. 자세한 내용은 '대한민국 전자관보'에서 검색할 수 있다. 참고로 조정대상지역의 지정과 해제에 따른 세제의 변화는 248쪽과 이 책의 자매서인 『개인편』에서 다루고 있다. 한편, 토지거래허가구역으로 지정된 지역(서울 강남구 압구정동 등) 내에서 취득한 주택에 대해서는 세법이 아닌 다른 법에서 2년 실거주 의무 등을 두고 있음에 유의하기 바란다.

취득세 중과세 대응법

으랏차차~

취득세도 중과세가
적용되는 시대!

2020년 7월 10일!

이날은 전 정부가 23번째 부동산 대책을 발표한 날이다. 그런데 횟수도 놀랍지만 발표된 내용에는 충격적인 내용들이 다수 포함되어 있었다. 취득세와 보유세 그리고 양도세 등 주요 3가지 세목에 대한 세금이 크게 인상되는 안들이 들어 있었기 때문이다.

그런데 이 중 보유세 중 종부세나 양도세 같은 세목은 수시로 내용이 변동되다 보니 받은 충격이 조금 덜하지만, 취득세는 그렇지 않은 것 같다. 예전과는 달리 취득세에도 중과세 제도가 도입되었기 때문이다. 특히 세율이 최고 12%까지 올라가 다주택자와 법인을 중심으로 주택을 매수하는 것이 사실상 불가능하게 되었다. 다만, 다주택자라고 해서 무조건 취득세 중과세가 적용되는 것은 아니다. 지방세법에서 정하고 있는 주택 수의 조건을 충족해야 하기 때문이다. 문제는 주택 수 산정 방법 등이 생각보다 까다롭다는 것이다. 그래서 취득세도 공부를 제대로 해야 할 필요성이 대두되고 있다.

지금부터 고단수 세무사가 준비한 취득세의 과세 방식과 중과세 대응 방법 등을 알아보자. 물론 이절세와 야무진이 동행한다.

취득세는 부동산을 취득할 때 내는 세금으로 지방자치단체에서 부과하는 세금에 해당한다. 정부와 국회는 2020년 7·10대책을 통해 이 세금을 크게 올리는 식의 입법 조치를 단행했다. 그렇다면 우선 이에 대한 내용이 어떤 식으로 바뀌었는지부터 살펴보자.

주택의 유상취득에 따른 취득세 중과

2020년 8월 12일 이후부터 다주택자와 법인이 주택을 취득한 경우 취득세율이 최고 12%까지 인상되었다.

	종전		개정		
개인	1주택	주택 가액에 따라 1~3%	1주택(일시적 2주택 포함)	주택 가액에 따라 1~3%	
	2주택		2주택	조정대상지역 8%	비조정대상지역 1~3%
	3주택		3주택	조정대상지역 12%	비조정대상지역 8%
	4주택 이상	4%	4주택 이상		비조정대상지역 12%
법인	–	주택 가액에 따라 1~3%	–	12%	

종전의 취득세는 주택 수와 무관하게 주택가격에 따라 세율이 결정되었다. 하지만 2020년 8월 12일 이후부터는 개인은 주택 수에 따라 세율이 1~12%까지 변동하고, 법인은 무조건 12%가 적용되고 있다. 이처럼 개정된 취득세 제도를 이해하기 위해서는 기본적으로 아래와 같은 내용들을 이해할 필요가 있다.

- 주택에는 어떤 것들이 포함하는가?
- 주택 수는 어떻게 산정하는가?
- 조정대상지역과 비조정대상지역은 어디를 말하는가?

우선 주택 수는 개인의 경우 '1세대'를 기준으로 이들이 보유한 주택 수를 합계하는 것이 원칙이다. 이때 주택은 통상 주택법상 단독주택이나 공동주택을 말하나, 취득세율을 결정할 때의 주택에는 2020년 8월 12일 이후 취득한 분양권, 조합원 입주권, 주거용 오피스텔이 포함된다. 따라서 분양권이 2개인 상태에서 주택을 취득하면 다주택자에 해당될 수도 있다. 다만, 이때 무조건 주택 수를 포함하는 것이 아니라, 시가표준액이 1억 원 이하인 주택과 오피스텔, 소형 주택 등은 주택 수에 포함하지 않는다(분양권과 입주권은 가격 불문하고 주택 수에 포함). 따라서 실무에서는 이러한 부분을 놓치지 않는 것이 중요하다. 마지막으로 조정대상지역은 서울 강남구 등 고시된 지역을 말하며, 이들 지역에서 주택을 취득하면 좀 엄격하게 세제를 적용한다.

이처럼 개정 취득세는 다주택자와 법인을 타깃으로 하고 있다. 이에 따라 이들이 주택을 취득하는 경우 상당한 지출을 감수해야 한다. 예들 들어 2주택자가 5억 원짜리 주택을 취득해 3주택자가 된 경우 12%인 6,000만 원을 내야 한다. 다만, 비조정대상지역 내의 주택인 경우에는 12%를 적용하지 않고 그보다 낮은 8%를 적용한다. 이는 지방의 주택 시장을 배려하는 차원이 있다. 한편 1주택자가 조정대상지역 내의 주택을 취득해 2주택자가 된 경우 세율이 8%까지 올라갈 수 있으나 일시적 2주택자는 종전의 규정대로 1~3%가 적용된다.

※ 취득세율 요약

구분	1주택	2주택	3주택	법인, 4주택 이상
조정대상지역	1~3%	8% (일시적 2주택 1~3%)	12%	12%
비조정대상지역	1~3%	1~3%	8%	12%

주택의 증여 취득에 따른 취득세 중과

2020년 8월 12일 이후부터 개인이나 법인 등이 증여를 받으면 취득세가 아래와 같이 적용된다.

종전	개정
3.5%	• 조정대상지역 내 3억 원 이상: 12% • 그 외: 3.5% ※ 단, 1세대 1주택자가 소유 주택을 배우자·직계존비속에게 증여한 경우 3.5% 적용

증여로 취득한 주택에 대한 12% 중과세는 수증자의 조건이 중요한 것이 아니라 증여자의 조건이 중요하다. 따라서 아래의 요건을 충족한 상태에서 배우자 또는 직계존비속인 수증자가 증여를 받게 되면 취득세가 12%까지 나오게 된다.

- 증여자는 1세대* 2주택 이상 보유일 것
- 증여하는 주택이 조정대상지역에 소재할 것
- 시가표준액이 3억 원 이상에 해당할 것

* 지방세법 시행령 제28조의3에서는 '1세대'란 주택을 취득하는 사람과 「주민등록법」 제7조에 따른 세대별 주민등록표 또는 「출입국관리법」 제34조 제1항에 따른 등록외국인기록표 및 외국인등록표에 함께 기재되어 있는 가족(동거인은 제외한다)으로 구성된 세대를 말하며, 주택을 취득하는 사람의 배우자(사실혼은 제외하며, 법률상 이혼을 했으나 생계를 같이 하는 등 사실상 이혼한 것으로 보기 어려운 관계에 있는 사람을 포함한다), 취득일 현재 미혼인 30세 미만의 자녀 또는 부모(주택을 취득하는 사람이 미혼이고 30세 미만인 경우로 한정한다)는 주택을 취득하는 사람과 같은 세대별 주민등록표 또는 등록외국인기록표 등에 기재되어 있지 않더라도 1세대에 속한 것으로 본다. 한편 위에도 불구하고 다음 각 호의 어느하나에 해당하는 경우에는 각각 별도의 세대로 본다.
  1. 부모와 같은 세대별 주민등록표에 기재되어 있지 않은 30세 미만의 자녀로서 중위소득의 100분의 40 이상이고, 소유하고 있는 주택을 관리·유지하면서 독립된 생계를 유지할 수 있는 경우. 다만, 미성년자인 경우는 제외한다.
  2. 취득일 현재 65세 이상의 부모(부모 중 어느 한 사람이 65세 미만인 경우를 포함한다)를 동거 봉양하기 위하여 30세 이상의 자녀, 혼인한 자녀 또는 제1호에 따른 소득 요건을 충족하는 성년인 자녀가 합가한 경우**
  3. 취학 또는 근무상의 형편 등으로 세대 전원이 90일 이상 출국하는 경우로서 「주민등록법」 제10조의3 제1항 본문에 따라 해당 세대가 출국 후에 속할 거주지를 다른 가족의 주소로 신고한 경우
** 2주택을 보유한 65세 이상의 부모와 무주택인 30세 이상의 자녀가 동거한 상태에서 자녀가 주택을 취득하면 부모의 주택 수는 자녀의 주택 수에 합산되지 않는다. 알아 두면 좋을 정보에 해당한다.

참고로 여기서 주택 수 산정은 앞의 유상취득과 다른 방법으로 한다. 증여 취득세율 산정 시에는 모든 주택 수를 합하기 때문이다. 따라서 1세대의 모든 주택 수의 합이 2채 이상인 상태에서 조정대상지역 내 3억 원 이상의 주택을 증여하면 증여에 따른 취득세가 12%가 적용된다.

최근 취득세 관련 개정 세법

1. 다주택자·법인 주택 취득세 강화
- **다주택자:** 조정대상지역 내 2주택, 조정대상지역 외 3주택 취득 시 8%, 조정대상지역 내 3주택, 조정대상지역 외 4주택 이상 시 12%로 인상
  - 다만, 조정대상지역 내 2주택의 경우 이사 등의 사유로 일시적 2주택이 되는 경우에는 1주택으로 과세(처분 기간* 내 종전 주택 미처분 시 차액 추징)

    * 3년 이내를 말한다(2023년 1월 12일 이후 기준).

- **법인:** 개인을 제외한 단체는 법인으로 보아 중과세율 적용

〈적용 세율〉

구분	1주택	2주택	3주택	법인·주택 이상
조정대상지역	1~3%	8% (단, 일시적 2주택 제외)	12%	12%
비조정대상지역	1~3%	1~3%	8%	12%

- **중과 제외 주택:** 투기 대상으로 볼 수 없거나 공공성이 인정되는 주택
  - 공시가격 1억 원 미만 주택, 가정어린이집, 노인복지주택, 농어촌주택, 국가등록문화재 주택, 공공지원 민간임대주택, 공공매입 임대주택, 주택 시공자의 대물변제(미분양) 주택, 사원임대용 주택, 신축 소형 주택 등

- **사치성 재산:** 중과 대상인 고급주택 취득 시 세율 8% 가산

2. 증여 취득에 대한 취득세 강화

- 조정대상지역 내 일정 가액(3억 원) 이상 주택 증여 시 세율 12%로 인상

  ※ 단, 1세대 1주택자가 배우자 및 직계존비속에게 증여하는 경우 등은 제외

3. 신축 소형 주택 등에 대한 주택 수 제외와 취득세 감면

- 취득세 등 세율 결정 시 주택 수 제외: 2024년 1월 이후에 신축 소형 주택과 기축 소형 주택(임대등록용), 지방 미분양 주택, 인구감소지역 주택을 취득하면 주택 수에서 제외 → 이 주택들을 제외한 잔여 주택으로 취득세율 결정
- 취득세 감면: 인구감소지역 주택에 대해서는 취득세의 50% 감면(이 외 기축 소형 주택은 감면이 적용되지 않음)

위 주택들은 2024년 1·10대책에 따라 취득하는 것들로 면적과 가액 등의 요건이 있다. 자세한 내용은 83쪽 등을 참조하기를 바란다.

취득세 중과세는 어떤 경우에 적용될까?

"세무사님, 진짜 갑갑합니다."

이절세가 최근 바뀐 세제 중 취득세를 공부하면서 하소연을 하기 시작했다.

"이해됩니다. 하지만 국회와 정부에서 부동산 시장의 안정화를 위해 취득세에도 중과세 제도를 도입한 것인 만큼 공부는 제대로 해 두어야 하겠지요."

"그야 그렇지만, 취득세율도 높고 거기에 세대 개념이 등장하고 또 주택에 분양권 등도 포함되고 주택 수 산정 방법도 매우 까다로운 것 같습니다."

"그렇습니다. 하지만 어쩌겠습니까? 열심히 공부해 따라잡을 수밖에요."

고 세무사와 이절세의 대화가 한동안 이어지고 있었다.

2020년 8월 12일은 이 땅에 취득세 중과세가 광범위하게 시행된 날이다. 개인들이 주택을 취득하면 1~4% 선에서 내던 취득세가 최고 12%까지 인상되었기 때문이다. 그런데 문제는 이러한 취득세율 판단이 쉽지가 않다는 것이다. 주택 수 산정 방법 등을 제대로 이해하는 것이 힘들기 때문이다. 따라서 실무자들은 이러한 점에 유의해 공부할 필요가 있다. 이하에서는 우선 앞에서 본 유상승계취득에 대한 취득세율을 조금 더 세부적으로 살펴보자.

취득세 일반세율

취득세는 일반세율과 중과세율로 구분할 수 있는데, 이 중 일반세율은 아래와 같다.

구분	세율	비고
취득가액 6억 원 이하	1%	• 농특세: 전용면적 85m² 초과 시: 0.2%
6억~9억 원 이하	산식으로 계산함.*	• 지방교육세: 취득세율x1/2x20%
9억 원 초과	3%	

* 이에 대해서는 뒤에서 살펴본다.

예를 들어 10억 원짜리 주택을 취득한 경우 총 취득세율은 아래와 같다. 이 주택은 전용면적 85m²를 초과한다고 하자.

- 취득세율: 3%
- 농특세율: 0.2%
- 지방교육세율: 0.3%(3%×1/2×20%)

  계: 3.5%

따라서 10억 원짜리를 취득하면 총 취득세는 3,500만 원이 된다.

취득세 중과세율

취득세 중과세율은 취득한 주택이 2주택 이상인 경우 일반세율의 2~3배 이상 부과하는 것을 말한다. 이 세율은 취득한 주택이 조정대상지역에 소재하는지, 비조정대상지역에 소재하는지 등에 따라 세율의 크기가 달라진다. 이를 좀 더 구체적으로 알아보자.

① 신규로 취득한 주택이 조정대상지역에 소재한 경우

신규로 취득한 주택이 조정대상지역에 소재한 경우에는 취득세 중과세가 적용될 가능성이 높아진다. 상황별로 이에 대해 알아보자.

- 1주택자가 조정대상지역에 소재한 주택을 취득한 경우: 이 경우 2주택자가 되므로 이때에는 8%를 적용하는 것이 원칙이다. 다만, 일시적 2주택자의 경우에는 처분 기한(3년)을 두어 1~3%를

적용한다.

- 2주택자가 조정대상지역에 소재한 주택을 취득한 경우: 이 경우 3주택자가 되므로 이때에는 12%를 적용하는 것이 원칙이다.

구분		취득세	농특세		지방교육세	계
			85m² 이하	85m² 초과		
개인	1주택	1~3%	0%	0.2%	취득세율 x1/2x20%	1.1~3.5%
	일시적 2주택					
	2주택	8%	0%	0.6%	0.4%	8.4~9%
	3주택	12%		1%		12.4~13.4%
	4주택 이상					
	법인					

이처럼 신규로 취득하는 주택이 조정대상지역에 소재한 경우에는 일시적 2주택을 제외한 상태에서 주택을 추가로 취득하면 8~12%의 높은 세율이 적용된다.

② 신규로 취득한 주택이 비조정대상지역에 소재한 경우

신규로 취득한 주택이 비조정대상지역에 소재한 경우에는 앞의 경우에 비해 취득세 중과세가 다소 완화된 상태로 적용된다. 상황별로 이에 대해 알아보자. 참고로 중과세율은 1억 원 이하 주택 등은 제외한 나머지 주택들로만 판단한다는 점에 다시 한번 주목하기를 바란다.

- 1주택자가 비조정대상지역에 소재한 주택을 취득한 경우: 이 경우 2주택자가 되므로 이때에는 8%를 적용하는 것이 원칙이다. 하지만 신규 주택이 비조정대상지역에 소재한 경우에는 처분 기한 없이 1~3%를 적용한다. 이는 지방에 소재한 주택을 배려하기 위한 취지가 있다.

- 2주택자가 비조정대상지역에 소재한 주택을 취득한 경우: 이 경우 3주택자가 되므로 이때에는 12%를 적용하는 것이 원칙이다. 하지만 신규로 취득한 주택이 비조정대상지역에 소재한 경우에는 이보다 낮은 단계의 8%를 적용한다.

- 3주택자가 비조정대상지역에 소재한 주택을 취득한 경우: 이 경우 4주택자가 되므로 이때에는 12%를 적용하는 것이 원칙이다.

| 구분 | | 취득세 | 농특세 | | 지방교육세 | 계 |
			85m² 이하	85m² 초과		
개인	1주택	주택 가액에 따라 1~3%	0%	0.2%	취득세율 x1/2x20%	1.1~3.5%
	2주택					
	3주택	8%		0.6%	0.4%	8.4~9%
	4주택 이상	12%	0%	1%		12.4~13.4%
	법인					

이처럼 신규로 취득하는 주택이 비조정대상지역에 소재한 경우에는 3주택 이상부터 8%의 중과세율이 적용된다.

TIP

개정 지방교육세 세율

구분	종전	개정
1주택	0.1~0.3 %	0.1~0.3 %
2주택		0.4 %
3주택		
4주택 이상	0.4 %	

※ **저자 주**

취득세 중과세율 신설에 따라 지방교육세는 위와 같이 개정되었으나, 전용면적 $85m^2$ 초과 주택에 대해 부과되는 농특세율은 개정되지 않았다. 이로 인해 8% 중과세율은 0.6%, 12% 중과세율은 1%가 농특세로 부과되고 있다. 참고로 종전의 농특세율은 0.2% 정도로 부과되었다.

무주택자가 1주택을 취득한 경우의 취득세는?

"어떻습니까? 이해가 됩니까?"

고 세무사가 이절세를 향해 말을 했다.

"네. 대략적으로 감은 오는데 아직은 확실히 잘 모르겠습니다. 세무사님, 세율을 상황별로 알아보면 어떨까요?"

"좋습니다. 일단 1주택, 일시적 2주택, 기타로 나눠 세율을 좀 더 살펴보죠."

고 세무사는 일단 세율 체계를 확실히 하고 싶어 상황별로 취득세율을 알아보기로 하였다. 먼저 무주택자가 1주택을 취득할 때 당면하는 내용들부터 알아보기로 하였다.

무주택자가 1주택을 취득하는 경우의 세무상 쟁점

무주택자는 최근 개정된 취득세 중과세를 적용받을 이유가 없다. 다만, 무주택 상태라고 하더라도 주택의 취득 시점에 분양권이나 입주권, 오피스텔 등을 2020년 8월 12일 이후에 취득해 보유하고 있다면 주택 수가 증가하여 첫 주택을 취득하더라도 중과세가 적용될 수 있음에 유의해야 한다.

참고로 이들은 주택 취득가액의 1~3% 상당액을 취득세로 낸다.

- 취득 당시 가액이 6억 원 이하인 주택: 1%
- 취득 당시 가액이 6억 원을 초과하고 9억 원 이하인 주택: 다음 계산식에 따라 산출한 세율. 이 경우 소수점 이하 다섯째 자리에서 반올림하여 소수점 넷째 자리까지 계산한다.

$$(\text{해당 주택의 취득당시가액} \times \frac{2}{3\text{억 원}} - 3) \times \frac{1}{100}$$

- 취득 당시 가액이 9억 원을 초과하는 주택: 3%

예를 들어 주택 취득가액이 8억 원이라면 위의 식에 그대로 대입하면 2.33333%의 취득세율이 도출된다. 이 외 농특세율과 지방교육세율이 추가된다.

참고로 이들이 주택을 공동명의로 하는 경우에 취득세는 변동이 없다. 주택 전체에 대해 취득세를 계산한 다음에 이를 지분별로 구분하여 납부하도록 하고 있기 때문이다.

생애 첫 구입자의 취득세 감면

생애 최초 주택에 대해서는 취득세를 감면한다. 출산·양육을 위한 취득세 감면과 같이 살펴보면 다음과 같다(2025년 기준).

구분	감면 요건	감면 한도
생애 첫 주택의 구입	• 다세대주택, 도시형 생활주택 등에 한함(아파트 제외). • 60m² 이하 • 6억 원(지방 3억 원) 이하	300만 원 (12억 원 이하는 200만 원)
출산·양육을 위한 주택의 취득	• 출산일 전 1년~출산 후 5년 내 취득 • 취득가액이 12억 원 이하	500만 원

1주택자가 2주택자가 된 경우의 취득세는?

"세무사님, 1주택자는 그다지 신경 쓸 것은 없네요. 달라진 것들이 없으니까요."

이절세가 말을 했다.

"하지만 분양권이나 주거용 오피스텔 등을 보유하고 있다면 주택 수가 증가해 중과세도 가능해지겠지요?"

"아, 물론입니다. 그런데 가장 까다로운 부분이 아마 2주택자가 되는 상황이 아닐까 싶습니다. 이 부분이 이해가 잘 안됩니다. 어떤 경우에는 '3년 내에 처분해야 한다' '처분 안 해도 된다' 등 여러 가지 상황들이 발생해서 그렇습니다."

"그럴 수 있습니다. 제가 충분히 설명을 해 드릴테니 같이 노력해 봅시다."

고 세무사는 본인이 터득한 내용을 가장 쉽게 설명해 보고 싶었다.

취득세를 규정하고 있는 지방세법은 1세대가 2주택 이상을 보유하는 경우부터 중과세를 적용하고자 한다. 하지만 거주지를 바꾸면서 잠시 동안 2주택이 된 경우가 있을 수 있다. 그렇다면 이러한 상황에서도 취득세 중과세를 적용해야 할까?

아니다. 그렇게 해서는 여기저기서 불만이 상당히 많을 것이다. 이에 지방세법에서는 일시적 2주택에 대해서는 처분 기한을 두어 이 기한 내에 종전 주택을 처분한 경우에는 일반세율을 적용한다.

3년 내에 종전 주택을 처분해야 하는 경우

종전 주택을 3년 내에 처분하는 조건으로 1~3%의 취득세율을 적용하는 경우는 아래와 같다.

- 종전 주택이 조정대상지역 또는 비조정대상지역에 소재할 것
- 신규 주택은 조정대상지역에 소재할 것

예를 들어 부산 기장군에서 서울로 이사를 가고자 하는 경우에는 부산 기장군에 있는 주택을 서울에서 주택을 취득한 날로부터 3년 내에 처분해야 한다. 만일 이 기한을 맞추지 못한 경우에는 8%의 취득

세를 내야 한다.

종전 주택을 처분할 필요가 없는 경우

종전 주택을 3년 내에 처분하지 않아도 되는 경우가 있다. 이때에는 신규 주택에 대해 무조건 1~3%의 세율이 적용된다.

종전 주택	신규 주택
● 비조정대상지역 →	비조정대상지역: 처분 기한 없음.
● 조정대상지역 →	비조정대상지역: 처분 기한 없음.

즉 종전 주택이 어디에 소재하는지의 여부에 불구하고 신규 주택이 비조정대상지역에 소재한 경우에는 처분 기한이 없다.

일시적 2주택 취득세 일반세율 적용 사례

일시적 2주택에 대한 취득세 일반세율 적용 사례에 대해 알아보자.

Q. 1주택자인 A 씨가 신규 주택을 취득하려고 한다. 이 경우 취득
세율은 어떻게 적용되는가? 단, 신규 주택은 조정대상지역 내에
소재한다.

A. 원칙적으로 8%가 적용되나, 일시적 2주택에 해당하는 경우에는

1~3%가 적용된다. 만일 종전 주택이 조정대상지역에 소재한 경우에는 종전 주택을 3년 내에 처분해야 한다.

Q. 공시가격 1억 원 이하인 주택과 이를 초과한 주택 등 2주택을 보유하고 있는 상황에서 비조정대상지역에서 1주택을 취득하려고 한다. 이 경우 취득세율은 몇 %인가? 그리고 종전 주택을 3년 이내에 처분해야 하는가?

A. 취득세율 결정 시 공시가격 1억 원 이하의 주택은 주택 수에서 제외된다. 이에 따라 신규 주택은 2주택째가 되는데, 이 주택이 비조정대상지역에 소재한다. 따라서 이때 적용되는 세율은 1~3%가 되며, 신규 주택이 비조정대상지역에 소재하므로 3년 이내에 종전 주택을 처분할 필요도 없다.

Q. 1주택자가 주거용 오피스텔을 취득하고자 한다. 이 경우 취득세율은?

A. 주거용 오피스텔은 취득세 중과세 대상인 주택이 아니므로 이 경우에는 종전부터 적용되어 온 4%가 적용된다. 따라서 이 경우에는 종전 주택을 처분할 이유가 없다.

Q. 분양권 보유자가 1주택을 취득하고자 한다. 이 경우 분양권은 언제 처분해야 하는가?

A. 분양권이 주택으로 완성되어 이를 취득(잔금)한 경우에는 이 주택의 취득일로부터 3년 내에 당해 주택을 처분해야 한다. 그래야 신규 주택에 대해 중과세를 피할 수 있다.

Q. 1주택자가 입주권을 보유하고 있는 중 입주권이 주택으로 완성

되었다. 이 경우 종전 주택을 반드시 처분해야 하는가?

A. 아니다. 재건축이나 재개발에 의해 완성된 주택은 원시취득으로
취득하는 것인 만큼 유상승계취득에 대해 적용되는 취득세 중과
세를 적용받지 않는다. 따라서 이 경우 종전 주택을 처분할 이유
는 없다.

일시적 2주택 취득세 신고 및 납부

일시적 2주택에 해당할 때는 우선 1주택으로 신고·납부 후 종전 주택을 처분 기
한 내에 매각하지 않고 계속 2주택을 유지할 경우 2주택자 세율(8%)과의 차액을
가산세와 함께 추징한다(단, 신고에 따른 가산세는 60일 내에 신고 시 면제).

※ 일시적 2주택자의 취득세 중과세를 피하기 위한 처분 기한

구분	처분 기한	비고
조정대상지역 → 조정대상지역	3년	위반 시 8% 적용
조정대상지역 → 비조정대상지역	없음.	1~3% 적용
비조정대상지역 → 조정대상지역	3년	위반 시 8% 적용
비조정대상지역 → 비조정대상지역	없음.	1~3% 적용

"어떤가요? 이해가 잘 되나요?"

고 세무사가 이절세를 향해 질문을 던졌다.

"아닙니다. 아직까지는 이해가 좀 힘든 부분이 있습니다. 특히 분양권이나 입주권, 오피스텔 등이 추가되면서 더 복잡해지는 것 같습니다. 휴~"

이절세가 한숨을 지어 보였다.

"그럴 수 있습니다. 이 부분은 조금 더 뒤에 설명할 테니 3주택 이상에 대한 취득세율 정리부터 끝내 봅시다. 참, 다시 한번 강조하지만 취득세 중과세율은 1억 원 이하의 주택 등은 주택 수에서 제외하고 판단합니다."

둘은 빨리 이 부분을 벗어나고 싶었다.

3주택자의 취득세

2주택 보유자가 1주택을 추가로 취득하면 3주택자가 된다. 그리고 이때부터는 중과세율이 본격적으로 적용된다. 즉 12%가 적용된다. 다만, 3주택이 비조정대상지역에 소재한 경우에는 이보다 낮은 8%를 적용한다. 지방 소재 주택을 배려하기 위한 취지가 있다.

① 2주택자가 조정대상지역 내의 주택을 취득한 경우

1세대가 2주택을 보유한 상황에서 조정대상지역에 있는 주택을 취득하면 취득세율이 12%까지 부과된다.

종전 주택		신규 주택
• 비조정대상지역	→	조정대상지역 : 12%
• 조정대상지역	→	조정대상지역 : 12%

여기서 종전 주택은 어느 지역에 소재하는지는 중요하지 않고, 신규 주택이 소재한 지역이 중요하다. 즉 2주택 보유한 세대가 조정대상지역에 있는 주택을 취득해 3주택이 된 경우에는 12%를 적용한다.

② 2주택자가 비조정대상지역 내의 주택을 취득한 경우

1세대가 2주택을 보유한 상황에서 비조정대상지역에 있는 주택을 취득하면 취득세율이 8%까지 부과된다.

종전 주택		신규 주택
• 비조정대상지역	→	비조정대상지역 : 8%
• 조정대상지역	→	비조정대상지역 : 8%

여기서 중요한 것은 종전 주택은 어느 지역에 소재하는지는 중요하지 않고, 신규 주택이 소재한 지역이 중요하다. 즉 2주택 보유한 세대가 비조정대상지역에 있는 주택을 취득해 3주택이 된 경우에는 8%를 적용한다.

4주택 이상 자의 취득세

3주택 보유자가 조정대상지역이나 비조정대상지역 등 지역 불문하고 무조건 12%를 적용한다.

개인사업자·법인 등이 취득한 경우의 취득세

주택임대사업자나 매매사업자, 신축 판매사업자, 법인 등이 주택을 취득할 때 취득세를 어떻게 내는지도 정리를 해 보자.

① 주택임대사업자

주택임대사업자가 보유하고 있는 주택도 주택 수에 포함된다. 따라서 임대주택이 2채인 상태에서 거주용 주택을 취득하면 취득세율이 12%까지 부과될 수 있다.

② 매매사업자

주택 등을 사고파는 것을 주업으로 하는 매매사업자들이 보유한 주택도 주택 수에 포함된다.

③ 신축 판매사업자

신축을 위해 멸실용 주택을 구입한 경우에는 일반세율을 적용한다. 다만, 취득 후 3년 내에 멸실되지 않으면 중과세율을 적용한다(단, 주택건설 등록 사업자 등에 한함).

④ 법인

법인이 투자 목적으로 주택을 취득하면 주택 수에 관계없이 12%의 세율이 적용된다. 물론 신축을 목적으로 취득한 경우에는 3년간 중과세율 적용을 유예한다(단, 3년 내에 멸실시켜야 한다).

취득세 중과세 적용 시 주택 수 산정 방법

위에서 보듯이 취득세 중과세는 1세대가 보유한 주택 수 등에 따라 세율의 크기가 달라진다. 따라서 주택 수 산정 방법이 상당히 중요하다. 그렇다면 주택 수는 어떻게 산정할까? 다음에서는 대략적인 내용만 보고 자세한 것은 뒤에서 살펴보자.

① 총주택 수 산정

1세대가 보유한 총주택 수를 산정한다. 이때 주택 수에는 아래와 같은 것들을 포함한다.

- 2020년 8월 12일 이후에 취득한 분양권·조합원 입주권·주거용 오피스텔

② 주택 수에서 제외되는 주택 수 산정

위 ①에서 계산된 총주택 수에서 아래의 주택 등은 제외한다(지방세법 시행령 제28조의4 참조).

연번	구분	제외 이유
1	가정어린이집	육아시설 공급 장려
2	노인복지주택	복지시설 운영에 필요
3	재개발사업 부지확보를 위해 멸실 목적으로 취득하는 주택	주택 공급사업에 필요
4	주택 시공자가 공사대금으로 받은 미분양 주택	주택 공급사업 과정에서 발생
5	저당권 실행으로 취득한 주택	정상적 금융업 활동으로 취득
6	국가등록문화재 주택	개발이 제한되어 투기 대상으로 보기 어려움
7	농어촌주택	투기 대상으로 보기 어려움
8	공시가격 1억 원 이하 주택(재개발 구역 등 제외)과 주거용 오피스텔	투기 대상으로 보기 어려움, 주택 시장 침체 지역 등 배려 필요

9	공공주택사업자(지방공사, LH 등)의 공공임대주택	공공임대주택 공급 지원
10	주택도시기금 리츠가 환매 조건부로 취득하는 주택(Sale & Lease Back)	정상적 금융업 활동으로 취득
11	사원용 주택(60m² 이하)	기업 활동에 필요
12	주택건설사업자가 신축한 미분양된 주택	주택 공급사업 과정에서 발생 ※ 신축은 2.8% 적용(중과 대상 아님.)
13	상속 주택(상속개시일로부터 5년 이내)	투기 목적과 무관하게 보유 ※ 상속은 2.8% 적용(중과 대상 아님.)
14	공시가격 1억 원 이하인 부속 토지만을 소유한 경우 해당 부속 토지	투기 대상으로 보기 어려움
15	혼인 전 소유한 주택분양권으로 주택을 취득하는 경우 다른 배우자가 혼인 전부터 소유하고 있는 주택	혼인에 대한 배려
16	2024년 1·10대책에 따른 다음의 주택(아파트 제외) • 신축 소형 주택(60m² 이하 등) • 기축 소형 주택(60m² 이하, 임대등록 등) • 지방 미분양 주택(85m² 이하 등) • 인구감소지역 주택(4억 원 이하 등)	소형 주택 및 미분양 주택 공급 활성화

③ 세율 결정

①에서 ②를 차감한 주택 수에 따라 신규 주택에 대한 취득세율을 결정한다.

- 1주택 → 신규 주택 취득 : 2주택에 대한 세율 적용
- 2주택 → 신규 주택 취득 : 3주택에 대한 세율 적용

※ 저자 주

앞 표의 8번을 보면 시가표준액 1억 원 이하의 주택은 다른 주택의 취득세 중과세율 결정 시 주택 수에서 제외된다. 또한 해당 주택을 취득하면 취득세는 1%로 부과된다. 이러한 주택은 투기성이 낮다는 취지에서 제외했기 때문이다.

취득세 관련
주택 수 산정은 어떻게 할까?

"역시 취득세도 만만치가 않네요."

이절세가 개정된 취득세를 공부하면서 느낀 소감을 말했다.

"사실 일반인 대부분은 취득세 공부를 그렇게 많이 하지 않았을 겁니다. 물론 저희 같은 전문가들도 약간 소홀히 한 면도 있었구요."

"세무사님, 여기서 그만둬야 할 것 같습니다. 너무 어렵습니다."

이절세가 볼멘소리를 늘어놨다.

"그 마음 이해가 됩니다. 하지만 여기서 멈추면 앞으로 보유세도 양도세도 나갈 수 없으니 힘들지만 참고 가 봅시다. 일단 주택 수를 어떻게 산정하는지 여기까지 정리해 봅시다."

취득세 세율을 결정할 때 가장 중요한 것은 뭐니 해도 주택 수를 제대로 산정하는 일이다. 취득일 당시의 주택 수에 따라 세율의 종류가 결정되기 때문이다. 취득세에서 주택 수 산정은 지방세법 시행령 제28조의4에 규정되어 있다(구체적인 범위는 76쪽 참조). 이를 중심으로 중요 내용을 정리해 보자.

첫째, 세율 적용의 기준이 되는 1세대의 주택 수는 주택 취득일 현재 취득하는 주택을 포함하여 1세대가 국내에 소유하는 주택, 조합원 입주권, 주택분양권 및 오피스텔의 수를 말한다.

주택에 대한 취득세율 결정 시 주택 수 산정은 해당 주택의 취득일(통상 잔금 지급일) 현재에 해당 취득자가 소유(취득이 완료된 상태를 말함)하고 있는 주택, 입주권, 분양권, 오피스텔의 수를 더해서 산정한다. 다만, 주택을 제외한 분양권 등은 2020년 8월 12일 이후에 취득한 것들에 한한다. 따라서 2021년 8월에 취득한 분양권과 오피스텔을 2개 가지고 있는 상태에서 주택을 취득한 경우 주택 수가 3주택이되어 중과세율이 적용될 수 있다.

※ 주택, 분양권 등에 대한 취득세율과 주택 수 산입

구분	해당 주택 등 취득 시 취득세율	주택 수 포함 여부	비고
주택	1~12%	포함	소형 주택 등은 주택 수 제외
분양권	(완공 시 1~12%)	포함	
입주권	(완공 시 2.8%)	포함	
오피스텔	4%	포함	주거용 오피스텔을 말함.

둘째, 조합원 입주권 또는 주택분양권에 의하여 취득하는 주택의 경우에는 조합원 입주권 또는 주택분양권의 취득일(분양사업자로부터 주택분양권을 취득하는 경우에는 분양 계약일)을 기준으로 해당 주택 취득 시의 세대별 주택 수를 산정한다.

주택 수는 원칙적으로 취득일(잔금 청산일, 준공일 등)을 기준으로 파악한다. 따라서 3주택자가 3주택을 모두 정리한 후에 새로운 주택을 취득하면 1주택자에 해당하므로 1~3%의 세율이 적용된다. 신규 주택에 대한 취득세 중과세는 해당 주택의 취득일 현재의 주택 수를 기준으로 적용되기 때문이다. 하지만 입주권과 분양권에 의해 취득한 주택의 경우에는 입주권과 분양권의 취득일(잔금)을 기준으로 주택 수를 산정한다. 다만, 분양사업자로부터 주택분양권을 취득하는 경우에는 '분양 계약일'을 기준으로 해당 주택 취득 시의 세대별 주택 수를 산정한다. 따라서 분양 계약 당시 주택 수가 3채라면 향후 이 주택이 없는 상태에서 분양권에 의한 주택이 완성될 때도 취득세가 중과세될 수 있다. 상당히 논란이 있는 규정으로, 이에 대한 자세한 내용은 잠시 뒤에 별도로 살펴보고자 한다.

셋째, 공시가격 1억 원 이하인 주택과 오피스텔 그리고 부속 토지, 농어촌주택, 가정어린이집 등은 주택 수에 포함되지 않는다.

공시가격 1억 원 이하의 주택(단, 정비구역 내의 주택 등은 제외) 또는 오피스텔이나 부속 토지를 취득하면 이는 주택 수에서 제외된다. 분양권과 입주권은 가격을 불문하고 주택 수에 포함되는 것과 차이가 있다. 참고로 이러한 저가의 주택과 오피스텔을 취득하면 취득세 중과세율을 적용하지 않는다. 예를 들어 공시가격 1억 원이 넘는 2주택을 보유 중에 비조정대상지역 내에서 1억 원 이하의 주택과 이를 초과한 주택 등 2주택을 순차적으로 취득한다고 하자. 이 경우 다음과 같이 취득세율이 결정된다.

- 1억 원 이하의 주택: 1%
- 1억 원 초과한 주택: 8%*

  *2주택(1억 원 이하 주택 제외) 보유 중에 비조정대상지역 내의 주택을 취득하기 때문에 12%가 아닌 8%가 적용된다.

※ 공시가격 1억 원 이하인 주택과 오피스텔 그리고 부속 토지

주택 수 포함 여부	취득세율 적용
포함하지 않음.	이러한 주택 등에 대해서는 일반세율을 적용함.

→ 재개발 등의 사업에서 정비구역 내의 주택 등은 공시가격이 1억 원 이하더라도 주택 수에 포함된다. 예를 들어 2주택자가 비조정대상지역에서 정비구역 내의 공시가격이 8,000만 원인 주택을 취득하면 8%가 적용된다.

넷째, 2024년 1·10대책에 따른 신축 소형 주택 등도 주택 수에서 제외한다.

2024년 1월 10일에 정부의 주택 공급 방안으로 일정 기간(2024년

1월~2025년 12월), 면적(60~85m² 이하), 가액(3억~6억 원 이하) 등의 요건을 갖춰 취득한 다세대주택, 다가구주택, 도시형 생활주택, 오피스텔에 대해서는 다른 주택의 취득세율 결정 시 주택 수에서 제외한다. 이러한 규정은 아파트를 제외한 소형 주택에 적용하지만, 지방의 미분양 주택과 인구감소지역 주택에는 아파트를 포함한다. 지방의 주택 공급 상황을 고려한 조치에 해당한다(아래 TIP 참조).

> → 이렇게 주택 수에서 제외되면 해당 주택을 취득했을 때 일반세율이 적용*되는 한편, 다른 주택의 취득세율에 영향을 주지 않는다. 예를 들어 1주택자가 위의 주택을 2채 취득한 경우 해당 주택에 대한 취득세율은 1~3%가 되며, 이후 다른 주택을 취득할 때는 3주택이 아닌 1주택자로 보고 다른 주택에 대한 취득세율을 정한다.
>
> * 인구감소지역의 1주택을 취득하면 취득세를 최대 50% 감면할 예정이다.

다섯째, 지분 소유 주택(분양권 등 포함)도 1주택으로 본다. 다만, 동일세대원은 1주택으로 본다.

예를 들어 부부가 공동명의로 보유하고 있는 주택이나 분양권 등은 1개의 주택 등이 된다. 다만, 세대분리된 자녀의 경우에는 각각 1주택 등이 될 수 있다.

> → 공동명의의 주택 등은 세대분리 여부에 따라 주택 수 판단이 달라질 수 있다.

2024년 1·10대책과 세제 혜택 요약

아래와 같은 요건을 갖춘 주택들은 각종 세목에서 주택 수에서 제외된다. 이렇게 주택 수에서 제외되면 다른 주택의 과세 방식에 영향을 미치지 않는다. 이를 제외한 다른 주택만을 가지고 취득세와 종부세 그리고 양도세율을 결정하면 된다. 이를 표로 요약하면 다음과 같다.

구분		세제 적용
신축 소형 주택 취득	• 오피스텔 포함(아파트 제외) • 2024. 1.~2027. 12. 준공 주택 취득 • 60m² 이하 • 수도권 취득가액 6억 원(지방 3억 원) 이하	• 취득세: 일반세율 적용 • 종부세, 양도세: 1세대 1주택 특례* 적용 불가
기축 소형 주택의 취득 후 임대등록	• 오피스텔 포함(아파트 제외) • 2024. 1.~2027. 12. 구입 및 등록 • 60m² 이하 • 수도권 취득가액 6억 원(지방 3억 원) 이하	임대등록에 따른 세제 지원을 받을 수 있음(거주 주택 비과세 등)**.
지방 준공 후 미분양 주택 취득	• 주택(아파트 포함) • 1주택자가 수도권 밖에서 취득(주택 수 불문) • 2024. 1. 10.~2025. 12. 최초 구입 • 85m² 이하 • 취득가액 6억 원 이하	• 취득세: 일반세율 적용 • 종부세, 양도세: 1세대 1주택 특례 적용
인구감소지역 1주택 취득	• 주택(아파트 포함) • 1주택(분양권·입주권)자가 인구감소지역*** 내에서 1주택 취득 • 2024. 1. 4.~2026. 12. 최초 구입 • 공시가격 4억 원 이하(면적 제한 없음)	• 취득세: 일반세율(50% 감면) 적용 • 종부세, 양도세: 1세대 1주택 특례 적용

* 종부세는 12억 원 기본공제와 80% 세액공제를 말하며, 양도세는 12억 원 비과세와 장기보유 특별공제 80%를 말한다. 그런데 다주택자가 신형 소형 주택을 취득하면 이러한 혜택을 받을 수 없음에 유의해야 한다.

** 단, 조정대상지역의 임대주택은 종부세 면제가 되지 않으며, 장기보유 특별공제 50~70%도 적용되지 않으므로 사전에 실익 판단을 해야 한다. 참고로 2025년 중에 6년 단기 임대 제도가 신설될 전망이다.

*** 수도권·광역시는 제외하되 수도권 내 접경 지역 및 광역시 내 군 지역은 포함한다. 구체적인 범위는 조세특례제한법 제72조의2 등을 참조하기 바란다.

"주택 수를 산정하는 방법이 신규 주택의 취득일 현재 보유한 주택 수로 하는 거네요."

이절세가 말을 했다.

"맞습니다. 그리고 분양권과 입주권 그리고 오피스텔도 마찬가지지요. 그런데 분양권에 의하여 취득하는 주택은 좀 특이합니다. 분양권 계약이나 취득 후 몇 년 뒤에 주택이 완성되기 때문에 주택 수를 어떤 식으로 산정할 것인지가 쟁점이 되기 때문이죠."

고 세무사가 말을 했다.

"아하, 그래서 분양권은 취득일이나 당첨 계약일을 기준으로 주택 수를 산정해서 완공 시 분양 주택에 대한 취득세율을 결정하고 있군요."

"그런 것으로 보입니다. 이렇다 보니 분양권 계약 또는 취득 당시에 몇 채를 보유했는지가 중요해집니다. 계약 후에 다른 주택을 정리한 경우라도 주택 수가 바뀌지 않기 때문입니다."

"세무사님, 이건 좀 불공평한 것 같습니다. 분양 주택이 완성될 때 주택이 없으면 중과세를 적용하지 않아야 하는 거 아닌가요?"

"동감입니다."

앞에서 검토한 주택 수 산정 방법은 최근 신설되거나 개정된 지방세법 및 동법 시행령 등을 놓고 점검하는 것이 실수를 예방하는 지름길이 된다. 하지만 일반인들의 입장에서는 해당 규정을 이해하는 것이 상당히 벅찰 수 있다. 그래서 다음에서는 주택 외에 분양권, 조합원입주권, 주거용 오피스텔이 있는 경우 어떤 식으로 취득세율과 주택 수를 산입하는지 살펴보자. 먼저 위에서 이절세와 고 세무사가 언급한 분양권부터 살펴보자.

분양권은 청약제도를 통해 당첨되거나 전매를 통해 취득한 경우가 일반적이다(여기서 분양권은 주택법 등 8개 법률에 따라 생성된 것을 말한다. 자세한 것은 지방세법 제13조의3 규정을 반드시 참조하기 바란다). 다만, 분양권을 계약하거나 취득할 때에는 취득세는 부과되지 않는다. 분양권은 부동산이 아니기 때문이다. 하지만 다른 주택의 과세 판단을 할 때에는 주택 수에 포함된다.

분양권에 대한 취득세

① 분양권 취득 시

분양권을 당첨받아 계약하거나 전매를 통해 취득한 경우 취득세가 없다. 분양권은 주택에 해당하지 않기 때문이다.

② 분양권이 주택으로 완공된 경우

분양권이 주택으로 완공되어 이를 취득할 때에는 주택에 대한 취득세를 낸다. 이때 세율은 일반세율과 중과세율이 적용될 수 있다.

- **일반세율 :** 분양권 계약(청약 당첨 시) 또는 취득 당시(전매로 취득 시)의 주택 수가 1채 이하인 상태에서 분양 주택에 대해 취득세를 내는 경우(일시적 2주택* 포함)

  * 2020년 8월 12일 이후 취득한 분양권과 일반주택을 보유한 경우, 분양권 주택의 취득세도 일시적 2주택에 따른 일반세율을 적용받을 수 있다. 이때 분양권 주택이 완성된 날을 기준으로 3년 내에 둘 중 하나의 주택을 처분해야 한다(조정대상지역의 경우).

- **중과세율 :** 분양권 계약 또는 취득 당시의 주택 수가 2채 이상인 상태에서 분양 주택에 대해 취득세를 내는 경우

분양권과 주택 수 산입

분양권을 보유한 경우에는 아래와 같이 주택 수가 산정됨에 유의해

야 한다.

첫째, 2020년 8월 12일 이후에 계약된 분양권(입주권, 오피스텔 포함)만 주택 수에 포함된다. 이는 아래의 지방세법 부칙[법률 제17473호]에 따른 것이다.

제7조【주택 수의 판단 범위 등에 관한 경과조치】
부칙 제3조에도 불구하고 제13조의3 제2호부터 제4호까지의 개정 규정은 이 법 시행* 전에 매매계약(오피스텔 분양 계약을 포함한다)을 체결한 경우는 적용하지 아니한다.

* 2020. 8. 12.에 시행됨.

둘째, 가격을 불문한다.

주택 수에 산정되는 분양권(입주권 포함)은 가격을 불문한다. 시가표준액 1억 원 이하인 주택과 오피스텔이 제외되는 것과는 차이가 있다.

셋째, 분양권에 의해 완성된 주택에 대한 취득세율 결정 시 주택 수 산정은 분양권의 취득일(최초 분양 시는 계약일)을 기준으로 한다.

이는 앞에서 본 지방세법 시행령 제28조의4 제1항 후단에 있는 내용을 말한다.

조합원 입주권 또는 주택분양권에 의하여 취득하는 주택의 경우에는 조합원 입주권 또는 주택분양권의 취득일(분양사업자로부터 주택분양권을 취득하는 경우에는 분양 계약일)을 기준으로 해당 주택 취득 시의 세대별 주택 수를 산정한다.

　예를 들어 2주택자가 분양권을 취득한 후에 2주택을 모두 처분하고 분양권에 의한 주택에 대해 등기를 할 때에는 주택 수가 1채가 아니라 3채가 된다는 것이다. 유주택자가 분양권을 취득해 주택을 취득하는 것을 방지하기 위한 규정에 해당한다. 하지만 이러한 규정은 주택이 완성되기 전에 이미 과세 방식이 결정되어 향후 논란을 피할 수 없을 것으로 보인다.

분양권 관련 취득세와 양도세에서의 주택 수 산입 비교

분양권을 주택으로 보는 시기가 취득세와 양도세에서 다르다. 이를 정리하면 다음과 같다.

구분	분양권 등 주택 수 산입	비고
취득세	2020. 8. 12. 이후 취득분(계약분)	입주권, 주거용 오피스텔, 신탁 주택도 취득세 중과세를 적용을 위한 주택 수에 포함됨.
양도세	2021. 1. 1. 이후 취득분(계약분)	입주권과 주거용 오피스텔은 종전부터 주택 수에 포함됨.

분양권 주택 수 산입 시기가 두 세목 간에 차이가 있다. 참고로 조합원 입주권은 양도세에서는 이미 주택 수에 산입되고 있으나, 취득세에서는 주거용 오피스텔과 함께 이번 세법 개정에 따라 새롭게 주택 수에 산입되게 되었다.

조합원 입주권에 대한 취득세율과 주택 수 산입은 어떻게 될까?

"역시 분양권을 보유한 경우에는 이래저래 신경이 많이 쓰이겠네요."

이절세가 말을 했다.

"그렇습니다. 그런데 재건축이나 재개발사업과 관련해서 생성되는 입주권도 주의해야 합니다."

"세무사님, 이건 제가 잘 알겠습니다. 일단 입주권을 취득하면 역시 주택 수에 들어온다. 그리고 입주권 주택이 완공되었을 때에는 입주권 취득일 현재 보유한 주택 수에 따라 중과세율이 결정된다. 이게 아닙니까?"

"땡! 용감히도 틀렸습니다."

고 세무사는 왜 이런 말을 했을까?

조합원 입주권은 재건축이나 재개발사업 또는 소규모재건축사업에 의해 조합원들이 가지고 있는 주택을 취득할 수 있는 권리를 말한다. 이러한 입주권도 앞의 분양권과 같은 원리로 취득세가 결정된다. 다만, 입주권은 분양권과는 생성 방법이 다르기 때문에 모든 상황에서 동일한 잣대를 사용해서는 곤란할 것이다. 이러한 점에 유의해 아래 내용들을 살펴보자.

입주권에 대한 취득세

① 입주권 취득 시

입주권을 보유하는 과정은 크게 두 가지 유형이 있다. 하나는 주택 보유 중에 관리처분계획 인가를 받아 입주권을 보유한 경우(원조합원), 그리고 원조합원으로부터 입주권을 승계취득한 경우(승계조합원)이다. 따라서 원조합원은 이미 주택을 취득할 때 취득세를 냈기 때문에 입주권에 대해서는 별도의 취득세를 내지 않는다. 하지만 승계조합원은 아래와 같이 취득세를 내야 할 것으로 보인다.

- 주택 멸실 전에 주택을 취득한 경우: 주택에 대한 취득세(일반세율 또는 중과세율)
- 주택 멸실 후에 나대지를 취득한 경우: 대지에 대한 취득세(4%)
- → 여기서 쟁점은 1주택자가 재건축 등이 예정된 주택을 취득해 일시적 2주택으로 일반세율을 적용받고자 할 때 '어떤 주택을 언

제까지 팔아야 하는가?' 하는 것이다. 이에 대해 정부는 신규로 주택이 완공된 날로부터 3년 내에 둘 중 하나의 주택을 처분하면 일반세율을 적용한다. 이는 재건축 등에 대한 일종의 특례제도에 해당한다. 한편 거주하고 있는 주택이 재건축 등에 들어가 공사 중에 취득한 대체주택은 취득의 불가피성이 있으므로 이에 대해서는 일반세율을 적용한다(지방세법 시행령 제28조의5 제3항 참조).

② 입주권이 주택으로 완공된 경우

입주권이 주택으로 완성(준공)되는 때에는 건물분에 대해서는 취득세를 내야 한다. 이때 취득세는 원시취득에 해당하는 2.8%의 세율이 적용된다. 따라서 이 경우에는 취득세 중과세가 적용될 여지는 없다.

조합원 입주권과 주택 수 산입

조합원 입주권을 보유한 경우에는 아래와 같이 주택 수가 산정됨에 유의해야 한다(주택 수에 포함되는 입주권과 분양권의 범위는 282쪽을 참조).

첫째, 2020년 8월 12일 이후에 취득한 조합원 입주권(분양권, 오피스텔 포함)은 주택 수에 포함된다.

둘째, 가격을 불문한다.

주택 수에 산정되는 조합원 입주권(분양권, 오피스텔 포함)은 가격을 불문한다. 시가표준액 1억 원 이하인 주택과 오피스텔이 제외되는 것과는 차이가 있다.

셋째, 조합원에 의해 완성된 주택에 대한 취득세율 결정 시 주택 수 산정은 의미가 없다. 원시취득에 의해 완공된 주택에 대해서는 2.8%의 세율이 적용되면 그만이기 때문이다(재개발 취득세 감면 등은 「chapter 07」을 참조할 것).

→ 원시취득에 대해서는 취득세 중과세 제도가 적용되지 않는다. 다만, 다른 주택의 중과세 적용을 위한 주택 수에는 포함된다.

※ **저자 주**
입주권이 포함된 경우의 취득세율은 아래와 같이 결정된다.
• 입주권에 의해 주택이 완성되면 : 2.8%(원시취득에 해당되어 중과세를 적용하지 않음).
• 입주권 일시적 2주택 일반세율 적용 시 : 완공일로부터 3년 내에 완공된 주택과 기존의 주택 중 한 채를 양도하면 됨.
• 공사 중에 대체 취득 시 : 이에 대해서는 일반세율을 적용(취득의 불가피성)

주거용 오피스텔에 대한 취득세율과 주택 수 산입은 어떻게 될까?

"와우! 입주권이 이런 함정이 있었군요."

이절세는 '참으로 이상한 세법이 있구나'라는 생각을 떨쳐 버릴 수 없었다. 멸실이 예정된 주택을 취득하면 잘못하다간 취득세가 중과세될 수도 있었기 때문이다.

"세무사님, 이제 오피스텔도 정리하면 이제 취득세에 대해서는 대부분 정리가 될 것 같습니다. 그렇지요?"

"그렇습니다. 오피스텔은 취득할 때에는 중과세는 없으니 주택 수 산정 방법에만 유의하면 될 것 같습니다."

오피스텔을 주거용으로 사용하면 세법상 주택이 되는 경우가 많다.

최근 개정된 지방세법에서는 이러한 오피스텔도 주택으로 취급해 주택 수에 포함하도록 하고 있다.

오피스텔에 대한 취득세

① 오피스텔 분양권인 경우

오피스텔이 분양권 상태인 경우에는 취득세를 부담하지 않는다. 분양권은 부동산이 아니기 때문이다.

② 오피스텔을 취득한 경우

오피스텔을 취득한 경우에는 주택에 대한 세율이 아닌 일반건물에 대한 취득세율 4%가 적용된다. 따라서 오피스텔이 업무용이든 주거용이든 무조건 세율은 4%가 적용된다는 점을 확인하기 바란다.

오피스텔과 주택 수 산입

오피스텔을 보유한 경우에는 아래와 같이 주택 수가 산정됨에 유의해야 한다. 다만, 여기서 오피스텔은 재산세 과세대장에 주택으로 기재되어 주택분 재산세가 과세되고 있는 것에 한한다. 따라서 업무용 오피스텔은 해당 사항이 없다.

첫째, 2020년 8월 12일 이후에 취득한 오피스텔(분양권, 입주권 포함)은 주택 수에 포함된다. 따라서 그 이전에 계약된 것은 주택 수에 포함되지 않는다. 참고로 직전년도 전 소유자에게 주택분 재산세가 과세된 오피스텔을 승계취득하여 보유하고 있는 경우 오피스텔 취득자에게 새롭게 주택분 재산세가 과세된 경우부터 주택 수에 산입한다. 한편 2020. 8. 12. 전에 취득한 업무용 오피스텔을 2020. 8. 12. 이후에 주거용 오피스텔로 전환하는 경우에는 지방세법 부칙 제3조에 따라 주거용 오피스텔을 법 시행 전에 취득한 경우에 해당하므로 주택 수에 포함하지 않는다.

둘째, 오피스텔 분양권은 주택 수에 산입되지 않는다.

분양권 상태에서는 해당 물건이 주택인지 아닌지 구분하기가 힘들기 때문이다. 따라서 향후 잔금을 치른 후에 이 부분을 확인해야 한다.

셋째, 시가표준액이 1억 원 이하는 주택 수에서 제외된다.

앞에서 본 분양권(입주권 포함)은 가격을 불문하나, 시가표준이 1억원 이하인 오피스텔은 주택 수에서 제외한다.

→ 시가표준액이 1억 원 이하인 오피스텔은 주택 수에서 제외된다는 점을 기억해 두기 바란다. 이 외에 2024년 1월 이후에 취득한 신축 소형 오피스텔 등도 주택 수에서 제외된다. 83쪽을 참조하기 바란다.

증여에 따른 취득세는
얼마나 될까?

지금까지 이절세와 고단수 세무사는 확 바뀐 취득세에 대해 대부분의 공부를 마쳤다. 그리고 나머지 하나의 주제인 증여로 인해 취득한 주택에 대한 취득세도 정리를 했다.

그들이 정리한 내용들을 대략적으로 살펴보자.

2020년 8월 12일 이후부터 가족 간에 주택을 증여받으면 이에 대해서 12%로 취득세를 내야 한다. 다만, 무조건 이 세율을 적용하는 것은 아니다. 따라서 증여하기 전에 미리 이 부분을 확인할 필요가 있다.

지방세법 제13조의2 제2항에서는 아래와 같이 증여 취득 등에 대한 취득세율을 정하고 있다.

> ② 주택법 제63조의2 제1항 제1호에 따른 조정대상지역에 있는 주택으로서 대통령령으로 정하는 가액 이상의 주택을 제11조 제1항 제2호에 따른 무상취득을 원인으로 취득하는 경우에는 제11조 제1항 제2호에도 불구하고 같은 항 제7호 나목의 세율을 표준세율(4%를 말한다)로 하여 해당 세율에 중과기준세율의 100분의 400을 합한 세율을 적용한다. 다만, 1세대 1주택자가 소유한 주택을 배우자 또는 직계존비속이 무상취득하는 등 대통령령으로 정하는 경우는 제외한다.

위의 내용을 조금 더 살펴보자.

첫째, 증여에 따른 취득세 중과세율(12%)은 조정대상지역 내의 주택에 한한다.

따라서 비조정대상지역 내의 주택을 증여하면 증여자의 주택 수와 무관하게 일반세율(3.5%)이 적용된다. 이는 지방의 주택에 대한 세법의 배려에 해당한다(비조정대상지역은 가격 불문하고 3.5%가 적용됨).

둘째, 조정대상지역 내의 주택 중 일정 가액 이상의 주택에 대해 적용한다.

여기서 일정 가액은 주택 전체에 대한 시가표준액(기준시가) 3억 원을 말한다. 따라서 남편이 아내에게 지분을 증여한 경우에도 전체

주택의 시가표준액이 3억 원 이상이면 취득세 중과세가 적용될 수 있다(2023년 이후부터 시가 상당액에 대해 취득세 부과).

셋째, 1세대 1주택자가 소유한 주택을 배우자 또는 직계존비속이 무상취득하는 등 대통령령으로 정하는 경우는 제외한다.

여기서 대통령령의 정하는 경우란 지방세법 시행령 제28조의6(중과세 대상인 무상취득) 제2항에서 아래와 같이 규정하고 있다.

① 1세대 1주택을 소유한 자로부터 해당 주택을 배우자 또는 직계존비속이 무상취득하는 경우
② 법 제15조에 따른 세율의 특례(합병으로 인한 취득 등) 적용 대상에 해당하는 경우

따라서 증여자가 1세대 2주택(1억 원 이하 주택 등을 포함함에 주의!) 이상이 되어야 가족 간의 증여에 따른 취득세 중과세가 적용된다. 그 결과 앞의 요건을 모두 충족하면 증여에 따른 취득세율이 12%가 된다. 농특세 등을 포함해 살펴보면 아래와 같다.

구분	취득세율	농특세율	지방교육세율	계
증여	12%	0%, 1%	0.4%	12.4~13.4%

참고로 앞의 '2주택 이상'에서 '주택'은 1세대가 보유한 모든 주택을 의미한다. 따라서 시가표준액 1억 원 이하 주택도 주택 수에 포함한다.

chapter 03

보유세
줄이는 방법

보유세 절세하는
방법들~

보유세 만만하게 보다간 큰코다친다

"세무사님, 그동안 부동산 세금을 다룰 때 보유세는 좀 등한시하지 않았습니까? 주로 양도세 절세법에 맞춰 공부를 했잖아요. 세금 책들도 그렇고, 투자 관련 세법을 강의하는 사람들도 보유세는 대부분 무시하더라고요. 그런데 세무사님은 그렇지가 않았던 것 같습니다. 하하하."

이절세가 최근 보유세가 크게 강화된 것을 염두에 두고 고 세무사에게 말했다.

"그렇죠. 보유세가 얼마나 중요한 세금인지 몰랐을 거예요. 앞으로는 양도세보다 보유세나 임대소득세가 훨씬 더 중요하게 여겨질 겁니다."

"세무사님, 앞으로 보유세가 점점 늘어날 수 있다는 것을 의미하는 거죠?"

"그렇습니다."

이 세 사람의 얘기를 듣다 보면 이제 보유세를 모르면 부동산 세금을 논할 자격이 없는 것처럼 느껴진다. 왜 그럴까?

부동산을 보유하고 있으면 문제가 되는 세금이 바로 보유세, 즉 재산세와 종부세다. 그런데 이런 세금이 어떻게 나오는지를 아는 사람들이 많지가 않은 것이 현실이다. 지자체나 중앙정부에서 세금을 알아서 계산해 고지서를 보내오면 납부만 하기 때문이다. 하지만 최근 보유세 강화책이 계속 도입되면서 보유세 계산 절차에 대해 궁금하게 생각하는 사람들도 상당히 많아졌다. 이는 모르면 손해를 보는 시대에 접어들었음을 의미한다. 따라서 보유세를 잘 다루기 위해서는 이에 대한 지식을 최대한 쌓을 필요가 있다.

이하에서 이와 관련된 내용들을 순차적으로 살펴보자.

재산세와 종부세 과세 대상

재산세와 종부세의 과세 대상을 비교하면 다음과 같다. 참고로 2024년 12월에 적용되고 있는 종부세는 주로 개인인 1주택자(일시적 2주택, 상속 주택, 지방 저가주택 소유자 포함)와 다주택자에 대해서만 완화되어 시행 중이다. 법인의 경우에도 일부 세율이 완화되었으나, 기본공제 9억 원 미적용으로 세 부담이 여전히 크다.

구분	재산세 과세 대상	종부세 과세 대상 해당 여부
주택	① 주택 ② 별장(2023년 삭제)	○ ×
분리과세 대상 토지	① 저율 분리과세: 전, 답, 과수원, 목장용지, 임야 중 일부 　　　토지 ② 고율 분리과세: 골프장, 고급 오락장용 부속 토지 ③ 기타 분리과세: 공장용지 등	×
별도합산 토지	① 영업용 건축물의 부속 토지로 기준 면적 이내 토지 ② 건축물이 없더라도 건축물의 부속 토지로 보는 토지 등	○
종합합산 토지	① 나대지 ② 분리과세 대상 토지 중 기준 면적 초과 토지 ③ 별도합산 대상 토지 중 기준 면적 초과 토지 ④ 분리과세, 별도합산과세 대상에서 제외된 모든 토지	○
기타	① 건축물 　- 골프장, 고급 오락장 　- 도시의 주거지역 내의 공장용 건축물 　- 그 외의 건축물 ② 선박 ③ 항공기	×

종부세 과세 방식은 어떻게 정해지는가

종부세는 주택, 나대지, 상가 건물 부속 토지 등을 많이 가지고 있는 사람들이 내는 세금이다. 이를 과세할 때는 개인 단위로 과세한다. 기본적으로 다음과 같은 일정 금액을 넘어야 과세가 되므로 궁극적으로 부동산을 많이 보유한 층을 겨냥한 세금이다. 이 중 주택에 대한 보유세가 최근 많은 변화를 겪고 있다. 이하에서는 이를 중심으로 관련 내용들을 살펴보자.

구분	과세 단위	과세 기준금액
주택		9억 원
상가 부속 토지(별도합산 토지)	개인별 합산	80억 원
나대지 등(종합합산 토지)		5억 원

원래 1세대 1주택을 단독명의로 보유한 경우라도 공제금액이 9억 원이지만 공동등기(18억 원)에 비해 불리하므로 3억 원을 추가로 공제한다(12억 원). 한편 2주택 이상 자에 해당하는 경우에는 개인별로 9억 원을 기준으로 한다. 따라서 부부가 2주택 이상을 분산 소유하고 있는 경우에는 18억 원까지는 공제를 받을 수 있다.

실무상 종부세의 과세표준과 산출세액은 다음과 같이 파악하면 도움이 된다.

- 과세표준 = (기준시가의 합계 − 공제금액*) × 공정시장 가액비율
  * 9억 원. 단, 1세대 1주택 단독명의 보유 시는 12억 원

- 산출세액 = 과세표준 × 세율

위에서 공정시장가액비율이란 일종의 세 부담 완화 제도로서 종부세의 경우 모든 과세 대상에 대해 60%(매년 변동 가능)를 적용한다. 참고로 재산세의 경우 토지 및 건축물은 70%, 주택은 60%이다. 이러한 비율은 매년 변동될 수 있다.

한편 종부세가 부과되는 구간은 재산세도 부과된다. 따라서 한 과세표준을 두고 2가지의 세목이 중복하여 과세되므로, 이 부분을 정리

할 필요가 있다. 이에 대해서는 잠시 뒤 사례를 가지고 살펴보자.

재산세와 종부세는 누가 내고 어떻게 납부하는가

재산세와 종부세는 매년 6월 1일 현재 소유권을 가지고 있는 사람이 납부해야 한다(취득 시기는 통상 잔금 청산일과 등기일 중 빠른 날).

그렇다면 어떤 사람이 7월 중에 소유한 주택을 양도하는 경우 재산세나 종부세는 누가 부담해야 하는가?

결론은 6월 1일 소유권이 있는 매도자가 납세의무를 지게 된다. 따라서 주택을 팔고 난 후 내는 세금에는 양도세도 있고 재산세와 종부세도 있다는 생각을 하고 거래에 임해야 할 것이다. 그래서 6월 1일 전후로 양도하는 경우 6월 1일 전에 양도하면 재산세와 종부세를 피할 수 있다. 이 부분은 양도자가 알아 두면 좋은 절세 전략이다. 신규 분양 아파트의 경우에도 6월 1일을 기준으로 누가 소유권을 가지고 있느냐에 따라 납세의무자가 달라진다. 만일 입주 지정 기간 만료일이 6월 30일이고 잔금이 6월 15일에 청산되었다면 이 경우에는 건물주(시행사)가 재산세를 내야 한다. 하지만 5월에 잔금이 청산되었다면 계약자가 재산세를 내야 한다. 다만, 완공이 되었으나 잔금을 치르지 않은 상태가 오래 지속된 경우에는 전적으로 계약자가 이를 부담하는 경우도 있음에 주의해야 한다.

참고로 주택에 대한 재산세와 종부세는 다음과 같이 납기가 정해진다.

- **주택 재산세** : 7월 31일과 9월 30일에 각각 50%씩 납부할 수 있도록 관할 시·군·구에서 고지서를 발송한다.
- **종부세** : 12월 15일까지 납부할 수 있도록 정부에서 고지서를 발송한다. 만약 고지 내용이 사실과 다르면 본인이 스스로 신고할 수 있다.

종부세 합산 배제 주택

종부세가 과세되지 않는 주택들의 범위를 확인할 필요가 있다.

① 임대주택

종류	전용면적	임대주택 수	기준시가	임대 기간
건설 임대주택	149m² 이하	2호 이상	9억 원 이하	5년** 이상
매입 임대주택	면적 무관	1호 이상	6억 원* 이하	5년** 이상

* 지방은 3억 원 이하를 말한다(매입 임대주택에 한함).
** 2018년 4월 1일 이후에 등록한 경우에는 8년(2020. 8. 18. 이후는 10년) 이상을 임대해야 종부세 비과세를 적용한다. 참고로 2018년 9월 14일 이후에 조정대상지역에서 주택을 취득해 신규로 등록한 경우에는 종부세 비과세를 적용하지 않는다(매입 임대주택에 한함). 단, 6월 1일 현재 조정대상지역에서 해제 시 비과세가 가능해진다.

② 사원용 주택
종업원에게 무상으로 제공하는 국민주택 규모 이하의 주택이어야 한다.
③ 기숙사
④ 주택건설업자(주택 신축 판매업자)의 미분양 주택
미분양 주택의 범위 : 과세 기준일 현재 주택 신축 판매업으로 사업자등록을 한 자가 소유한 미분양 주택(5년간 비과세)

종부세 비과세를 위한 합산 배제 신청은 매년 9월 16일부터 30일까지 주소지 관할 세무서에 한다.

보유세 요약

2024년 및 2025년(예상)에 적용되는 보유세 내용을 정리하면 다음과 같다.

구분	재산세(지방세)	종부세(국세)
납세의무자	매년 6월 1일 현재 재산의 소유자	매년 6월 1일 현재 공제금액*을 초과하는 재산 소유자 * 공제금액: 9억 원[1세대 1주택자(단독명의는 12억 원]
과세 방법	주택 물건별 과세	전국의 주택을 인별로 합산
공정시장가액 비율(과세표준)	공시가격의 60%	(공시가격−9억 원 등)×60%* * 2025년도 60% 예상

과세 구간 및 세율		

재산세(지방세) 주택

과세표준	세율(%)
6,000만 원 이하	0.1
1억 5,000만 원 이하	0.15
3억 원 이하	0.25
3억 원 초과	0.4

※ 9억 원 이하는 각 구간 0.05%p 인하

종부세(국세) 주택

과세표준	일반세율(%)	중과세율(%)
3억 이하	0.5	0.5
6억 이하	0.7	0.7
12억 이하	1.0	1.0
25억 이하	1.3	2.0
50억 이하	1.5	3.0
94억 이하	2.0	4.0
94억 초과	2.7	5.0

구분	재산세(지방세)	종부세(국세)
1세대 1주택자 공제	–	고령자 세액공제(60세 이상, 20~40%), 장기보유자 세액공제(5년 이상, 20~50%)
세 부담 상한율	• 기준시가 3억 원 이하: 105% • 3억~6억 원 이하: 110% • 6억 원 초과: 130%	150%
비과세	임시 사용 목적의 건축물로서 1년 미만인 것 등	장기 임대주택(5년·8~10년 이상, 수도권 6억 원, 지방 3억 원 이하), 사원 기숙사 등
1주택 공동 명의 특례	–	단독명의 과세 방식으로도 신고 가능 (2021년)
납부 방법	부과 고지	부과 고지(신고·납부 가능)

1세대 1주택자에 대한 세액공제(한도 80%)

고령자 공제		장기보유 세액공제	
연령	공제율	보유 기간	공제율
60세 이상 65세 미만	20%	5년 이상 10년 미만	20%
65세 이상 70세 미만	30%	10년 이상 15년 미만	40%
70세 이상	40%	15년 이상	50%

종부세 세 부담 상한액

종부세 세 부담 상한액은 다음과 같이 결정된다.

전년도 보유세	올해의 종부세 세 부담 상한액
재산세 납부액	전년도 보유세 납부액(①)×상한율(150%)
+ 종부세 납부액	− 올해의 재산세 납부액
= 보유세 납부액(①)	= 종부세 세 부담 상한액

※ 저자 주

1세대(부부)가 1주택을 보유하고 있거나 취득 예정에 있는 경우에는 가급적 공동명의로 보유하는 것이 유리할 것으로 보인다. 공동명의의 경우 단독명의 과세 방식(12억 원 기본공제, 80% 세액공제)과 공동명의 과세 방식(18억 원 기본공제, 0% 세액공제) 중 유리한 것을 선택할 수 있기 때문이다. 하지만 2주택 이상을 보유한 경우로서 공동명의를 하면 지분별로 주택 수가 정해지기 때문에 주택 수가 늘어날 가능성이 높다. 따라서 취득하기 전에 이러한 문제를 포함해 종합적으로 점검하는 것이 좋을 것으로 보인다.

재산세와 종부세는 어떻게 계산할까?

앞에서 본 보유세의 내용은 과세 대상과 과세 방식 그리고 납부 방법 등이었다. 사실 이 정도의 내용만을 알고 있더라도 기본은 알고 있다고 할 수 있다. 하지만 구체적으로 세금을 계산할 수 있어야 다양한 절세법이나 대응책이 나온다. 이러한 관점에서 다음의 세율을 이해하고 사례를 통해 계산 방법을 이해해 보도록 하자.

보유세 세율을 알아보자

건물 부분에 대한 재산세율과 종부세율을 알아보자. 건물은 크게 건축물과 주택으로 나누어진다. 이 중 종부세가 부과되는 것은 주택

부분이다. 주택 외 건축물에 대해서는 종부세가 부과되지 않는다.

① 건축물

재산세		종부세
골프장·고급 오락장 건축물	4%	
법 소정 공장용 건축물	0.5%	해당 사항 없음.
그 외	0.25%	

골프장의 건축물 등은 사치성 재산에 해당되어 높은 세율로 재산세를 부과하므로 종부세는 따로 부과하지 않는다.

② 주택

재산세		종부세	
과세표준	세율	과세표준	세율
6,000만 원 이하	0.1%	3억 원 이하	0.5%
		3억~6억 원 이하	0.7%
6,000만~ 1억 5,000만 원 이하	0.15% (3만 원, 누진공제액)	6억~12억 원 이하	1.0%
		12억~25억 원 이하	1.3%
1억 5,000만~3억 원 이하	0.25%(18만 원)	25억~50억 원 이하	1.5%
		50억~94억 원 이하	2.0%
3억 원 초과	0.4%(63만 원)	94억 원 초과	2.7%

지방세법상 주택의 재산세율과 종부세율은 위와 같다(참고로 별장에 대한 재산세와 취득세 중과세 제도는 폐지되었다). 이 중 종부세는 다음의 표를 통해 계산하는 것이 편리하다.

종부세 일반세율(0.5~2.7%)

구분	세율
3억 원 이하	0.5%
3억~6억 원 이하	150만 원+(3억 원 초과 금액의 0.7%)
6억~12억 원 이하	360만 원+(6억 원 초과 금액의 1.0%)
12억~25억 원 이하	960만 원+(12억 원 초과 금액의 1.3%)
25억~50억 원 이하	2,650만 원+(25억 원 초과 금액의 1.5%)
50억~94억 원 이하	6,400만 원+(50억 원 초과 금액의 2.0%)
94억 원 초과	1억 5,200만 원+(94억 원 초과 금액의 2.7%)

주택에 대한 기본적인 종부세율은 위와 같지만 합산 배제 주택을 제외한 상태에서 전국에 걸쳐 3주택 이상을 보유하고 있는 경우에는 아래와 같은 세율이 적용된다. 이때 과세표준이 12억 원을 초과하면 세율이 1%에서 2% 이상 뛰게 된다. 이는 일종의 중과세에 해당한다.

종부세 중과세율(2.0~5.0%)

구분	세율
3억 원 이하	0.5%
3억~6억 원 이하	150만 원+(3억 원 초과 금액의 0.7%)
6억~12억 원 이하	360만 원+(6억 원 초과 금액의 1.0%)
12억~25억 원 이하	960만 원+(12억 원 초과 금액의 2.0%)
25억~50억 원 이하	3,560만 원+(25억 원 초과 금액의 3.0%)
50억~94억 원 이하	1억 1,060만 원+(50억 원 초과 금액의 4.0%)
94억 원 초과	2억 8,660만 원+(94억 원 초과 금액의 5.0%)

다음으로 토지 부분을 보자.

토지는 용도에 따라 다음과 같이 3가지 형태로 구분하여 보유세가 부과된다. 토지의 용도 구분은 다소 어려운 개념이 될 수 있으나 토지 보유세를 이해하기 위해서는 반드시 이를 짚고 넘어가야 한다. 이 중 종부세가 과세되는 토지는 별도합산 토지 및 종합합산 토지로 한정되어 있다.

① 분리과세 대상 토지

논, 밭, 과수원, 목장용지, 임야의 일부, 공장용 용지(시 지역의 산업단지·공단 지역의 기준 면적 이내 토지)는 저율로, 골프장이나 고급 오락장용 등의 토지는 고율로 재산세를 과세한다. 이런 항목에 해당하는 토지는 다른 토지와 합산하지 않고 별도의 세율로 분리하여 재산세를 과세하고, 종부세를 적용하지 않는다(사치성 토지는 이미 고율로 세금을 내고 있어 종부세를 추가하지 않음). 사업 계획 승인을 받은 주택건설용 용지는 대부분 저율로 분리과세가 되고 있다.

재산세		종부세
전, 답, 과수원, 목장용지, 임야*	0.07%	
골프장 및 고급 오락장용 토지	4%	해당 사항 없음.
그 외(공장용 용지 일부 등)	0.2%	

* 모든 임야를 말하는 것이 아니라 문화재보호구역 안의 임야 등을 말하므로 실무 적용 시 주의해야 한다.

② 별도합산 대상 토지

공장(시 지역 중 산업단지·공단 지역을 제외한 곳에 있는 공장)용 건축물 부속 토지나 영업용 건축물의 부속 토지 그리고 자동차 운전학원용 토지 등 일정한 것 중 같은 시·군·구 내의 것을 별도로 모아서 과세한다. 참고로 현재 상가를 짓고 있는 경우에는 건축물이 있는 것으로 보아 별도합산과세한다.

이렇게 상가 부속 토지 등 별도합산 토지는 공시지가 기준으로 80억 원을 초과해야 종부세가 부과된다.

재산세		종부세	
과세표준	세율(누진공제액)	과세표준	세율
2억 원 이하	0.2%	200억 원 이하	0.5%
2억~10억 원 이하	0.3%(20만 원)	200억~400억 원 이하	0.6%
10억 원 초과	0.4%(120만 원)	400억 원 초과	0.7%

③ 종합합산 대상 토지*

종합합산 대상 토지는 앞에서 본 분리과세와 별도합산 토지, 비과세(묘토와 사도 등)와 과세 경감 토지를 제외한 모든 토지를 말한다. 예를 들어 놀고 있는 땅(나대지)이나 대부분의 임야 그리고 입지 기준 면적을 초과한 공장용지 등이 해당한다. 종합합산도 별도합산처럼 같은 시·군·구 내의 토지를 합산하여 과세한다. 한편 이러한 종합합산 대상 토지를 많이 갖고 있어도 종부세가 부과된다. 다만, 공시지가 기준으로 5억 원을 초과해야 한다.

재산세		종부세	
과세표준	세율(누진공제액)	과세표준	세율
5,000만 원 이하	0.2%	15억 원 이하	1%
5,000만~1억 원 이하	0.3%(5만 원)	15억~45억 원 이하	2%
1억 원 초과	0.5%(25만 원)	45억 원 초과	3%

* 종합합산과세 대상 토지는 소득세법상 비사업용 토지에 해당되어 이를 처분할 때 세금이 많이
 나오는 게 일반적이다.

재산세와 종부세 계산 사례

이상과 같은 내용을 통해 보유세를 어떤 식으로 계산하는지 아래
자료를 보고 답을 찾아보자.

〈자료〉
• 주택 보유 현황

구분	공시가격	소유자	비고
A 주택	10억 원	K 씨	
B 주택	10억 원	K 씨 배우자	

• 공정시장가액비율: 재산세와 종부세 모두 60%
• 세 부담 상한율: 재산세 130%, 종부세 150%

Q. 주택에 대한 재산세는 어떻게 과세되는가?
A. 재산세 산출세액은 공시가격에 공정시장가액비율을 곱한 과세
 표준에 세율을 곱해 계산한다.

- (10억 원×60%)×세율＝6억 원×0.4%-63만 원(누진공제)＝
  177만 원

Q. 만일 전년도에 낸 재산세가 100만 원이었다면 올해 납부해야 할
   재산세 상한은?

A. 전년도에 납부한 재산세 100만 원의 130% 이내인 130만 원을
   납부하면 된다.

Q. 주택에 대한 종부세는 어떻게 과세되는가?

A. 종부세는 국세로 공시가격에서 9억 원을 차감한 금액에 공정시
   장가액비율을 곱해 과세표준을 계산하고, 이에 세율을 곱해 산출
   세액을 계산한다.

- 과세표준: (10억 원-9억 원)×60%＝6,000만 원
- 산출세액: 6,000만 원×0.5%＝30만 원

Q. 하나의 물건에 재산세와 종부세가 동시에 나오면 이에 대해서는
   이중과세의 문제가 없는가?

A. 있다. 이에 세법은 재산세와 종부세가 동시에 나오는 구간에서
   발생한 재산세에 대해서는 종부세에서 차감하도록 하고 있다(종
   부세법 시행령 제4조의3 참조).

Q. 만일 전년도에 낸 전체 보유세(재산세와 종부세)가 200만 원이었

다면 올해 납부해야 할 종부세 상한은?

A. 전년도에 납부한 200만 원의 150%인 300만 원에서 올해 납부한 재산세를 차감한 금액이 종부세 상한 금액이 된다. 올해 납부한 재산세가 130만 원이라면 170만 원이 종부세 상한이다. 따라서 사례의 경우 이 금액에 미달하므로 30만 원이 종부세 납부 금액이 된다.

Q. 만일 위 주택을 K 씨가 모두 소유한 경우라면 재산세는 어떻게 과세되는가?

A. 재산세는 대물 과세이므로 A와 B 주택 각각에 대해 재산세가 부과된다.

Q. 만일 위 주택을 K 씨가 모두 소유한 경우라면 종부세는 어떻게 과세되는가?

A. 종부세는 개인별로 기준시가를 합계해 과세된다. 따라서 아래와 같은 방식으로 과세될 것으로 보인다.

- 과세표준: (20억 원 - 9억 원) × 60% = 6억 6,000만 원
- 산출세액: 6억 6,000만 원 × 세율(0.5~2.7%)

Q. 위 주택을 K 씨가 모두 소유하고 있으며 공시가격 4억 원짜리 주택이 더 있다고 하자. 이 경우 K 씨 소유의 주택은 모두 3채가 된다. 그렇다면 이 경우 종부세 중과세율이 적용될까?

A. 일단 과세표준을 계산해 보자.

- 과세표준: (24억 원 - 9억 원)×60% = 9억 원

이처럼 과세표준이 12억 원에 미달하면 중과세율이 아닌 일반세율이 적용된다.

- 산출세액: 9억 원×세율(0.5~2.7%)

재산세와 종부세에 추가되는 세금들

구분	항목	과세 내용
재산세	• 재산세 특례(도시지역분) • 지역자원시설세 • 지방교육세	• 도시지역 내 주택 등의 재산세 과세표준의 0.14% • 시가표준액의 0.04~0.12% • 재산세 납부세액의 20%
종부세	농어촌특별세	종부세의 20%

주택 수별
보유세 계산 사례

"세무사님, 보유세가 생각보다 난해하다는 생각이 듭니다. 평소에 접해 보지 못해서 그런 것 같습니다."

이절세가 고 세무사를 향해 말했다.

"네, 이해합니다. 재산세와 종부세 계산 과정도 좀 복잡하고, 둘이 연동되어 있어서 더더욱 그럴 겁니다. 미국처럼 자신이 취득한 당시의 가액을 기준으로 1% 이런 식으로 하면 간단히 끝날 텐데요. 하하하."

"세무사님, 농담이죠? 10억 원짜리면 연간 1,000만 원이 되는 건데요."

"하하. 그렇게 되면 큰일 나겠죠. 재산 있는 사람들이 가만히 보고 있지 않을 테니까요. 그나저나 종부세는 상황별로 계산 방법이 달라지니 지금부터는 상황별로 좀 더 자세히 알아보겠습니다. 물론 재산세는 관할 지자체에서 알아서 고지서를 보내 쟁점은 그리 많지 않으니 종부세 위주로 보겠습니다."

지금부터 고 세무사가 전하는 상황별 종부세 계산 방법에 대해 알아보자.

1세대 1주택 보유자(단독명의)

1세대가 1주택을 단독명의로 보유한 경우의 종부세 계산 방법을 사례로 알아보자. 먼저 계산을 위해서는 아래와 같은 내용을 알아야 한다.

공제금액	공정시장가액비율	세율	세액공제	세 부담 상한율
12억 원	60%	0.5~2.7%	80% 한도	150%

〈사례 1〉

Q. 1세대 1주택의 기준시가가 10억 원이다. 종부세는 나오는가?

A. 아니다. 12억 원을 넘어야 한다.

〈사례 2〉

Q. 위 주택의 기준시가가 15억 원이라면 종부세 산출세액은 얼마나 예상되는가? (재산세 중복분, 세 부담 상한율 등은 고려하지 않는다.)

A. • 과세표준: (15억 원 - 12억 원) × 60% = 1억 8,000만 원

  • 산출세액: 1억 8,000만 원 × 0.5%* = 90만 원

    * 3억 원 이하는 0.5%가 적용된다.

〈사례 3〉

Q. 만일 위의 소유자가 70세 이상이고 주택 보유 기간이 10년 이상 이라면 세액공제율은 최대 80%가 적용된다. 이 경우 종부세는 얼마나 예상되는가?

A. 앞의 90만 원에서 80%를 공제하면 대략 18만 원 정도의 종부세 가 예상된다(이 외 농특세가 20%로 부과된다).

1세대 1주택 보유자(공동명의)

1세대가 1주택을 공동명의로 보유한 경우 종부세 계산 방법을 사례 로 알아보자. 먼저 계산을 위해서는 아래와 같은 내용을 알아야 한다.

구분	공제금액	공정시장가액 비율	세율	세액공제	세 부담 상한율
공동명의	18억 원	60%	0.5~2.7%	–	150%
단독명의	12억 원	60%	0.5~2.7%	80% 한도	150%

〈사례 1〉

Q. 1세대 1주택의 기준시가가 18억 원이다. 종부세는 나오는가?

A. 나오지 않는다. 공동명의의 경우 개인별로 9억 원을 공제하므로 18억 원을 넘어야 한다.

〈사례 2〉

Q. 위 주택의 기준시가가 20억 원이라면 종부세 산출세액은 얼마나 예상되는가? (재산세 중복분, 세 부담 상한율 등은 고려하지 않는다.)

A. 1/2 지분에 대해서 이를 계산하면 30만 원이 예상되며, 전체에 대해 계산하면 60만 원이 예상된다.

- 과세표준: (10억 원 − 9억 원) × 60% = 6,000만 원
- 산출세액: 6,000만 원 × 0.5% = 30만 원

〈사례 3〉

Q. 1세대 1주택 공동명의자는 세액공제 80%를 적용받을 수 없는가?

A. 원칙적으로 그렇다. 다만, 종부세는 단독명의자와의 과세 형평상 1세대 1주택 공동명의자에 대해서는 특례를 적용한다. 즉 이들에 대해서는 1세대 1주택 단독명의로 보유한 경우의 종부세와 공동명의로 보유한 경우의 종부세 중 유리한 것을 선택할 수 있도록 하고 있다. 참고로 이때 납세의무자는 지분율이 다른 경우에는 높은 사람, 같으면 합의에 따른 사람을 기준으로 한다.

개인별 2주택 이하 보유자

앞에서 본 1주택자에 대한 특례(12억 원 공제 등)는 "1세대" 단위로 주택 수를 판정해 적용하지만, 이 외는 모두 개인별로 주택 수를 판정하여 종부세를 과세한다. 따라서 한 개인이 2채를 보유한 경우에는 이들의 기준시가를 합해 종부세를 과세하게 된다.

이하에서 이에 대한 종부세 과세 방법을 사례로 알아보자. 단, 계산을 위해서는 아래와 같은 내용을 알아야 한다.

공제금액	공정시장가액 비율	세율	세액공제	세 부담 상한율
9억 원	60%	0.5~2.7%	–	150%

〈사례〉

Q. 한 개인이 서울에서 2주택을 보유하고 있다. 이때 기준시가의 합계액이 15억 원이면 종부세는 얼마나 예상되는가? (재산세 중복분, 세 부담 상한율 등은 고려하지 않는다.)

A. • 과세표준: (15억 원-9억 원)×60%=3억 6,000만 원

 • 산출세액: 3억 6,000만 원×종부세율*=150만 원+6,000만 원×0.7%=192만 원

 * 3억~6억 원 이하의 종부세율: 150만 원+(3억 원 초과 금액의 0.7%), 이에 대한 세율은 앞에서 살펴보았다.

개인별 3주택 이상 보유자

한 개인이 3채(임대주택, 신축 소형 주택 등은 제외) 이상을 보유한 경우에는 이들의 기준시가를 합해 종부세를 과세하게 된다.

이하에서 이에 대한 종부세 과세 방법을 사례로 알아보자. 단, 계산을 위해서는 아래와 같은 내용을 알아야 한다.

구분	공제금액	공정시장가액 비율	세율	세액공제	세 부담 상한율
일반과세	9억 원	60%	0.5~2.7%	-	150%
중과세	9억 원	60%	2.0~5.0%	-	150%

〈사례 1〉

Q. 한 개인이 전국에서 3주택을 보유하고 있다. 이때 기준시가의 합계액이 15억 원이면 종부세는 얼마나 예상되는가? (재산세 중복분, 세 부담 상한율 등은 고려하지 않는다.)

A. • 과세표준: (15억 원 – 9억 원)×60% = 3억 6,000만 원

  • 산출세액: 3억 6,000만 원×종부세율* = 150만 원 + 6,000만 원×0.7% = 192만 원

    * 3억~6억 원 이하의 종부세율: 150만 원+(3억 원 초과 금액의 0.7%)

〈사례 2〉

Q. 〈사례 1〉에서 3주택임에도 불구하고 왜 중과세율이 적용되지

않는가?

A. 3주택 이상 보유하고 있더라도 과세표준이 12억 원을 초과해야 2.0~5.0%의 중과세율이 적용되기 때문이다.

〈사례 3〉

Q. 위에서 중과세율이 적용되기 위해서는 기준시가의 합계가 얼마나 되어야 하는가?

A. 과세표준이 12억 원이 되어야 하므로 기준시가는 아래와 같이 계산할 수 있다.

- (기준시가 - 9억 원) × 60% = 12억 원

따라서 기준시가는 29억 원이 된다.

〈사례 4〉

Q. 만일 기준시가가 30억 원이라면 종부세는 얼마나 예상되는가?

A. • 과세표준: (30억 원 - 9억 원) × 60% = 12억 6,000만 원
- 산출세액: 12억 6,000만 원 × 종부세율* = 960만 원 + 6,000만 원 × 2% = 1,080만 원

  * 12억~25억 원 이하의 종부세율: 960만 원 + (12억 원 초과 금액의 2.0%)

〈사례 5〉

Q. 〈사례 4〉의 기준시가 30억 원에 일반세율이 적용되면 종부세는 얼마나 예상되는가?

A. • 과세표준: (30억 원 - 9억 원) × 60% = 12억 6,000만 원

　• 산출세액: 12억 6,000만 원 × 종부세율* = 960만 원 + 6,000만 원 × 1.3% = 1,038만 원

　　* 12억~25억 원 이하의 종부세율: 960만 원+(12억 원 초과 금액의 1.3%)

주택임대사업자

주택임대사업자는 앞에서 본 종부세 과세 방식과 차이가 난다. 요건을 갖춰 등록한 주택들은 주택 수 등에서 제외하고 1세대 1주택 특례나 세율을 적용하기 때문이다.

이하에서 이에 대한 종부세 과세 방법을 사례로 알아보자.

〈사례 1〉

Q. 한 개인이 2채의 등록 임대주택과 거주용 주택을 보유하고 있다. 이때 종부세 과세 방식은?

A. 거주용 주택에 주소가 되어 있으면서 실제 거주한 경우에는 실질적으로 1세대 1주택에 해당한다. 따라서 이 경우에는 거주용 주택에 대해 1세대 1주택 특례(12억 원, 80% 세액공제)를 적용한다.

〈사례 2〉

Q. 한 개인이 2채의 등록 임대주택과 말소된 1주택 그리고 거주용 주택을 보유하고 있다. 이때 종부세 과세 방식은?

A. 말소된 주택에 대해서는 종부세가 과세되므로 이 경우 일반주택이 2채가 된다. 따라서 0.5~2.7%의 종부세율이 적용된다.

〈사례 3〉

Q. 한 개인이 자동말소된 주택 3채와 거주용 주택을 보유하고 있다. 이 경우 종부세 과세 방식은?

A. 3주택 이상이고 과세표준이 12억 원 초과 시 2.0~5.0%의 중과세율이 적용된다.

주택 매매사업자

주택 매매사업자는 앞의 주택임대사업자와는 종부세 과세 방식이 차이가 난다. 이에 대한 종부세 과세 방법을 사례로 알아 보자.

〈사례 1〉

Q. 부동산 매매사업자가 매입을 통해 주택 3채를 보유하고 있다. 이때 종부세 과세 방식은?

A. 부동산 매매사업자는 개인에 해당하므로 개인이 주택을 보유한 것으로 보아 중과세를 적용할 수 있다.

〈사례 2〉

Q. 만일 신축 판매사업자가 미분양으로 주택을 보유하고 있다면, 이에 대해서도 종부세가 나오는가?

A. 미분양된 지 5년이 지나지 않으면 종부세를 과세하지 않는다. 세율 적용 시 주택 수에서도 제외된다.

부동산 법인

부동산 법인은 앞의 개인과는 종부세 과세 방식에서 차이가 있다. 이하에서 이에 대한 종부세 과세 방법을 사례로 알아보자.

〈사례 1〉

Q. 법인에 대한 종부세 계산 시 기준시가에서 9억 원을 공제하는가?

A. 아니다. 법인은 이 공제를 적용하지 않는다. 개인과 법인의 종부세 과세 방식을 비교하면 아래와 같다.

구분	공제금액	공정시장가액 비율	세율	세액공제	세 부담 상한율
개인	9억~12억 원	60%	0.5~5.0%	0~80%	150%
법인	–	60%	2.7~5.0%	–	–

〈사례 2〉

Q. 한 법인이 서울에서 2주택을 보유하고 있다. 이때 적용되는 종

부세율은?

A. 법인은 주택 수 별로 종부세율을 적용하고 있다. 이 경우 2주택 이하이므로 2.7%가 적용된다.

〈사례 3〉

Q. 〈사례 2〉의 법인이 2주택 외에 사택 1채를 보유하고 있다. 이때 적용되는 종부세율은?

A. 사택이 국민주택 규모 이하이거나 6억 원 이하이면 주택 수에서 제외되므로 2.7%가 적용된다. 단, 사택을 과점주주 등이 사용하면 주택 수에 포함한다(종부세법 시행령 제4조 제1항 제1호).

종부세 과세 시 주택 수 판정 방법

앞에서 보았듯이 종부세에서도 주택 수에 따라 과세 방식이 다르다. 개인의 경우 구체적으로 어떤 식으로 주택 수를 산정하는지 정리해 보자.

구분	1세대 1주택 특례	중과세율 적용
포함	다가구주택은 1주택	• 공동소유 주택은 각각 소유 • 다가구주택은 1주택
불포함	• 등록 임대주택* • 주택 부수 토지 • 일시적 2주택(3년) • 상속 주택(5년 미경과 등) • 지방 저가주택(1채만 해당) • 지방 미분양 주택 • 인구감소지역 주택	• 등록 임대주택 • 무허가 주택 부수 토지(좌와 차이) • 일시적 2주택(3년) • 상속 주택(5년 미경과 등) • 지방 저가주택(1채) • 신축 소형 주택, 기축 소형 주택 등 (2024년 1·10대책)

* 등록 임대주택 외 주택에 주소 및 거주 시만 주택 수에서 제외

종부세,
세 가지 대응 전략

"이렇게 보니까 앞으로도 다주택자들은 여전히 늘어난 보유세로 인해 상당한 곤란을 겪게 될 것 같네요."

이절세가 고 세무사를 향해 말했다.

"그렇습니다. 다만, 새 정부에서는 기준시가를 2020년 수준으로 하고 세율도 대폭 인하하였으므로 부담을 느낀 층은 그리 많지 않을 겁니다."

"네, 그래도 일부 계층은 계속 부담을 느낄 것 같은데 이들은 어떻게 해야 할까요? 사실 그동안 집값이 많이 올랐다고 좋아하는 분들이 많았는데요."

"그분들은 걱정거리가 많이 늘었을 겁니다. 특히 연세가 드신 분들은 마냥 좋아할 일은 아닌 것 같습니다. 보유세도 문제지만 상속·증여세도 많이 올라가니…….”

“아하, 그래서 집값 올라가면 정부가 좋아한다고 하는 거군요. 세금을 많이 거둘 수 있을 테니까요. 하하하.”

이절세가 파안대소했다.

“그럴 수 있겠지요. 그러니 당사자들은 보유세가 얼마나 나오는지 알아보고 그에 맞는 대책을 꾸려야 할 겁니다. 무턱대고 증여 등을 하다간 애꿎은 돈만 날리게 될 겁니다.”

“네. 기대가 됩니다.”

이렇게 해서 고 세무사는 종부세 대응 전략을 만들기 시작했다.

종부세에 대한 대응 전략을 만들기 전에 주택 수별로 보유세 과세 방법을 정리해 보자.

① 1세대 1주택자

1세대(통상 같이 살고 있는 가족)가 1주택을 보유하면 정부에서 해마다 4월 말경에 발표한 기준시가(개별주택가격, 공동주택가격)가 12억 원이 넘지 않는 이상 종부세는 부과되지 않는다. 시세로 환산하면 대략 15억~17억 원 정도가 된다. 참고로 1주택을 공동명의로 가지고 있는 경우에는 각자 9억 원까지는 종부세가 비과세되므로 기준시가 18억 원까지는 종부세가 과세되지 않는다. 그리고 1주택을 단독명의로 가지고 있는 상황에서 종부세가 과세되더라도 나이가 60세를 넘었거나 오래 보유한 경우에는 최대 80%까지 세액공제를 받을 수 있다(1주택 공동명의 시는 공동명의 과세 방식과 단독명의 과세 방식 중 유리한 것을 선택 가능함). 참고로 2022년부터 일시적 2주택, 5년 미경과한 상속 주택, 지방 저가주택(3억 원 이하, 1주택에 한함), 지방 미분양 주택과 인구감소지역 주택은 1세대 1주택 특례 적용 시 주택 수에서 제외한다.

② 1세대 2주택 이상 자

1세대 2주택 이상 자는 종부세가 나올 가능성이 높다. 이때 한 개인이 전국에 걸쳐 3주택 이상을 보유한 경우에는 중과세율이 적용될 수 있다. 이처럼 3주택 이상을 보유하고 있는 경우 주택 소유 형태가 상당히 중요하다. 종부세는 개인별로 과세되기 때문이다. 따라서 먼저 개인별로 기준시가를 합계한 후 과세 여부를 판단해야 하며, 만약 과세가 되는 경우에는 중과세를 검토해야 한다.

다음으로 종부세 대응 전략을 수립해 보자.

첫째, 처분하는 방법

이는 주택을 제3자 등에게 양도하여 주택 수를 줄이는 방법을 말한다. 다만, 처분할 때에는 양도세의 크기에 주의해야 한다.

둘째, 증여하는 방법

종부세는 재산 금액이 커질수록 세금도 많아지는 누진세율을 채택하고 있다. 따라서 보유세의 중과세를 피하기 위해 증여를 하고자 한다면 세금이 절감되는 효과를 따져 볼 필요가 있다.

〈의사 결정의 틀〉

다음과 같은 형식으로 하되, 분석 기간은 편의에 따라 잡으면 될 것이다. 그런데 분석 기간이 늘어난 경우에는 현재의 자금지출과 절세 효과로 발생하는 현금흐름과는 질적인 차이가 있다. 따라서 미래에 발생하는 현금흐름을 현재로 평가하여 비교하는 작업을 거치는 것이 좋다.

---

① 세금의 증가
　증여세:
　취득세 등:
　보유세:
　계:
② 세금의 감소
　보유세:
　양도세 등 :
③ 세금 효과: ①-②=

사례를 들어 이 부분을 분석해 보자.

서울에 살고 있는 W 씨는 2주택을 보유하고 있고 세법상 평가액이 각각 6억 원에 해당한다고 하자. 이 주택 중 1채를 배우자에게 증여하는 경우 세금 효과는 어떻게 나타날까(단, 증여에 따른 취득세율은 재산

평가액의 12%를 적용하는 것으로 가정)? W 씨는 재산세 외에 종부세가 300만 원 정도 예상된다고 하자.

① 증여받은 배우자의 세금 증가분

증여세: (6억 원 - 증여공제 6억 원) × 증여세율 = 0원

취득세 등: 6억 원 × 12% = 7,200만 원

재산세: (6억 원 × 60%) × 재산세율 = 3억 6,000만 원 × 0.4% - 63만 원(누진공제액) = 81만 원

종부세: 없음(종부세는 과세 기준금액 미달로 과세되지 않음).

계: 7,281만 원

② 증여한 W 씨의 세금 감소분

재산세: (6억 원 × 60%) × 재산세율 = 3억 6,000만 원 × 0.4% - 63만 원(누진공제액) = 81만 원

종부세: 300만 원(가정)

계: 381만 원

③ 세금 효과: ① - ② = 7,281만 원 - 381만 원 = 6,900만 원

1년을 기준으로 분석한 결과 취득세가 7,200만 원 발생했으나 절감되는 종부세는 300만 원에 불과하다. 따라서 보유세가 많다고 증여를 하면 단기적으로는 오히려 불리하다. 그렇다면 분석 기간을 5년, 10년

등으로 늘리면 어떨까? 만약 분석 기간이 5년이라면 절감되는 종부세
는 1,500만 원, 10년은 3,000만 원이다. 따라서 이 경우에도 증여로
인해 낸 취득세를 상쇄시킬 수 없다. 이러한 결과를 보면 앞으로 증여
를 통한 세 부담 절감을 얻어 내기가 상당히 힘들 것으로 보인다.

셋째, 주택임대사업자로 등록하는 방법

다주택자가 종부세를 피할 수 있는 가장 좋은 방법은 바로 주택임
대사업자등록을 하는 것이다. 다만, 등록을 하였다고 해서 무조건 종
부세 비과세 혜택을 주는 것은 아니다. 주택 면적이나 취득 또는 등록
시기 등에 따라 종부세 비과세 요건을 달리 적용하고 있기 때문이다.
이를 정리하면 다음과 같다(단, 2018년 9월 14일 이후에 조정대상지역
내 신규 취득 후 등록한 임대주택에 대해서는 종부세 비과세 혜택을 주지 않
는다. 다만, 매년 6월 1일 기준일 전에 조정대상지역에서 해제된 경우 종부
세 비과세를 받을 수 있다).

구분	2018년 9월 13일 이전 취득		2018년 9월 14일 이후 취득 후 등록
	2018년 4월 1일 전 등록	2018년 4월 1일 이후 등록	
지역 요건	조정대상지역	좌동	조정대상지역 외
주택 규모 요건	없음.	좌동	좌동
기준시가 요건	6억 원(지방은 3억 원) 이하	좌동	좌동
의무임대 기간	5년	8년*	좌동

*2020년 8월 18일 이후에 임대등록한 경우에는 10년 이상 임대해야 한다. 참고로 2025년 중
에 6년 단기 임대 제도가 도입될 전망이다(세제의 내용은 48쪽 참조).

다만, 2020년 8월 18일 이후부터는 아파트를 제외한 다세대주택이나 오피스텔 등에 한해 임대등록을 할 수 있다. 한편 이날 이후에 자동말소나 자진말소한 임대주택들은 더 이상 종부세 합산 배제를 적용받을 수 없음에 유의해야 한다.

이 외에도 주택을 그냥 보유하는 경우도 있을 수 있다. 이때는 보유세 등을 납부할 수 있는 현금을 확보해 두는 것이 좋다.

TIP

주택 수별 종부세 과세 방식

종부세는 개인이 보유한 주택 수에 따라 부과되는 세목에 해당한다. 주요 제도를 요약하면 아래와 같다. 참고로 아래 주택 수에는 합산 배제되는 임대주택 등은 원칙적으로 제외된다. 따라서 이러한 주택 수를 제외하고 공제금액, 세율 및 세 부담 상한율 등을 적용해야 한다.

구분	주택 수 판정 단위	공제금액	세율	세액공제	세 부담 상한율
1주택	1세대	12억 원 (공동명의는 18억 원)	0.5~2.7%	단독명의 80% 한도	150%
2주택	개인	9억 원		–	
3주택 이상	개인		0.5~5.0%	–	

1주택자는 공동명의로 주택을 보유하면 단독명의 과세 방식과 공동명의 과세 방식 중 유리한 것을 선택할 수 있다. 하지만 3주택 이상은 중과세의 가능성이 높기 때문에 가급적 개인별로 분산 소유하는 것이 종부세 측면에서 유리할 수 있다. 결국 사전에 명의를 어떤 식으로 가져가는 것이 유리할지 이에 대한 검토를 제대로 할 필요가 있다. 참고로 주택을 여러 사람이 공동으로 소유한 경우

각자가 그 주택을 소유한 것으로 본다. 다만, 아래와 같은 주택들은 1세대 1주택 특례(12억 원 공제 등) 적용 시 주택 수에서 제외한다(종부세법 제8조 제4항 참조).

- 일시적 2주택(3년 내 처분해야 함.)
- 상속 주택(5년 미경과한 주택 등에 해당해야 함.)
- 지방 저가주택(기준시가 3억 원 이하의 1주택에 한함.)

참고로 2025년 1월 1일 이후 결정 또는 경정하는 분부터 아래의 주택도 주택 수에서 제외해 앞의 특례를 적용한다(양도세 특례도 적용).

- 1주택자의 지방 소재 준공 후 미분양 주택 취득(2024. 1. 10. ~2025. 12. 31. 기간 중 취득, 85m²·6억 원 이하 등)
- 1주택자의 인구감소지역 주택의 취득(2024. 1. 4.~2026. 12. 31. 기간 중 취득, 공시가격 4억 원 이하 등)

주택 전·월세 소득
절세 전략

임대소득세 절세로
많이 남아요~

주택임대소득
과세 방법

"아, 이렇게 보니까 앞으로 서울 등에서 3주택 이상을 보유한 사람들한테서 곡소리가 많이 나겠네요."

이절세가 다소 놀라는 표정을 지으며 말했다.

"그렇지요. 보유세는 다주택자가 집을 보유하고 있는 사실에 대해 부과하므로 무분별하게 집을 늘리게 되면 문제가 있을 겁니다. 집을 늘리는 것을 억제하기 위해 이렇게 보유세를 강화시킨 측면이 있기 때문입니다."

"여기에 더해 임대소득세도 만만치가 않을 것 같네요."

야무진이 거들었다.

"맞습니다. 앞으로 보유세와 임대소득세가 점점 많아지면 집을 무작정 보유하는 것이 힘들어지겠지요."

고 세무사가 말했다.

"그런데 일각에서는 이러한 보유세와 임대소득세를 올리면 임대료
가 증가한다고 주장하는 사람들이 많은데, 진짜 그럴까요?"

"그럴 수도 있고 아닐 수도 있을 겁니다. 왜 그런지 궁금하죠?"

"네에… 진짜로요."

"일단 집주인이 주택임대사업자등록을 한 사람들은 임대료를 5% 안
에서 올릴 수 있으니 이러한 것과 무관합니다. 하지만 임대등록을 하지
않은 경우에는 임대료가 조금 더 올라갈 수 있겠지요. 하지만 임대 물건
이 널려 있으니 이것 때문에 임대료가 수직으로 상승하는 일은 없을 거
라고 봅니다."

"네, 잘 알겠습니다. 세무사님, 이제 본격적으로 주택임대소득세에
대해 공부해야 할 것 같습니다. 지금 알아 두면 써먹을 데가 많을 것
같습니다. 하하하."

"야무진 씨, 일단 주택임대소득세가 복잡하니 차근차근 해 봅시다."

고 세무사가 말했다.

야무진은 이번 기회를 통해 주택임대소득에 대한 세금 체계를 확실
히 파악해 보기로 했다.

주택임대소득에 대한 과세 여부 판단

주택임대소득에 대한 과세 방법을 이해하기 위해서는 먼저 주택 수

별로 월세와 전세보증금에 대해 임대소득세가 과세되는지 여부부터 따져 보는 것이 좋다.

현행 소득세법에서는 아래와 같은 기준을 가지고 임대소득에 대한 과세와 비과세 여부를 따지고 있다.

주택 수	월세	전세보증금
1채	비과세(기준시가 12억 원 초과 주택 및 국외 주택 과세)	비과세
2채	과세	
3채 이상	과세	• 보증금 합계액 3억 원 이하: 비과세 • 보증금 합계액 3억 원 초과: 초과분의 60%에 대하여 이자 상당액을 수입금액으로 보아 과세* * 간주임대료 = (보증금 합계액 − 3억 원) × 60% × 3.5% − 임대 관련 발생 이자·배당. 다만, 소형 주택 수 계산 및 과세 제외

※ 임대소득 과세 방식은 부부의 주택 수를 합산해 판단하나, 세금 계산은 부부의 소득을 합해서 하는 것이 아니라 각자에게 분배된 소득에 대해서만 함. 공동명의 주택의 경우 최다 지분자의 소유 주택으로 계산하되, 최다 지분자가 복수인 경우 합의에 따라 소유자로 할 수 있음. 다만, 2020년 이후부터 해당 주택의 임대소득이 연간 600만 원 이상이거나 기준시가가 12억 원을 초과하는 주택의 30%를 초과하는 공유지분을 소유한 경우 그 자의 주택 수에 가산함.

위의 내용을 보면 우선 부부가 보유한 주택 수가 1채인 경우에는 월세와 전세보증금에 대해 원칙적으로 비과세를 적용하지만 2주택 이상인 경우에는 월세에 대해서는 과세, 임대보증금에 대해서는 3주택 이상인 경우에 한해 과세하는 방식으로 되어 있다. 이러한 내용으로 보건대 주택임대소득에 대한 과세 여부 판단이 매우 복잡하다는 것을 알 수 있다. 따라서 독자들은 아래와 같은 절차에 따라 판단해야 한다.

STEP 1 주택 수 판단

주택임대소득 과세 여부를 판단할 때 주택 수는 1세대가 아닌 부부 단위로 판단한다. 공동소유 주택은 앞에서 본 것처럼 처리한다.

STEP 2 주택 수별로 월세와 전세보증금에 대한 과세 여부 판단

1주택만 보유한 상태에서 임대한 경우에는 월세와 보증금에 대해 비과세를 적용하는 것이 원칙이나, 고가주택의 월세에 대해서는 과세한다. 2주택을 보유한 경우에는 월세에 대해서만 과세한다(2026년 이후 고가 2주택 이하로 변경 예정). 3주택 이상 보유한 경우에는 전세보증금에 대해서도 과세한다. 다만, 이때 주택 수에 소형 주택(40m² 이하이며 기준시가 2억 원 이하)은 제외되므로 아래와 같은 관계가 성립한다.

총 보유 주택 수	소형 주택 수	전세보증금 과세 시 필요한 주택 수	전세보증금 과세 여부
5채	2채	3채	과세
5채	4채	1채	비과세
3채	0채	3채	과세

STEP 3 과세되는 경우 분리과세와 종합과세 여부 판단

이상의 절차를 거쳐 과세가 된 경우에는 분리과세 또는 종합과세 적용 여부를 판단한다. 이때의 기준은 아래와 같다.

- 연간 임대수입이 2,000만 원 이하인 경우

해당 주택임대소득은 2019년 1월 1일 이후부터 납세자가 분리과세 방식과 종합과세 방식 중 선택하여 소득세를 신고 및 납부할 수 있다.

① 분리과세: 2,000만 원 이하 주택임대소득을 다른 종합소득과 분리하여 14% 세율로 과세

② 종합과세: 다른 종합소득과 합산하여 기본세율(6~45%)로 과세

- 연간 임대수입이 2,000만 원을 초과하는 경우

종합과세 대상으로서 다른 종합소득과 합산하여 다음 연도 5월에 종합소득 과세표준 확정신고를 해야 한다.

임대수입은 어떻게 파악할까?

주택임대소득세는 주택임대수입의 크기에 따라 분리과세 또는 종합과세가 결정된다. 따라서 연간 임대수입이 정확히 얼마인지를 미리 정할 필요가 있다.

첫째, 임대수입의 범위를 알아 두자

임대수입에는 월세와 간주임대료, 관리비 수입 등이 포함된다. 관리비 수입은 임대인의 소득에 해당하는 경우에 한한다. 통상 월세와 간주임대료가 임대수입에 해당한다.

구분	주택임대소득
월세만 있는 경우	1. 1.~12. 31.까지의 합계액
월세와 보증금이 있는 경우	위 합계액＋간주임대료
보증금만 있는 경우	간주임대료

둘째, 간주임대료는 아래와 같이 계산한다

- 부부가 보유한 주택 수에서 소형 주택(전용면적 40m² 이하, 기준시 가 2억 원 이하)을 제외한 주택이 3주택 이상일 것
- 임대보증금의 합계액이 3억 원을 초과할 것
- 아래와 같은 산식으로 계산할 것

  (임대보증금 합계액 − 3억 원*) × 60% × 3.5%

  * 공동명의 주택의 경우 이를 1거주자가 별도로 소유한 것으로 보아 6억 원이 아닌 3억 원을 공제한다. 이후 계산된 간주임대료는 지분별로 배분한다.

셋째, 주택임대소득은 개인별로 파악한다

주택임대소득에 대한 과세 여부 판단은 부부 단위로 하지만, 실제 세금 계산은 원칙적으로 각자의 소득에 대해 한다. 따라서 남편의 임대소득이 2,000만 원, 아내의 임대소득이 2,000만 원이라면 각자 분리과세를 적용받을 수 있다.

1세대 1주택자의
임대소득 과세 방법

"야무진 씨, 이해가 되나요?"

고 세무사가 야무진을 향해 주택임대소득에 대한 세금 체계가 이해되는지를 물었다.

"아뇨. 아니 왜 세금 체계가 이토록 복잡할까요?"

야무진은 전에 세무법인에 다닌 적이 있었지만 그 당시에는 이러한 세금은 별로 중요하지 않았다. 주택임대소득에 대한 과세 문제는 비교적 최근에 등장했기 때문이다.

"그렇군요. 참 걱정되네요. 이러한 임대소득세를 본인 스스로 신고 및 납부해야 하는데요."

"이런 것은 세무사님한테 맡기면 좋을 텐데요. 아마 초창기라서 고객들이 엄청나게 늘어날 것 같은데요. 후후."

"하하하. 그렇게 되면 좋을 것 같네요. 그나저나 야무진 씨, 많은 사람들이 헷갈려 하는 것 중 하나가 바로 1주택자들에 대한 비과세와 과세 여부 판단입니다. 왜 그런 줄 아나요?"

"……."

야무진은 말이 없었다.

1세대 1주택자의 주택임대소득 비과세

소득세법 제12조 제2호 나목에서는 아래의 임대주택에 대해 비과세를 적용하고 있다.

> ① 1개의 주택을 소유하는 자의 주택임대소득(단, 기준시가가 12억 원을 초과하는 주택 및 국외에 소재하는 주택의 임대소득은 제외)
> ② 해당 과세기간에 대통령령으로 정하는 총수입금액의 합계액이 2,000만 원 이하인 자의 주택임대소득(2018년 12월 31일 이전에 끝나는 과세기간까지 발생하는 소득으로 한정)

주택임대소득에 대한 비과세 규정은 위와 같이 두 개가 존재하는데, ②는 2018년 말까지만 적용되고 2019년부터는 분리과세로 바뀌었다. 따라서 ①의 항목만 집중적으로 살펴보면 된다. 즉 아래의 두 가지 요건을 동시에 충족하면 비과세를 받을 수 있다.

- 1개의 주택을 소유할 것

- 기준시가 12억 원 이하일 것

그런데 여기서 몇 가지 쟁점이 생긴다.

1개의 주택은 누가 소유하는 것을 의미하는가? 공동명의로 된 주택의 경우 어떤 식으로 산정할까? 그리고 기준시가 12억 원은 어느 시점을 기준으로 할까? 등이다.

이를 파악하기 위해서는 위임된 시행령을 참고할 수밖에 없다. 법에서 필요한 사항을 법령에다 실어 두었기 때문이다.

먼저, 주택 수에 관한 것부터 보자.

아래 규정을 보면 주택 수는 원칙적으로 부부가 소유한 것을 기준으로 한다. 따라서 공동명의이든 아니든 부부가 소유한 주택 수가 1개 이하여야 한다.

1. 다가구주택은 1개의 주택으로 보되, 구분등기된 경우에는 각각을 1개의 주택으로 계산한다.
2. 공동소유의 주택은 지분이 가장 큰 자의 소유로 계산하되, 지분이 가장 큰 자가 2인 이상인 경우에는 각각의 소유로 계산한다. 한편 지분이 가장 큰 자가 2인 이상인 경우로서 그들이 합의하여 그들 중 1인을 당해 주택의 임대수입의 귀속자로 정한 경우에는 그의 소유로 계산한다. 다만, 임대소득이 600만 원 이상 또는 기준시가 12억 원 초과 주택의 30% 지분 소유 시 그 자의 주택

3. 임차 또는 전세 받은 주택을 전대하거나 전전세하는 경우에는 당해 임차 또는 전세 받은 주택을 임차인 또는 전세 받은 자의 주택으로 계산한다.
4. 본인과 배우자가 각각 주택을 소유하는 경우에는 이를 합산한다(소령 제8조의2 제3항).

다음으로 기준시가에 관한 것을 보자.

아래 규정을 보면 기준시가 12억 원을 판단하는 시점은 매년 12월 31일 또는 그 주택의 양도일이다.

"기준시가가 12억 원을 초과하는 주택"은 과세기간 종료일(12. 31.) 또는 해당 주택의 양도일을 기준으로 판단한다(소령 제8조의2 제5항).

참고로 2주택자가 주택 보유 중 1주택을 처분한 경우에는 위의 기준으로 과세 또는 비과세 여부를 판단한다. 예를 들어 5월 1일에 1주택을 처분한 경우 5월 1일 전까지는 2주택에 대한 과세 여부, 5월 1일 후에는 1주택에 대한 과세 여부를 판단하는 식이 된다.

1세대 1주택자의 주택임대소득 과세

1주택자는 보유 주택이 기준시가 12억 원 이하가 되면 임대수입이 얼마이든 상관없이 비과세를 받을 수 있다. 다가구주택 같은 주택들이 이러한 혜택을 많이 보고 있다. 그렇다면 기준시가가 12억 원을 초과한 경우에는 어떤 식으로 과세될까?

일단 월세 소득에 대해서는 무조건 과세가 되지만, 전세보증금이 수십억 원이 되더라도 이에 대해서는 금액의 크기를 불문하고 비과세를 적용하고 있다(고액 전세보증금에 대해서는 향후 과세될 수도 있음). 임대주택 수가 3채(2026년 고가 2채 포함) 이상이 된 경우에만 임대보증금에 대해 과세를 하기 때문이다.

그렇다면 임대수입이 연간 2,000만 원 이하인 경우 과세 방법은 어떻게 될까?

2주택 이상 자의 경우 2,000만 원 이하의 임대수입에 대해서는 분리과세를 한다. 하지만 고가 1주택자는 임대수입이 2,000만 원을 초과하면 종합과세, 그 이하가 되면 분리과세를 적용한다. 이러한 내용들을 정리하면 다음과 같다.

구분	기준시가	연간 수입금액	과세 방법
1주택	12억 원 이하	불문	비과세
	12억 원 초과	2,000만 원 이하	분리과세*
		2,000만 원 초과	종합과세
※ 참고 : 2주택	–	2,000만 원 이하	분리과세*
		2,000만 원 초과	종합과세

* 분리과세와 종합과세 중 선택 가능하다.

2주택 이상 자의 임대소득 분리과세 방법

이제 부부가 2주택 이상을 보유한 경우의 임대소득 과세 방법에 대해 알아보자. 앞에서 보았듯이 2주택자의 임대소득 과세 방법은 분리과세와 종합과세가 있다. 이 중 분리과세 방식을 먼저 알아보고 종합과세는 뒤에서 순차적으로 살펴보자.

분리과세는 누가 적용받을까?

주택임대소득이 발생하였는데 앞의 비과세 요건을 충족하지 못한 경우라면 무조건 소득세를 내야 한다. 그런데 소액 주택임대소득에 대해서는 높은 세율로 종합과세하는 대신 낮은 세율로 분리과세할 수 있어야 한다.

그렇다면 분리과세는 누가 적용받을까?

부부가 보유한 주택 수가 2주택 이상인 상태에서 주택임대소득이 2,000만 원 이하가 되어야 한다. 여기에서 쟁점들이 발생한다.

첫째, 부부가 주택 수를 나눠 가지고 있는 경우 합산하여 2,000만 원을 산정하는가?

둘째, 공동명의로 가지고 있는 주택들은 어떤 식으로 주택임대소득을 산정하는가?

셋째, 주택임대소득 파악은 어떻게 하는가?

일단 위에 대한 궁금증부터 해결해 보자.

첫째, 임대소득세는 개인별로 과세하므로 주택임대소득 2,000만 원은 개인별로 산정한다. 둘째, 공동명의 주택의 경우에는 원칙적으로 각자의 임대소득을 기준으로 한다(단, 소득 귀속자를 별도로 정할 수 있음). 셋째, 2,000만 원은 비과세소득을 제외한 과세소득을 의미하며, 아래와 같이 월세와 간주임대료를 합해 계산한다.

구분	월세	간주임대료(보증금 환산 임대료)
소득 파악법	1. 1.~12. 31.의 합계액	(보증금 합계액-3억 원)×60%×3.5%
비고	-	소형 주택*을 제외한 3주택 이상 보유 시만 계산

* 40m² 이하, 기준시가 2억 원 이하인 주택

분리과세소득 신고 방법

분리과세 주택임대소득이 있는 거주자의 종합소득 결정세액은 다음의 세액 중 하나를 선택하여 적용한다. 둘 중 어떤 방법이 유리한지는 상황별로 따져 봐야 한다. 일반적으로 ①의 방법이 신고가 간편하다.

① 분리과세로 신고하는 방법
② 종합소득세로 신고하는 방법

②는 분리과세 주택임대소득을 종합소득에 합산하여 6~45%를 적용하는 방식을, ①은 아래와 같은 산식을 이용해서 계산하는 방식을 말한다.

- 과세표준=주택임대수입×(1-필요경비율 60%, 50%)-공제액(400만 원, 200만 원, 0원)
- 산출세액 = 과세표준×14%
- 결정세액 = 산출세액 - 감면세액

정확한 계산을 위해 이 산식을 정리해 보자.

첫째, 필요경비율이다

정부에서 경비를 인정할 때 사용하는 율을 말한다. 임대사업자등록을 낸 경우에는 주택임대수입의 60%만큼을, 등록하지 않으면 50%만

큼을 인정한다.

둘째, 공제액이다

공제액도 세금을 줄여 주는 요소인데, 이게 좀 복잡하다. 세법은 등록을 한 사업자들은 400만 원, 미등록 사업자들은 200만 원을 공제한다. 하지만 등록을 하든 하지 않든 주택임대수입 외의 종합소득금액(수입 - 필요경비)이 연간 2,000만 원을 넘어가면 이 공제를 적용하지 않는다.

셋째, 감면 적용 여부다

조특법에서는 소형 주택(85m² 이하, 기준시가 6억 원 이하를 말한다. 앞의 간주임대료를 배제하는 것과 차이가 난다)을 임대하는 경우 단기 임대주택은 30%, 장기 임대주택은 75%를 감면한다. 단, 이 감면율은 2주택 이상 자에 한해 2021년부터 20%와 50%로 각각 인하되어 적용된다(이하 동일). 한편 2020년 8월 18일 이후부터 자동말소나 자진말소로 등록이 폐지된 경우에는 더 이상 감면을 받을 수 없음에 유의해야 한다.

분리과세 소득세 계산 사례

분리과세가 된 경우의 소득세 계산 사례를 다양한 각도에서 살펴보면 다음과 같다.

1. 분리과세 시 임대주택 등록(8년 이상 임대)·미등록 계산 사례 비교

※ 주택임대 외 종합소득금액 1,200만 원(2,000만 원 초과 시 아래 공제금액은 0원)
※ 필요경비 공제율 60%(미등록 50%), 공제금액 400만 원(미등록 200만 원), 감면 50% 가정

구분	2019년 이후	
	등록	미등록
수입금액	1,956만 원	1,956만 원
필요경비율	×60%	×50%
필요경비	1,174만 원	978만 원
공제금액	400만 원	200만 원
과세표준	382만 원	778만 원
세율	×14%	×14%
산출세액	53만 5,000원	109만 원
세액감면율	50%	–
결정세액	26만 7,500원	109만 원

2. 주택임대소득 분리과세 시 세액 계산 사례(8년 이상 임대주택 등록 가정)

※ 주택임대 외 종합소득금액 1,200만 원(2,000만 원 초과 시 아래 공제금액은 0원)
※ 필요경비 공제율 60%, 공제금액 400만 원, 감면 50% 가정

구분	사례 1	사례 2
보유 주택	2주택 소유자 • A 주택: 본인 거주 • B 주택: 월세 100만 원(연 1,200만 원), 보증금 5억 원	3주택 소유자 • A 주택: 본인 거주 • B 주택: 월세 100만 원(연 1,200만 원) • C 주택: 보증금 10억 원
과세 대상	2주택 소유자로 월세만 과세	3주택 소유자로 월세와 보증금 과세
수입금액	1,200만 원* * 월세 1,200만 원	1,956만 원* * 월세 1,200만 원+간주임대료 756만 원** ** 보증금 10억 원의 이자 상당액: (10억 원−3억 원)×60%×1.8%(가정)
필요경비	720만 원* * 수입금액×60%	1,174만 원* * 수입금액×60%
공제금액	400만 원	400만 원
과세표준	80만 원	382만 원
산출세액	11만 2,000원* * 과세표준×14%	53만 5,000원* * 과세표준×14%
결정세액	5만 6,000원(세액감면 50% 적용)	26만 7,500원(세액감면 50% 적용)

2주택 이상 자의 임대소득 종합과세 방법

야무진은 내친김에 2주택 이상을 보유한 경우의 종합과세 제도도 파악했다. 하지만 이에 대해서는 큰 어려움이 없었다. 세무법인에 다닐 때 사업자들의 세금 정산을 많이 해 봤기 때문이었다.

'차근차근해 보니까 별로 어렵지가 않은 것 같군.'

야무진은 더욱 자신감을 갖게 되었다.

이제 주택임대소득에 대해 종합과세가 적용되는 경우 어떤 식으로 소득세를 계산하는지 보자. 종합과세는 개인의 주택임대소득이 연간 2,000만 원을 초과하는 경우 근로소득 등 다른 소득과 합산하여 과세하는 방식을 말한다.

이를 이해하기 위해서는 현행의 종합소득세 계산 구조를 이해하고 있어야 한다.

종합소득세 계산 구조는 어떻게 생겼을까?

사업자등록을 한 경우와 하지 않은 경우의 과세 방법을 비교하면 다음과 같다.

구분	등록	미등록
종합소득금액(근로, 사업소득 등)	-	-
- 종합소득공제	-	-
= 과세표준	-	-
×세율 6~45%	-	-
= 산출세액	-	-
- 감면세액	• 단기 임대 : 30%(20%) • 장기 임대 : 75%(50%)	없음.
= 결정세액	-	-

이러한 계산 구조는 앞에서 본 분리과세 계산 구조와는 다른 모습을 하고 있다.

좀 더 세부적으로 알아보자.

첫째, 종합소득금액이다

종합소득금액은 합산하여 과세할 소득을 합계한 금액을 말하는데,

여기서 소득은 이자소득, 배당소득, 근로소득, 사업소득(주택임대소득 포함), 연금소득, 기타소득 등을 말한다.

둘째, 종합소득공제다

이는 부양가족이 있거나 소득 지출액에 대해 소득공제를 적용하는 것을 말한다. 이러한 공제를 많이 받으면 과세표준이 줄어들게 되므로 세금을 줄이는 효과가 발생한다. 공제 제도에는 인적공제와 노란우산공제 등이 있다.

셋째, 세율이다

종합소득세를 계산할 때 적용되는 세율은 6~45%로, 아래와 같이 과세표준의 크기에 따라 세율이 달라지고 있다.

구분	세율	누진공제
과세표준 1,400만 원 이하	6%	-
1,400만~5,000만 원 이하	15%	126만 원
5,000만~8,800만 원 이하	24%	576만 원
8,800만~1.5억 원 이하	35%	1,544만 원
1.5억~3억 원 이하	38%	1,994만 원
3억~5억 원 이하	40%	2,594만 원
5억~10억 원 이하	42%	3,594만 원
10억 원 초과	45%	6,594만 원

한편 감면세액은 소형 주택을 4년 단기 임대한 경우 30%, 8년 장기 임대한 경우 75%를 감면하는 것을 말한다(2주택 이상 20~50%).

주택임대소득만 있는 경우의 종합과세 계산 사례(장부를 작성한 경우)

주택임대소득만 있는 경우로 주택임대소득이 연간 6,000만 원 정도 발생했다고 하자. 이 경우 어떤 식으로 세금을 계산할까?

이를 해결하기 위해서는 사전에 정보가 필요하다.

① 임대업에 대한 경비는 얼마인가?
② 종합소득공제액은 얼마인가?
③ 단기 임대인가, 장기 임대인가?

①과 ②는 과세표준을 계산할 때 필요한 요소이고, ③은 감면율을 결정할 때 필요한 정보다. 물론 미등록한 경우 ③의 감면은 적용되지 않는다.

〈자료〉
- 임대업에 대한 경비는 1,000만 원이다.
- 종합소득공제액은 1,000만 원이다.
- 8년 장기 임대주택에 해당한다(단, 이 주택은 85m² 이하, 기준시가 6억 원 이하에 해당).

위의 자료를 바탕으로 세금을 계산해 보자.

구분	금액	비고
종합소득금액 (주택임대소득금액)	5,000만 원	임대수입 − 경비 = 6,000만 원 − 1,000만 원 = 5,000만 원
− 종합소득공제	1,000만 원	자료 가정
= 과세표준	4,000만 원	
×세율(6~45%)	15%	
− 누진공제	126만 원	
= 산출세액	474만 원	
− 감면세액	237만 원	산출세액×50%
= 결정세액	237만 원	
+ 지방소득세	24만 원	결정세액의 10%
+ 농어촌특별세	47만 원	감면세액의 20%
= 총계	308만 원	

위의 계산에서 필요경비는 사업자가 작성하는 장부를 통해 입증하는 것이 원칙이다. 장부는 본인 스스로 작성할 수도 있지만 세무 대리인을 통해 위임할 수도 있다. 보통 연간 임대수입이 4,800만 원을 넘어가는 경우에는 이를 작성하는 것이 좋다. 그래야 장부를 작성하지 않는 데 따른 가산세 20%를 적용받지 않는다.

주택임대소득 외에 근로소득이 있는 경우의 종합과세 계산 사례

주택임대소득 외에 다른 소득이 있다면 둘의 소득을 합산해서 계산해야 한다.

〈자료〉

- 임대업에 대한 자료는 위와 같다.
- 근로소득금액은 4,000만 원이다.
- 감면세액은 580만 원이다.

위의 자료를 바탕으로 세금을 계산해 보자.

구분	금액	비고
종합소득금액 (주택임대소득금액)	9,000만 원	5,000만 원 + 4,000만 원
- 종합소득공제	1,000만 원	
= 과세표준	8,000만 원	
× 세율(6~45%)	24%	
- 누진공제	576만 원	
= 산출세액	1,344만 원	
- 감면세액	580만 원	자료 가정
= 결정세액	764만 원	
+ 지방소득세	76만 원	
+ 농어촌특별세	116만 원	
= 총계	956만 원	

장부 미작성과 종합소득세 신고

장부를 미작성한 경우 어떤 식으로 종합소득세를 신고하는지 등에 관해서는 저자의 카페나 세무회계 사무소 등을 통해 확인하기 바란다.

소형 임대주택
사업자에 대한 세액감면

2018년 9월에 선보인 주택임대차정보시스템은 주택임대차에 대한 모든 정보를 담고 있다. 정부는 이 시스템을 통해 그동안 사각지대에 있던 주택임대소득에 대해서도 과세를 정상화할 것을 공언하고 있다. 따라서 2019년 이후부터는 주택임대소득에 대한 세금이 크게 늘어날 가능성이 높다(보증금 6,000만 원 또는 월세가 30만 원 넘는 경우 계약일로부터 30일 내에 관할 지자체에 신고해야 함. 2025년 6월 이후부터 과태료가 부과됨). 특히 임대소득이 많은 층이 그렇다. 그렇다면 이들에 대한 대책은 무엇일까? 일단 소득세 감면을 받는 것이 아닐까? 이하에서는 조특법 제96조에서 규정하고 있는 소형 임대주택 사업자에 대한 세액감면 제도를 알아보자.

세액감면의 요건은 어떻게 될까?

대통령령으로 정하는 내국인이 대통령령으로 정하는 임대주택을 1호 이상 임대하는 경우에는 임대사업에서 발생한 소득에 대한 소득세 또는 법인세의 100분의 30(장기 임대주택의 경우에는 100분의 75)에 상당하는 세액을 감면한다(2주택 이상은 20~50%).

이러한 감면을 적용받기 위해서는 아래와 같은 요건을 충족해야 한다.

첫째, 내국인이 임대사업자등록을 하였을 것.

여기서 내국인이란 법인과 개인을 말한다. 따라서 법인도 사업자등록을 내고 임대업을 영위하면 개인처럼 똑같이 세액감면 혜택을 누릴 수 있다.

둘째, 민간임대주택법 등에서 규정한 매입 임대주택, 장기 임대주택 중 아래의 요건을 모두 충족한 주택일 것.

- 85m²(해당 주택이 다가구주택일 경우에는 가구당 전용면적을 기준으로 한다)의 주택(주거용 오피스텔 포함)일 것
- 해당 주택의 임대 개시일 당시 6억 원을 초과하지 아니할 것

여기서 특이한 것은 세액감면 규정에서 소형 주택은 85m² 이하가 되어야 하는 한편 기준시가가 6억 원 이하이면 된다는 것이다. 즉 지

방의 경우에도 6억 원 이하이면 위와 같은 혜택을 받을 수 있다.

셋째, 의무임대 기간을 준수할 것.
이러한 세액감면을 받기 위해서는 등록할 때 신청한 임대 유형에 따라 4년 또는 8년 이상을 임대해야 한다. 만일 이 기간을 준수하지 못하면 감면받은 세액이 추징될 수 있음에 유의해야 한다.

참고로 기존 임차인의 퇴거일부터 다음 임차인의 입주일까지 3개월 이내의 기간은 임대한 기간으로 본다. 기타 상속이나 재개발 등이 발생한 경우에는 임대 기간 산정에서 문제가 생기는데, 이때에는 관련 조문을 통해 확인하면 금방 해결할 수 있다.

세액감면과 관련해 주의해야 할 몇 가지

세액감면과 관련해서 주의해야 할 몇 가지를 정리하면 다음과 같다.

첫째, 소형 주택 감면 적용 시 다가구주택은 어떻게 판단하는가?
다가구주택은 구분등기 여부와 상관없이 가구당 전용면적과 기준시가를 사용한다.

둘째, 감면을 받기 위해서는 장부를 작성해야 하는가?
세법은 장부 작성과 무관하게 산출세액의 30~75%(2주택 이상은

20~50%)를 감면해 준다.

셋째, 분리과세 주택임대소득에 대해 감면을 받을 수 있는가?

그렇다. 분리과세라고 해서 감면을 적용하지 않을 이유가 없다.

넷째, 주택 건물에 대해 감가상각을 해야 하는가?

일단 주택 취득가액 중 건물분에 대해서는 감가상각을 할 수 있는데, 이는 사업자가 할 것인지 말 것인지를 결정하면 된다.

다섯째, 감면을 받은 경우 감가상각을 하지 않으면 어떻게 될까?

주택임대사업자가 소득세를 감면받은 경우에는 감가상각자산에 대한 감가상각비를 계산하여 필요경비로 계상해야 한다. 만일 그럼에도 불구하고 감가상각비를 필요경비로 계상하지 아니한 경우에는 감가상각을 한 것으로 본다(감가상각의제). 참고로 감가상각의제 규정은 분리과세로 신고하거나 추계로 신고한 경우에도 적용된다.

TIP

임대소득세를 감면받는 것이 유리할까?
아니면 양도세를 덜 내는 것이 유리할까?

이러한 상황에서는 임대소득세와 양도세를 계산할 때 적용되는 세율을 먼저 살펴보는 것이 좋다. 만일 임대소득이 많아 세율이 높은 경우에는 감면을 받는 것이 유리할 수 있으나, 그 반대는 그렇지 않다.

주택임대소득세 관련 Q&A

주택임대소득에 대한 과세가 본격적으로 진행될 가능성이 높아졌다. 이에 대한 궁금증을 Q&A 방식으로 풀어 보자.

사업자등록은 의무적으로 해야 하는가?

2020년부터 의무화가 되었다. 만약 이를 위배한 경우에는 사업자 미등록 가산세가 수입금액의 0.2%만큼 부과된다. 다만, 이러한 가산세가 신설되더라도 가산세액이 너무나 미미해서 사업자등록을 하지 않으려는 사업자들도 많을 것으로 보인다. 임대수입이 1,000만 원이라면 이에 0.2%를 곱한 2만 원이 가산세액이기 때문이다.

구분	사업자등록 의무	시행 예정 시기
주택임대소득에 대해 비과세가 적용되는 경우	없음.	–
분리과세가 적용되는 경우	있음.	2020. 1. 1. 이후 발생분 (경과규정: 2019. 1. 1. 이전 주택임대업
종합과세가 적용되는 경우	있음.	개시자는 2019. 12. 31.까지 등록해야 함.)

참고로 민간임대주택법에 따라 등록이 말소된 경우에도 관할 세무서에의 사업자등록은 유지해야 한다. 등록말소와 사업자등록은 별개의 제도에 해당하기 때문이다.

사업장현황신고는 어떻게 해야 하는가?

전년도의 수입금액과 경비 내역을 기재한 사업장현황신고서를 다음 해 2월 10일까지 관할 세무서에 제출해야 한다. 이때 수입금액을 미신고하거나 잘못 신고하더라도 가산세(0.2%)는 부과되지 않는다. 의료업종 등 몇 개 업종만 가산세를 부과하기 때문이다.

종합소득세 신고는 어떻게 하는가?

전년도에 발생한 종합소득에 대해 다음 해 5월 중에 신고한다. 만일 임대수입이 5억 원을 넘어간 경우에는 6월 중에 신고해도 된다. 이때 신고는 국세청 홈택스 프로그램 등을 이용해 스스로 신고할 수도 있고 세무회계 사무소를 이용하는 방법도 있다.

공동사업자는 어떻게 신고를 하는가?

각자의 지분에 해당하는 금액에 대해 각자가 신고해야 한다.

신고를 하지 않으면 어떤 불이익이 있을까?

통상 산출세액의 20%만큼 신고불성실 가산세가 부과되는 한편 미납 세액에 대해 하루 2.2/10,000의 가산세가 추가된다.

건강보험료는 어떻게 부과될까?

건강보험료는 종합소득세 신고 자료를 기반으로 과세되는데, 5월 중 국세청에 신고된 자료가 공단에 통보되어 통상 다음 해 11월 중에 부과가 된다. 다만, 주택임대소득이 연간 2,000만 원 이하인 경우에만 아래와 같이 감면을 실시한다.

구분	보험료 감면	피부양자 적용 가능 여부
연간 임대소득이 1,000만 원 이하인 경우	단기 임대 40%, 장기 임대 80%	가능
연간 임대소득이 1,000만~2,000만 원 이하인 경우		불가

공동명의로 사업자등록한 경우의 건강보험료는 어떻게 부과되는가?

각자가 내는 것이 원칙이다(단, 세대별로 고지됨). 다만, 앞에서 보았듯이 주택임대소득이 연간 2,000만 원 이하인데 등록을 한 경우에는 단기 40%, 장기 80%가 감면된다. 한편 연간 주택임대소득이 1,000만 원 이하인 경우에는 다른 근로소득자 등의 피부양자로 자격이 계속 유지될 수 있다. 주택임대소득에서 필요경비율 60%을 적용하고 400만 원을 차감하면 소득금액은 0원이 되기 때문이다. 그러나 사업자등록을 하지 않은 경우에는 필요경비율이 50%이고, 200만 원을 공제하기 때문에 이때에는 400만 원 이하가 되어야 피부양자로 남을 수 있다. 다만, 소득이 없더라도 주택 등의 재산세 과세표준이 9억 원(기준시가로 환산하면 15억 원)을 넘어가면 피부양자에서 제외되는 불이익이 있을 수 있다. 자세한 내용은 공단에 문의하도록 하자.

직장인들은 건강보험료를 어떻게 낼까?

직장인들에게 주택임대소득이 발생하면 대부분 건강보험료를 내지 않는다. 직장에서 이미 내고 있기 때문이다. 하지만 임대수입에서 필요경비를 차감한 소득금액이 연간 2,000만 원을 넘어가면 지역에서 건강보험료를 별도로 내야 한다.

1주택자부터 다주택자까지, 양도세 비과세 전략

가장 좋은 절세법은
비과세처럼 세금을
안 내는 것이랍니다!

가장 좋은 절세법은 비과세이다

"오빠는 이 세상에서 가장 좋은 양도세 절세법은 뭐라고 생각해?"

야무진이 공부에 다소 지쳐 보이는 남편 이절세에게 물었다.

"글쎄, 당연히 세금을 안 내는 비과세를 받는 거 아니겠어? 물론 합법적으로 말이야."

"역시, 우리 남편 최고야. 하나를 가르쳐 주면 둘을 아니……."

"하하하. 괜히 기분이 좋아지네. 하지만 그거, 이 세상을 살아가는 사람들의 기초적인 상식 아냐?"

이절세의 말처럼 이 세상에서 가장 좋은 양도세 절세법은 비과세를 받는 것이다. 왜냐하면 비과세는 세금이 한 푼도 없어 양도가액 전체를 내 것으로 할 수 있기 때문이다. 하지만 세금을 거둬들이는 국가 입장에서는 마냥 비과세를 해 줄 수는 없다. 재정이 문제되기 때문이다. 따라서 부동산을 양도하고자 하는 사람들은 비과세 제도를 정확히 이해하고 사전에 비과세 요건을 만든 후 거래에 나서야 한다. 그렇지 않으면 비과세에서 과세로 넘어가 아까운 돈을 허공에 날릴 수 있다.

이하에서는 주택에 대한 양도세 비과세 요건을 살펴보자.

1세대 1주택자의 비과세 요건

원칙적으로 거주자(국내에 183일 이상 주소를 둔 자)가 1세대 1주택 상태에서 2년 보유(단, 2017년 8월 3일 이후 조정대상지역 내에서는 2년 거주 요건이 도입되었다) 요건을 갖추면 양도세는 없다. 여기서 '1세대' 란 부부와 생계를 같이하는 가족을 말한다. 그리고 가족은 거주자와 그 배우자의 직계존비속(배우자 포함) 및 형제자매를 말한다(남편 입장에서 보면 그의 직계존비속과 직계존비속의 배우자, 형제자매, 장인·장모, 처형·처남 등이 포함됨. 판단 시 주의해야 함). 또한 취학, 질병의 요양, 근무상, 사업상 본래의 주소를 일시 퇴거한 사람을 포함한다. 한편 자녀가 학업 때문에 떨어져 살거나 자녀가 30세 미만이면 부모와 생계를 같이한 것으로 보아 부모와 같은 세대로 처리한다. 단, 30세가 안 된 사람이라도 중위소득 40% 이상의 소득(월 90만 원 선)이 있는 경우나 배우자가 사망했거나 이혼한 경우에는 별도 세대 구성을 인정한다. 또한 '주택'은 상시 주거용으로 사용되는 건물을 말하며, '보유 기간'

은 보통 잔금 청산일을 기준으로 2년 여부를 따진다. 한편 '거주 요건'은 오래전에 폐지되었으나 최근 일부 지역에 한해 도입되었다. 이에 대한 자세한 내용은 뒤에서 살펴보자(임대주택사업자의 거주용 주택은 전국적으로 2년 거주 요건이 있음에 유의할 것). 다만, 이렇게 비과세 요건을 갖추었다고 하더라도 두 지역 모두 실거래가액이 12억 원을 초과하면 그 초과분에 대해서는 양도세가 부과된다.

1세대 2주택자의 비과세 요건

1세대 1주택자가 주택을 양도하기 전에 다른 주택을 취득(자가 건설 포함)해 일시적으로 2주택을 보유했을 때 비과세 특례를 적용받을 수 있다.

단, 기본적으로 양도하는 주택은 비과세 요건을 갖춰야 한다. 그리고 처분 기한을 반드시 지켜야 한다.

구체적으로 보면 새집을 사서 이사할 때 일시적으로 2주택에 몰리는 경우가 있다. 이런 상황에서는 새 주택을 구입한 날로부터 3년 내에 기존 주택을 팔면 비과세를 받을 수 있다. 물론 양도 당시를 기준으로 비과세 요건을 갖추어야 한다. 이 원리는 앞으로 입주권이 포함된 경우의 비과세 판단을 할 때 매우 중요한 역할을 담당한다. 따라서 지금 반드시 기억하는 것이 좋겠다. 참고로 앞의 새 주택은 기존 주택의 취득일로부터 1년 이후에 취득해야 비과세가 적용된다. 따라서 두 주택을 1년 내에 동시에 취득한 경우에는 이 규정이 적용되지 않음에 유의해야 한다(단, 직장 변경 등 부득이한 경우에는 1년 기준을 적용하지 않는다).

또 직계존속(남·여 60세 이상)을 봉양하기 위해 합가하거나 결혼으로 2주택이 됐을 때도 합가일(결혼일)부터 10년(혼인 합가의 경우 2024. 11. 12. 이후 양도분부터 5년에서 10년으로 연장되었음) 이내에 먼저 양도한 주택은 양도세를 비과세 받을 수 있다. 물론 이 경우에도 양도일 현재 비과세 요건을 갖추고 있어야 한다.

이 외에도 농어촌주택, 상속 주택이 일반주택과 섞여 2주택이 된 상황에서 일반주택을 먼저 양도하는 경우 비과세를 적용한다. 단, 이 규정을 적용받기 위해서는 혜택을 받을 수 있는 주택에 해당되는지 정확히 파악해야 한다.

비과세 요건 중 거주 요건 도입

1세대 1주택(일시적 2주택 포함)에 대한 비과세 요건 중 2년 거주 요건이 도입되었다. 다만, 모든 주택에 대해 적용되는 것이 아니라 조정대상지역 내에서 2017년 8월 3일 이후에 취득한 주택만 해당한다. 그 이전에 취득하였거나 조정대상지역이 아닌 지역에서 취득한 경우에는 이 요건이 적용되지 않는다.

구분	2017년 8월 2일 이전 취득분	2017년 8월 3일 이후 취득분
조정대상지역 내	2년 보유	2년 보유 및 2년 거주
조정대상지역 외		2년 보유

참고로 2017년 8월 2일 이전에 분양 계약을 체결하고 8월 3일 이후에 잔금을 치른 경우에는 무주택자를 제외하고는 거주 요건을 충족해야 한다. 한편 일시적 2주택자의 경우에도 비과세를 받기 위해서는 위의 거주 요건을 충족해야 하는 것이 원칙이다. 위의 조정대상지역은 2024년 12월 현재 서울 강남·송파·

서초·용산구 등이 고시되어 있다. 참고로 취득할 당시에 조정대상지역에 해당하였으나 양도 시에 해제된 경우에도 거주 요건이 그대로 적용된다는 점에 주의해야 한다. 반대로 취득할 당시에는 조정대상지역이 아니었지만 양도 시에 지정된 경우에는 거주 요건이 적용되지 않는다. 그리고 무주택자가 계약 후에 조정대상지역으로 지정된 경우에도 경과규정으로 거주 요건을 적용하지 않는다. 조정대상지역 지정 및 해제 현황은 '대한민국 전자관보'에서 자세히 검색할 수 있다.

TIP

2022년 5월 10일 이후 개정된 비과세 관련 내용

2022년 5월 10일 이후 양도세 비과세와 관련해 중요한 소득세법 시행령 개정이 있었다. 이를 소개하면 아래와 같다.

1. 일시적 2주택 처분 기한 연장 등

규제지역(조정대상지역)에서 규제지역으로 이사를 갈 때 1년 내 처분 및 신규 주택으로 전입해야 하는데, 이날 이후부터는 2년 내에 종전 주택을 처분하면 비과세를 받을 수 있게 되었다(전입 의무는 삭제됨). 한편 이 제도는 2023년 1월 12일 이후 양도분부터 3년으로 연장되었다(취득세와 종부세도 3년으로 연장됨).

2. 최종 1주택 보유 기간 재계산 제도 삭제

다주택자가 주택을 처분해 1주택이나 일시적 2주택을 만든 경우 "최종 1주택"을 보유한 날로부터 다시 2년 이상 보유하도록 하는 제도는 이날 이후부터 폐지되었다. 이로 인해 다주택자가 주택 수를 조절해 비과세 받기가 매우 쉬워졌다.

3. 상생 임대주택 거주 요건 면제

2026년 말까지 임대료를 5% 이내에서 올리는 임대차계약을 2년 이상 맺으면 2년 거주 요건을 면제받을 수 있다(소득세법 시행령 제155조의3 참조).

비과세 예외 요건을 활용하는 절세 전략

"우리 고객들은 비과세 혜택을 꼭 받도록 해 줘야지……."

야무진은 인터넷을 통해 우리나라의 연간 주택 거래에서 1세대 1주택으로 인한 비과세가 차지하는 비중이 대략 60%를 넘는다는 사실을 알았다.

비과세 거래가 생각보다 많다고 느낀 야무진은 1세대 1주택에 대한 비과세 제도가 폐지되지 않는 한 비과세를 적용받아야 억울하지 않을 것 같았다. 그러면 구체적으로 어떤 것을 알아야 할까?

양도세의 비과세에 대해서는 앞서 자세히 알아보았다. 그런데 앞에서 본 비과세 요건에는 예외 사항이 많이 존재한다. 이에 어떤 것들이 있는지 관심 있게 살펴보면 절세의 영역이 넓어질 것이다.

첫째, 1세대에 대한 예외를 살펴보자

양도세를 계산하는 주택 수 판정은 부부와 생계를 같이하는 가족 구성원을 합해 '1세대 ○주택'으로 따진다. 따라서 이런 세대분리*의 개념을 이용하면 세금을 절약할 수 있다.

예를 들어 D 씨 가족은 본인 명의, 아내 명의, 28세 딸의 명의로 각각 집을 1채씩 소유하고 있다. 이 세대가 보유한 집은 몇 채일까?

딸이 부모와 같이 한집에서 생활한다면 부모와 같은 세대에 속하므로 1세대 3주택이다. 또 딸이 부모와 독립 세대를 이루고 있지만 30세 미만이면 부모와 같은 세대로 보기 때문에 1세대 3주택이 된다.

하지만 딸이 별도 세대로 구성되어 있고 소득(중위소득 40% 이상)이 있다면 30세 미만이라도 1세대로 인정된다. 그렇게 되면 부모는 1세대 2주택자, 딸은 1세대 1주택자가 된다.

이 사례를 보듯 세대분리를 활용하면 세금을 피할 수 있다. 다만, 세대분리를 하는 과정에서 재산이 무상으로 이전되는 경우에는 증여세와 취득세가 부과된다. 또 소득이 없는 자녀가 주택을 취득하면 자금 출처조사를 받을 수 있다는 점을 꼭 명심해야 한다.

* 세대분리는 주소와 생계를 달리해야 함을 의미한다. 통상 잔금 청산일 전에 세대분리를 하면 문제가 없으나 계약 전에 미리 해 두는 것이 안전하다. 30세 미만의 자녀는 소득이 있거나 혼인을 한 경우에만 세대분리가 인정된다는 점에 유의해야 한다. 세대분리를 한 후에 양도하고 나서 다시 세대를 합가한 경우에는 세대분리가 인정되지 않을 수 있다. 참고로 부부는 세대분리가 인정되지 않는다. 또 부모와 자녀가 각각 1주택을 보유한 상태에서 자녀가 세대분리하고 바로 해당 주택을 양도하면 비과세를 받을 수 있다. 양도일 현재 1세대 1주택의 요건을 충족하면 되기 때문이다.

둘째, 1주택에 대한 예외도 있다

이는 2주택을 보유하더라도 비과세를 적용한다는 것이다. 앞에서 본 것처럼 일시적으로 2주택이 되거나 상속 주택 등이 개입된 경우 비과세를 받을 수 있다. 따라서 과세 전에 비과세 요건을 확인할 수 있어야 한다.

셋째, 보유 및 거주 요건에 대한 예외를 알아보자

불가피한 사유가 있으면 2년 보유 및 거주 요건을 채우지 않아도 비과세된다. 주택과 부수 토지가 공공사업용으로 시행자에게 양도될 때 보유 및 거주 기간에 관계없이 비과세되는 것이 대표적이다.

또한 세대원 모두가 이민을 떠나면 보유 및 거주 요건을 채우지 않아도 비과세를 받을 수 있다. 단, 이 경우 해외이주법에 의해 세대원 전원이 출국하거나, 1년 이상 해외 거주를 필요로 하는 취학 또는 근무상의 형편(사업상 형편은 해당 사항 없음)으로 세대원 전원이 출국하는 경우로서 출국일로부터 2년 내 양도해야 비과세를 적용한다. 이때 외교통상부 장관이 교부하는 해외이주신고확인서나 재학증명서, 재직증명서, 요양증명서 등의 증명 서류가 있어야 한다.

또 특수학교와 고등학교 또는 대학교 진학으로 인해 이사할 때도 양도세가 비과세될 수 있다. 여기서 한 가지 주의할 점은 초등학교나 중학교 등은 부득이한 사유에 해당되지 않아 예외를 적용할 수 없다는 것이다. 이 외에 직장 변경이나 전근 등 근무상 형편에 따라 이사할 때

혹은 1년 이상의 치료나 요양을 필요로 하는 질병 때문에 이사할 때도 양도세를 비과세 받을 수 있다. 특히 근무상 형편에 의한 비과세 적용은 근로소득자들을 지원하는 제도이나, 종전 주택 소재지에서 출퇴근이 가능하면 비과세 혜택을 받지 못할 수도 있다. 따라서 실제로 이런 상황에 있다면 비과세 요건에 해당하는지 사전에 확인하는 것이 좋다.

이와 같은 상황에는 2년 보유 요건을 채우지 않아도 된다. 하지만 기본적으로 해당 집에서 1년 이상 거주(수용이나 이민은 제외)해야 함에 유의해야 한다. 이는 근무상 형편 등으로 보유 요건을 채우지 못하더라도 최소한 1년은 거주해야 비과세를 받을 수 있다는 뜻이다.

비과세 요건 정리

요건	원칙	예외
양도일 현재	양도일 기준으로 주택 수 판정	–
1세대	결혼한 부부와 생계를 같이 하는 가족*	거주자가 30세 이상인 경우와 30세 미만이라도 중위소득 40% 이상의 소득이 있거나 결혼, 배우자 사망 또는 이혼한 경우에 별도 세대 구성이 가능하다.
국내에 1주택	사실상 용도에 의해 1주택 여부 판단	• 실질 용도로 주택임을 판정한다. • 2주택이 되더라도 이사, 결혼·동거 봉양 등의 사유가 있으면 비과세가 가능하다.
2년 보유	취득일~양도일까지의 기간	• 공공사업용으로 수용 • 세대원 전원의 국외 이주 시 • 건설 임대주택의 거주 기간이 5년 이상인 경우 • 취학, 1년 이상의 질병 치료, 근무상(사업상은 아님) 형편으로 1년 이상 거주한 주택을 양도하고 세대원 전원이 다른 시·군으로 이사할 경우 2년 보유 및 거주를 하지 않아도 된다.
2년 거주	조정대상지역 내에서 취득 시 2년 거주해야 함(2017년 8월 3일 이후 취득분).	
고가주택에 해당 시	12억 원 이하 (그 초과분은 과세)	–

* 가족은 거주자와 그 배우자의 직계존비속(배우자 포함) 및 형제자매를 말하며 취학, 질병의 요양, 근무상·사업상 형편으로 본래 주소를 일시 퇴거한 자를 포함한다. 만약 본인이 주택 1채, 자녀의 배우자(며느리나 사위)가 주택 1채를 보유한 채 세대를 구성하면 1세대 2주택자가 된다.

2주택자가
세금 안 내는 방법

"오빠, 시골에 있는 아버님 집은 앞으로도 계속 보유하는 것이 좋을 것 같아."

야무진이 저녁 밥상을 물리자마자 남편 이절세를 향해 말을 꺼냈다.

"어, 그게 무슨 말이야?"

"내가 오늘 어떤 고객을 만났는데, 그분이 농촌에 있는 주택이 필요가 없다고 그냥 팔았대."

"그게 무슨 문제가 있지? 세금도 거의 없을 거 같은데 말이야."

"근데 가만히 생각해 보니까 농촌에 있는 집은 집이 아니라 땅이라는 생각이 들지 뭐야. 나중에 우리의 노후를 생각해 보니까 농촌같이 입지가 좋은 곳에 근사한 집을 지어도 좋을 것 같았어."

"아, 역시 야무진이 정말 야무진데."

"후후. 그래? 그런데 한 가지 중요한 뉴스가 있어. 앞으로는 일시적 2주택이 되면 1채를 3년 안에 팔면 무조건 비과세를 해 준대. 알아?"

"당연하지. 이거 바뀐 지 한참 되었는데……."

"그래도 모르는 사람들이 많을걸?"

현행 세법은 일시적 2주택 외에도 농어촌주택과 일반주택을 1채씩 소유한 상태에서 일반주택을 먼저 양도한 경우에는 비과세를 적용하고 있다. 이는 1세대 2주택이라 하더라도 투기성이 거의 없다고 보아 비과세를 적용하려는 데 취지가 있다. 또한 이 외에도 2주택자가 되더라도 비과세를 적용하는 경우가 있다. 이하에서 1세대 2주택에 대한 비과세 문제를 살펴보자.

① 이사로 인한 일시적 2주택

1세대 1주택자가 이사를 가기 위해 다른 주택을 취득(기존 주택 취득 후 1년 후에 취득해야 함)하면 일시적 2주택으로 변하게 된다. 이러한 상황에서 세법은 새로운 주택을 취득한 날로부터 종전 주택을 3년 내 양도하는 경우 양도세를 비과세한다. 그런데 부득이 새로운 주택 취득 후 3년 이내 양도하지 못한 경우에는 3년이 되는 날 현재 한국자산관리공사에 매각 의뢰, 법원에 경매 신청, 공매 등을 진행하여 양도하더라도 비과세를 적용한다.

- **절세 대책**: 원래 일시적 2주택 비과세를 위한 종전 주택의 처분 기한은 3년이다. 그런데 2023년 1월 12일 전까지는 조정대상지역 내에서 이사를 가면 종전 주택을 1~2년 안에 처분했어야 한다. 하지만 이날 이후에 양도하는 경우에는 지역과 관계없이 무조건 신규 주택 취득일로부터 3년 내에 처분하면 비과세를 적용하고 있다. 참고로 취득세와 종부세에서도 일시적 2주택 개념이 있는데, 여기에서도 3년을 적용한다.

② 상속으로 인한 2주택

별도 세대원(예외적으로 동거 봉양 시에는 동일 세대원도 인정) 상태에서 상속으로 받은 주택과 그 밖의 주택을 국내에 각각 1채씩 소유하고 있는 1세대가 일반주택을 양도하면 국내에 1채의 주택을 소유한 것으로 보아 비과세된다. 만일 피상속인이 2주택 이상을 상속하는 경우 다음 각 호의 선순위에 따른 1주택을 위 특례 대상 주택으로 본다. 따라서 '선순위 상속 주택 1채 + 일반주택 1채' 보유 시 비과세 특례를 받을 수 있다. 하지만 '상속 주택 2채 이상 + 일반주택 1채' 보유 시에는 이러한 특례를 받을 수 없음에 유의해야 한다. 양도일 현재 주택 수가 2채를 벗어나기 때문이다. 한편 소수지분 상속 주택은 비과세(단, 선순위 소수지분 1개만 있어야 함)와 중과세(소수지분 개수와 관계없음)에 영향을 주지 않는다는 점도 알아 두자.

- 피상속인이 소유한 기간이 가장 긴 1주택
- 피상속인이 소유한 기간이 같은 주택이 2채 이상일 경우에는 피상속인이 거주한 기간이 가장 긴 1주택 등

- **절세 대책**: 일반주택을 먼저 양도하는 것이 훨씬 유리하다. 다만, 상속 당시에 보유한 일반주택만 이 같은 혜택을 받을 수 있다는 점에 주의해야 한다. 상속 이후에 구입한 일반주택에 대해서는 더 이상 이러한 혜택이 없다(2013년 2월 15일 이후). 만약 상속 주택을 먼저 양도하는 경우에는 과세가 되며, 이때 5년이 경과된 상속 주택은 중과세가 적용될 수 있다. 주의하기 바란다.

③ 동거 봉양 또는 혼인으로 인한 2주택

1세대 1주택자가 1주택을 가진 60세 이상의 직계존속을 부양하기 위해 세대를 합친 경우 그 집을 합친 날로부터 10년 내 먼저 양도하는 주택에 대해서는 비과세를 적용한다(단, 양도일 현재 당시에 비과세 요건을 갖추어야 한다).

한편, 혼인으로 인해 2주택이 되는 경우에도 그 혼인한 날로부터 10년 내 먼저 양도한 주택에 대해서는 비과세를 받을 수 있다.

- **절세 대책**: 비과세 요건을 충족시킨 주택을 먼저 양도한다. 동거 봉양의 경우 여의치 않으면 세대분리 후 양도를 한다.

④ 농어촌주택과 일반주택 등 2주택

농어촌주택과 일반주택이 있는 상황에서 일반주택을 양도하면 비과세를 받을 수 있다. 여기서 농어촌주택이란 수도권(서울·인천·경기도) 외의 지역 중 읍(도시지역을 제외) 또는 면 지역 소재 주택과 이농민이 취득 후 5년 이상 거주한 주택, 귀농주택, 상속받은 주택을 말한다. 농어촌주택 판단은 상당히 난해하므로 법조문을 꼼꼼히 살펴볼 필요가 있다.

- **절세 대책**: 일반주택을 먼저 양도하면 비과세를 받을 수 있다(단, 귀농 시 농어촌주택을 취득한 경우 이날로부터 5년 내에 일반주택을 양도해야 함). 그리고 새로운 일반주택을 산 후 기존 일반주택을 팔아도 비과세가 가능하다. 이는 농어촌주택이 있는 상태에서도 일시적 2주택에 대한 비과세가 성립함을 의미한다.

> **TIP**
>
> ### 세목별 일시적 2주택
>
> "일시적 2주택"은 이사 등의 이유로 신규 주택을 취득하면서 일시적으로 2채를 보유한 경우를 말한다. 이 경우 세법은 실수요자의 관점에서 다양한 세제 혜택을 부여하고 있다. 취득세, 종부세, 양도세 순서대로 이에 대해 알아보자.

① 취득세

일시적 2주택에 대해서는 취득세를 1~3%로 과세한다. 이 경우 종전 주택의
처분 기한은 "신규 주택"이 조정지역에 소재하는 경우에만 3년이 적용된다.

구분	종전 주택의 처분 기한	비고
조정 → 조정	3년	2023년 1월 12일 2년에서 3년으로 개정됨.
조정 → 비조정	없음.	비조정지역은 처분을 하지 않아도 일반세율이 적용됨.
비조정 → 조정	3년	–
비조정 → 비조정	없음.	–

② 종부세

일시적 2주택은 종부세 계산 시 주택 수에서 차감된다. 다만, 이때 종전 주택의
처분 기한은 3년이 주어진다.

구분	종전 주택의 처분 기한	비고
조정 → 조정	3년	지역 구분하지 않음.
조정 → 비조정		
비조정 → 조정		
비조정 → 비조정		

③ 양도세

양도세에서 일시적 2주택은 실수요자로서의 성격이 강하므로 신규 주택 취득
일로부터 3년 내에 종전 주택을 양도하면 비과세를 적용한다.

구분	종전 주택의 처분 기한	기타의 요건
조정 → 조정	3년	종전 주택과 신규 주택의 보유 기간이 1년 이상일 것 (기타 전입 의무는 삭제되었음. 2022년 5월 10일)
조정 → 비조정		
비조정 → 조정		
비조정 → 비조정		

임대사업자가 거주 주택 비과세 받는 방법

"이렇게 보니까 2주택자들은 비과세 받는 방법들이 많네."

이절세가 야무진을 향해 말했다.

"그렇지? 하지만 투자 목적으로 2주택을 보유한 사람들도 많으니 이들은 종부세에다 양도세 중과세에다 상당히 피곤할 것 같아."

"하하하. 그런가? 그런데 다주택자들도 양도세 비과세를 받을 수 있잖아."

이절세가 말했다.

"오빠, 그거 임대사업 말하는 거잖아?"

"맞아. 임대사업자등록을 내면 자기가 살고 있는 주택은 비과세를 받을 수 있지. 물론 평생 1회지만……."

비과세 효과는 얼마나 될까?

어떤 임대주택사업자가 15년 이상 보유하고 2년 이상 거주한 주택을 양도하고자 한다. 이 주택의 양도가액은 7억 원이고 취득가액은 3억 원이라면 얼마만큼의 세금을 아낄 수 있을까? 주어진 정보에 따라 양도세의 변화를 살펴보자(단, 장기보유 특별공제율은 30% 적용 가정).

(단위: 원)

구분	변경 전	변경 후
양도가액	700,000,000	
− 취득가액	300,000,000	
= 양도차익	400,000,000	
− 장기보유 특별공제(30%)	120,000,000	
= 소득금액	280,000,000	
− 기본공제	2,500,000	비과세
= 과세표준	277,500,000	
× 세율	38%(누진공제 1,994만 원)	
= 산출세액	85,510,000	
+ 지방소득세(10%)	8,551,000	
= 총 납부할 세액	94,061,000	

세법 개정 전에는 다주택자에 해당하므로 본인이 살고 있던 주택에 대해서는 양도세가 과세되었다. 하지만 최근 세법 개정으로 비과세가 가능해져 9,400만 원 정도의 절세 혜택을 누리게 된다. 다만, 실무에서 이 비과세를 둘러싸고 다양한 쟁점이 등장하고 있으므로 이와 관련된 업무 처리는 전문 세무사의 확인을 받아 진행하는 것이 좋다(저

자 카페 문의).

누가 이러한 혜택을 누리게 될까?

당연히 다주택자들이다. 이들은 거주용 주택 1채만을 놔두고 다른 모든 주택을 임대주택으로 등록하면 바로 거주용 주택에 대해서는 비과세를 받을 수 있기 때문이다. 다만, 비과세를 받으려면 아래와 같은 요건들을 충족해야 한다.

- 임대용 주택은 세법상의 요건인 가액(수도권 6억 원, 지방 3억 원)과 임대 기간(5~10년) 같은 조건을 동시에 충족해야 한다. 임대주택의 임대 기간을 맞추지 못한 경우에는 비과세가 박탈된다(단, 자동말소나 자진말소 시 5년 미만 보유해도 예외적으로 비과세 허용). 또한 임대용 주택 중 1채라도 조건을 충족하지 못하면 비과세를 받을 수 없다.
- 거주용 주택은 양도 당시에 2년 거주 요건을 충족해야 한다. 여기서 '2년 거주 요건'을 둔 이유는, 임대사업자는 기본적으로 다주택자에 해당하므로 거주 주택에 대한 비과세 규정이 탈법 수단으로 변질될 수 있기 때문이다. 이 거주 요건은 전국적으로 적용된다. 참고로 일반 규정인 1세대 1주택의 비과세 요건 중 '2년 거주' 요건은 조정대상지역 내의 주택에 대해서만 적용된다. 이 두 가지 제도의 차이점을 구별하기 바란다.
- 거주용 주택은 원칙적으로 말소된 임대주택 외에는 임대주택을

임대 중에 양도해야 한다. 따라서 임대주택을 먼저 양도해 임대주택이 1채라도 없다면 이 규정을 적용받기 힘들어진다(이때는 1세대 1주택 규정을 적용하면 비과세를 받을 수 있다). 이 외 임대주택이 자동말소된 이후에는 임대료 5% 상한률은 지키지 않아도 된다(최근 예규가 발표됨).

- 앞으로 이러한 거주용 주택에 대해서는 평생 1회만 비과세가 적용됨에 유의해야 한다. 2019년에 세법이 개정되었기 때문이다. 이 규정을 보면 주택임대사업자들이 2019년 2월 12일 이후 신규로 취득해 거주한 주택만 비과세를 허용하고 그 이후에 취득한 주택들은 비과세를 허용하지 않는다. 다만, 2019년 2월 12일 이전에 이미 거주 주택 비과세를 받은 경우에는 이날 이후에 취득에 대해서는 비과세를 적용하지 않는다. 평생 1회만 적용하기 때문이다.

- 2020년 8월 18일 이후에는 아파트를 제외한 주택(오피스텔 포함)만 10년 장기로 등록할 수 있다(2025년 중 6년 단기 임대 포함). 따라서 이러한 주택들을 등록하면 평생 1회 거주 주택 비과세를 받을 수 있다.

임대사업자등록을 통한 비과세 전략 세우기

이처럼 임대사업자등록을 통한 비과세는 상당히 좋은 절세법에 해당한다. 따라서 다음과 같은 상황에서 적극적으로 활용하면 많은 도움이 될 것으로 보인다.

- 기존에 2주택 이상을 보유한 상태에서 1채에서만 2년 거주한 경우라면, 거주한 주택 외의 주택을 앞에서 본 대로 임대사업자등록 후 거주한 주택을 바로 처분하면 비과세를 받을 수 있다. 다만, 2020년 8월 18일 이후에는 아파트는 등록할 수 없으므로 이에 대해서는 이러한 혜택을 받을 수 없다.

- 2020년 8월 18일 이후에 등록이 자동말소된 경우에는 자동말소일로부터 5년 내에 거주 주택을 양도하면 비과세를 적용한다. 이때 말소된 주택을 먼저 처분한 경우로서 임대주택이 없고 종전에 거주 주택 비과세를 받은 적이 없다면 일반 규정인 1세대 1주택 비과세를 받으면 된다. 임대주택이 없다면 더 이상 주택임대사업자가 아니기 때문이다. 그런데 2 이상의 말소된 주택을 보유하고 있는 경우에는 무조건 최초 말소일로부터 5년 내에 거주 주택을 양도해야 비과세가 적용된다고 한다(기재부 재산세제과-1038, 2022. 10. 18.). 주의하기 바란다.

- 2020년 8월 18일 이후에 의무임대 기간 중 1/2 이상 임대한 상태에서 임차인의 동의를 얻어 자진말소를 신청한 경우에도 말소일로부터 5년 내에 거주 주택을 처분하면 비과세를 받을 수 있다. 자동말소와는 요건이 차이가 남을 참고하기 바란다.

- 임대주택으로 등록한 주택이 의무임대 기간 경과 후 최종 1주택으로 남아 있는 경우에는 비과세*를 받을 수 있다.

＊ 단, 전체 양도차익에 대해 비과세가 적용되는 것이 아니라, 거주 주택의 양도일 이후에 발생한 양도차익에 대해서만 비과세를 받을 수 있다. 그 이전에 발생된 양도차익에 대해서 과세하는 이유는 주택임대 중에 거주한 주택에 대해 양도세 비과세를 받았기 때문에 이에 대해서도 비과세를 적용하면 이중 혜택이 되기 때문이다. 따라서 임대주택을 의무임대 기간이 끝난 후 바로 양도하면 1세대 1주택이라고 하더라도 모두 비과세가 적용되지 않을 수 있다.

주택임대사업자의 거주 주택 양도세 비과세 체크리스트

구분	주택 종류	전용면적	기준시가	임대등록		의무임대 기간
				지자체	세무서	
요건	모든 주택과 오피스텔	–	6억 원 (지방은 3억 원)	○	○	5~10년*
비고	–	다가구주택은 각호 기준	주택의 임대 등록 당시 기준	언제든지 등록 가능**		–

＊ 자동말소나 의무임대 기간 1/2 이상 임대 후 자진말소 시에는 의무임대 기간 요건을 충족한 것으로 본다. 2020년 7월 11일 이후는 8년, 2020년 8월 18일 이후는 10년 이상을 임대해야 한다. 참고로 2025년 중에 6년 단기 임대등록 제도가 도입될 예정이다. 따라서 이 경우에도 이러한 혜택을 누릴 수 있을 전망이다(단, 아파트는 제외). 기타 세제의 변화는 48쪽을 참조하기 바란다.

＊＊ 단, 2024년 12월 현재 아파트(도시형 생활주택은 제외)는 등록이 절대 불가하다. 따라서 단독주택(다가구주택 포함)이나 다세대주택, 주거용 오피스텔 정도만 등록이 가능하다는 점에 주목하기 바란다.

도대체 임대등록제도가 어떻게 바뀐 거야?

"오빠, 요즘 부동산이 난리잖아. 한동안 전세가도 매매가도 급등하더니만 지금은 기준금리 변화 등으로 등락을 거듭하고……."

야무진이 이절세와 대화를 나누고 있었다.

"맞아. 우리도 문제이지만 고객들이 더 난리를 쳐서 나도 좀 고민이 많아."

"무슨 일인데?"

"아니, 고객 한 분이 임대등록한 주택을 보유하고 있는데 그게 자동으로 말소가 되었나 봐. 그런데 이렇게 되면 세금을 어떤 식으로 내는지 물어보잖아. 나도 어느 정도 세금에 대해 안다고 생각하고 있었는데 그게 아니야. 도대체 뭐가 뭔지 모르겠어."

"정말 그렇겠구나. 나도 궁금한 것이 많은데⋯⋯."

하는 수 없이 그들은 고단수 세무사를 찾을 수밖에 없었다.

지금부터는 고단수 세무사가 전하는 내용들을 살펴보자.

2020년 8월 18일 이후부터 개정된 민간임대주택법이 시행되고 있다. 이에 대한 주요 내용을 살펴보자.

1. 단기 임대(4년) 및 아파트 장기일반 매입 임대(8년) 폐지

2020년 8월 18일 이후부터는 단기 임대와 아파트 장기일반 매입 임대는 폐지되었다.

- **단기 임대:** 신규 등록을 폐지했으나, 2025년 중에 6년 단기 임대 제도를 도입할 예정이다.
- **장기 임대:** 신규 등록을 원칙적 허용하되, 장기일반 유형 중 주택 시장 과열 요인이 될 수 있는 아파트 장기일반 매입 임대는 폐지한다. 다만, 장기 임대의 경우 임대 기간은 10년 이상으로 2년이 증가되었다.
- → 이러한 개정으로 인해 다세대주택, 다가구주택, 오피스텔 정도만 10년 이상 장기로의 등록이 가능하다. 하지만 2018년 9월 14일 이후에 조정대상지역 내에서 증여받거나 취득한 주택들은 종부세 합산 배제나 양도세 중과세 제외 등을 받을 수 없으므로 등록의 실익이 거의 없음에 유의해야 한다(단, 등록 시 조정

대상지역에서 해제되었다면 등록의 실익이 있을 수 있다). 다만, 신축해 임대등록하는 건설 임대주택은 실익이 있으므로 전문 세무사의 검증을 통해 등록하는 것을 검토해 보기 바란다.

2. 기존 임대등록제도의 개정

① 최소 의무임대 기간 종료 시 자동 등록말소

기존 임대등록 사업자들 중 폐지된 단기(4년), 아파트 장기일반 매입 임대(8년) 유형은 최소 의무임대 기간 경과 시 자동으로 등록이 말소된다(과태료 없음). 참고로 기등록 주택에 대한 등록말소 시점까지의 세제 혜택은 유지된다.

→ 2020년 8월 18일 이전에 의무임대 기간이 경과되어 종료된 경우에는 2020년 8월 18일에 등록이 말소된 것으로 본다.

② 등록 임대사업자 자발적 등록말소 기회 부여

폐지되는 단기(4년), 아파트 장기일반 매입 임대(8년) 유형에 한해 적법 사업자*는 희망 시 자진말소를 허용한다(의무임대 기간 미준수 과태료 면제). 참고로 기등록 주택은 등록말소 시점까지의 세제 혜택은 유지된다.

* 임대차계약 신고, 임대료 증액 제한 규정 등 공적 의무를 준수한 사업자

3. 등록 임대사업자 임대보증금 보증가입 의무화

모든 등록 임대주택 유형에 대해 임대보증금 보증가입 의무가 적용된다. 다만, 기존 등록한 임대사업자들은 유예기간을 거쳐 2021년 8월 18일 이후부터 이에 대한 의무를 적용한다.

임대사업자 세제 혜택

임대사업자들은 아래와 같은 세제 혜택이 주어진다. 다만, 최근 자동말소 등의 제도 도입으로 이에 대한 세제 혜택도 변경되었다. 이에 대해서는 다음에서 살펴보자.

구분	세금 종류	주요 세제 혜택
국세	양도세	• 장기보유 특별공제율 특례 적용 - 8년 이상 50%, 10년 이상 70%(단, 매입 임대는 2021년 이후 폐지) • 양도세율 중과 배제 - 조정대상지역 내 주택 양도 시 적용되는 중과세율 대상에서 제외 [기본세율+20%p(2주택), 30%p(3주택 이상)] ※ 2018년 9·13대책 이후, 조정대상지역 내 신규 취득주택 제외 • 사업자 본인 거주 주택 양도세 비과세
	임대소득세	• 경감: 단기 30%, 장기 75%(2주택 이상 20%, 50%)
	종합부동산세	• 종부세 합산 배제 - 종부세 과세표준 주택 합산 대상에서 제외 ※ 2018년 9·13대책 이후 조정대상지역 내 신규 취득주택 제외
지방세	취득세	• 감면 - 전용면적 60~85m² 이하: 50% - 전용면적 60m² 이하: 100%
	재산세	• 감면(전용면적 85m² 이하) - 단기: 60~85m² 이하 25%, 60m² 이하 50% - 장기: 60~85m² 이하 50%, 40~60m² 75%, 40m² 이하 100%

등록말소에 따라 달라지는 세금들

"세무사님, 민간임대주택법이 많이 개정되었네요. 그에 따라 세제의 변화도 불가피하구요."

이절세와 야무진 그리고 고 세무사가 대화 중에 야무진이 말을 했다.

"그렇습니다. 그래서 임대사업자들은 이러한 내용들을 충분히 이해할 수 있어야 손해를 보지 않을 겁니다. 그런데 생각보다 복잡하지 않으니 잘 이해할 수 있을 겁니다."

고 세무사는 최선을 다해 이에 대한 설명을 하기 시작했다.

최근 민간임대주택에 관한 특별법(민간임대주택법)이 대폭 개정되었다. 아파트에 대해서는 사실상 등록이 불가하고, 기등록 사업자들의 경우에는 자동말소 같은 제도를 도입해 세제 혜택을 최소화하고자 하였다. 이에 당사자들은 이 법의 개정에 따라 세제가 어떤 식으로 변화하는지를 미리 점검할 필요가 있다. 이하에서 자동말소와 자진말소에 따른 세제의 변화를 알아보자.

1. 4년 단기 임대 후 자동말소가 된 경우

① **취득세·재산세·임대소득세·종부세:** 자동말소 전까지 받은 세제 혜택은 추징되지 않으며 말소된 이후에는 더 이상 혜택을 누릴 수 없다.

② **양도세:** 자동말소와 관련된 양도세 문제는 아래와 같이 정리된다.

● **거주 주택 비과세:** 자동말소일*로부터 5년 내에 거주 주택을 양도하면 비과세를 받을 수 있다.

> * 2020년 8월 18일 이전에 의무임대 기간이 경과한 경우에는 2020년 8월 18일에 등록이 말소된 것으로 본다. 따라서 이날을 기준으로 5년 내에 양도해야 한다. 한편 여러 채가 자동말소된 경우에는 최초로 말소된 날을 기준으로 5년 내에 양도해야 한다.

● **말소 주택 중과세:** 자동말소된 주택은 언제든지 처분해도 중과세를 적용하지 않는다. 다만, 당초 등록 요건(기준시가 6억 원 초과, 2018년 9월 14일 이후 취득·등록분 등) 등을 위배한 임대주택은 자동말소되더라도 중과세가 적용될 수 있음에 유의해야 한다(단, 한시적 중과 배제는 가능). 물론 양도 시 조정대상지역이 아니라면 임대등록과 무관하게 중과세는 적용되

지 않는다.

2. 8년 장기 임대 후 자동말소가 된 경우

8년 장기 임대 후 자동말소된 경우의 세제 변화는 대부분 앞의 경우와 같다. 다만, 8년 장기 임대에만 주어지는 조특법상 장기보유 특별공제 50%와 70%, 양도세 100% 감면이 적용되는지의 여부는 별도로 살펴봐야 한다.

- **양도세 장기보유 특별공제 50%**: 문제없다. 다만, 10년 임대 시 주어지는 70%는 8년 자동말소로 인해 이 공제율을 적용받을 수 없을 것으로 보인다(아파트에 한함).
- **양도세 100% 감면**: 8년 자동말소로 100% 감면을 받지 못할 것으로 보인다(아파트에 한함).

3. 4년 단기 임대 중 자진말소를 한 경우

의무임대 기간의 경과 전에 자진말소한 경우의 세제 변화는 아래와 같다.

① **취득세·재산세·임대소득세·종부세**: 자진말소 전까지 받은 세제 혜택은 추징되지 않으며 말소된 이후에는 더 이상 혜택을 누릴 수 없다.

② **양도세:** 자진말소와 관련된 양도세 혜택을 보기 위해서는 의무임대 기간의 1/2 이상 임대한 상태에서 임차인의 동의 및 법적 의무를 이행한 상태에서 말소가 진행되어야 한다. 이러한 요건을 충족하면 아래와 같은 혜택을 누릴 수 있다.

- **거주 주택 비과세:** 자동말소일로부터 5년 내에 거주 주택을 양도하면 비과세를 받을 수 있다.
- **말소 주택 중과세:** 자진말소된 주택은 말소일로부터 1년 내에 양도해야 중과세를 적용하지 않는다. 이 점이 자동말소된 경우와 차이가 있다. 참고로 당초 등록 요건(기준시가 6억 원 초과, 2018년 9월 14일 이후 취득·등록분 등) 등을 위배한 임대주택은 자진말소하더라도 중과세가 적용될 수 있음에 유의해야 한다(단, 양도 당시 비조정대상지역이면 무조건 중과세가 적용되지 않는다).

4. 8년 장기 임대 중 자진말소를 한 경우

8년 장기 임대 중에 자진말소를 한 경우에는 4년 단기 임대와 같은 방식으로 세제를 적용한다. 이때 8년 장기 임대에 주어지는 조특법상의 70% 같은 장기보유 특별공제 특례나 양도세 100% 감면은 적용받지 못할 것으로 보인다. 이들은 10년 임대 시 적용되는데, 의무임대 기간 8년이 경과하면 등록이 자동으로 말소되기 때문이다(단, 아파트에 한함).

등록말소 유형과 세제 추징 여부 요약

구분	자동말소	자진말소
취득세 감면	• 말소 전의 혜택 : 추징 없음. • 말소 후의 혜택 : 없음.	• 말소 전의 혜택 : 추징 없음. • 말소 후의 혜택 : 없음.
재산세 감면		
종부세 합산 배제		
종합소득세 감면		
양도세 거주 주택 비과세	• 말소 전 양도 : 추징 없음. • 말소 후 양도 : 말소일로부터 5년 내 처분 시 비과세 적용	• 말소 전 양도 : 추징 없음. • 말소 후 양도 : 의무임대 기간 중 1/2 이상 임대 및 말소일로부터 5년 내 처분 시 비과세 적용
양도세 중과세	적용 제외(처분 기한 없음.)	1/2 이상 임대 및 말소일로부터 1년 내 처분 시 적용 제외
양도세 50% 장기보유 특별공제	적용	적용 배제
양도세 70% 장기보유 특별공제와 양도세 감면 100%	적용 배제	

※ 저자 주

개정된 민간임대주택법에 따라 자동말소가 되거나 자진말소를 하는 경우 이에 따른 세제의 변화가 상당히 복잡할 수 있다. 해당하는 층들은 반드시 전문 세무사를 통해 세제가 어떤 식으로 변화하는지를 충분히 검토하고 처분 등에 나서야 할 것으로 보인다. 참고로 자동말소된 다세대주택 등을 재등록하는 경우에는 종전의 세제 혜택이 그대로 주어지지 않을 수 있음에 유의해야 한다. 따라서 재등록을 생각하고 있다면 반드시 사전에 실익 분석을 먼저 할 필요가 있을 것으로 보인다.

고가·다가구·겸용주택, 중과 주택 절세 전략

주렁주렁 달린
절세의 열매들~

고가주택,
세금 덜 내는 법

    야무진이 서울 압구정동에 살고 있는 VIP 고객에게서 한 통의 전화를 받았다. 개인적인 사정으로 집을 팔아야 하는데 시가로 12억 원이 넘어 양도세에 대한 상담이 필요한 모양이었다.

    "야무진 씨, 세금이 얼마나 나올까요? 요즘 양도세가 강화돼서 세금이 꽤 나올 것 같은데, 줄이는 방법 좀 알아봐 주시겠어요?"

    "네, 그럼요!"

    야무진은 씩씩하게 대답했지만 마음이 편치 않았다. 비싼 집은 양도세도 많이 나올 것이 뻔한데 어떻게 절세 방안을 마련해야 할지 부담이 됐기 때문이다.

    "그래, 하나하나 해결해 보자. 하다 보면 좋은 수가 생기겠지!"

한동안 아파트 가격이 폭등해 현재 10억~30억 원대의 아파트들이 꽤 된다. 문제는 이러한 아파트를 팔면 1주택 보유자도 양도세가 나온 다는 것이다.

하지만 최근 1세대 1주택 중 고가주택에 대한 세금 제도가 상당히 완화되어 큰 부담은 되지 않는다. 구체적으로 보면, 고가주택 기준을 9억 원에서 12억 원으로 이미 올렸고 장기보유 특별공제율은 연간 4% 에서 8%로 올려 적용하며 세율은 6~45%를 적용하고 있다. 그럼, 10년 보유하고 거주한 주택을 양도할 때 세금을 얼마나 줄일 수 있는지 알아 보자. 단, 양도가액은 15억 원이고 취득가액은 5억 원이라고 하자.

1주택을 보유한 상태에서 양도하는 경우

1주택 상태에서 양도하는 경우 양도소득금액의 일부만이 과세된다. 원래 1세대 1주택에 대해서는 비과세 요건을 갖추면 양도소득금액 전 체에 대해서 비과세를 적용하지만 고가주택에 대해서는 일부를 과세하 기 때문이다. 위의 자료를 바탕으로 세금 계산을 해 보면 다음과 같다.

- 장기보유 특별공제 → 10년 보유 등에 해당하는 경우 80% 공제
- 세율 → 6~45%를 적용

보유하고 있는 주택이 1주택인 경우에는 양도세 부담액이 크지 않 다. 사례의 경우에는 12억 원(2021년 12월 8일 전은 9억 원) 이하 부분

에 대해서는 전액 비과세가 적용되고 과세되는 부분에 대해서는 80%의 장기보유 특별공제로 인해 세 부담이 크게 줄었기 때문이다.

(단위: 원)

구분		2021년(종전)	2022년 이후(현행)
양도세	양도가액	1,500,000,000	1,500,000,000
	− 필요경비	500,000,000	500,000,000
	= 양도차익	1,000,000,000	1,000,000,000
	− 비과세 양도차익*	600,000,000	800,000,000
	= 과세 대상 양도차익	400,000,000	200,000,000
	− 장기보유 특별공제(80%)	320,000,000	160,000,000
	= 양도소득 금액	80,000,000	40,000,000
	− 기본공제	2,500,000	2,500,000
	= 과세표준	77,500,000	37,500,000
	×세율	6~45%	6~45%
	= 산출세액	12,840,000	4,365,000
	− 감면세액	–	–
	= 결정세액	12,840,000	4,365,000
	+ 가산세 등	–	–
	= 자진 납부할 세액	12,840,000	4,365,000
지방소득세		1,284,000	436,500
농어촌특별세		–	–
계		14,124,000	4,801,500

* 양도차익×(고가주택 기준금액/양도가액)

1주택이 고가주택인 경우에는 비과세 요건을 갖추는 것도 중요하지만, 장기보유 특별공제를 최대한 받는 것도 중요하다. 이에 대해서는 뒤의 TIP을 참조하기 바란다.

2주택 이상 상태에서 양도하는 경우

만일 2주택 이상 상태에서 양도를 하면 앞과 같은 감세 효과를 누리지 못하게 된다.

따라서 고가주택을 포함한 2주택을 보유한 경우에는 다음과 같은 절차를 밟아 문제를 해결하도록 한다.

첫째, 고가주택 외의 주택을 먼저 처분한다.

고가주택 외의 주택을 먼저 처분하면 일반적으로 양도세가 나올 것이다. 이후 고가주택을 처분하면 비과세 혜택을 누릴 수 있다. 이때 고가주택은 1주택 상태에서 양도해도 비과세를 받는 데 전혀 문제가 없다. 2022년 5월 10일에 최종 1주택부터 보유 기간을 산정하도록 하는 제도가 폐지되었기 때문이다.

둘째, 고가주택 외의 주택을 처분할 수도 없고 임대사업도 여의치 않으면 당해 주택을 세대가 분리된 가족 등에 증여한다. 그런 후 1세대 1주택 상태에서 고가주택을 처분하면 비과세를 받을 수 있다. 이때 세법상 세대 개념을 충실히 지켜야 문제가 없다.

셋째, 증여를 할 때에는 취득세 등에 주의해야 한다.

1세대 2주택자가 조정대상지역 내에서 시가표준액 3억 원 이상의 주택을 증여하면 기준시가의 12% 상당액만큼 취득세가 나올 수 있다. 따라서 증여를 선택할 때는 미리 취득세와 증여세 등을 고려해서 의사 결정을 해야 한다.

고가주택에 대한 장기보유 특별공제

고가주택이 1주택에 해당할 때 장기보유 특별공제는 아래와 같이 적용된다.

① 2020년 양도
10년 이상 보유 중 2년 이상 거주 시 최대 80%를 공제한다. 거주 기간이 미달하면 6~30%가 적용된다.

② 2021년 이후 양도
보유 기간과 거주 기간을 조합하여 아래와 같이 공제한다.

구분	2년	3년	4년	5년	(생략)	9년	10년 이상
보유 기간(4%)	0%	12%	16%	20%	…	36%	40%
거주 기간(4%)	8%	12%	16%	20%	…	36%	40%
합계	8%	24%	32%	40%	…	72%	80%

2021년 이후부터는 위와 같이 공제를 적용하나, 거주 기간이 2년 미만인 경우에는 위의 공제율이 아닌 6~30%의 공제율이 적용된다. 따라서 2년 이상 거주를 해야 위의 공제율을 적용받을 수 있음에 유의할 필요가 있다. 참고로 표 중 거주 기간이 2년인 8%를 적용받기 위해서는 기본적으로 3년 이상 보유를 해야 한다. 만일 3년을 보유하지 않으면 공제율은 0%가 적용된다.

※ 저자 주
2년 거주 요건이 필요한 경우에는 소득세법 시행령 제155조의3에서 규정하고 있는 상생 임대차계약을 맺으면 된다. 이 규정은 기존 임대사업자가 2년 이상의 임대 기간 중 임대료를 5% 이내로 올리는 계약을 맺으면 2년 거주 요건을 면제하는 제도를 말한다. 2026년 말까지 계약을 체결해야 한다.

미거주한 고가주택 처분 전략

"세무사님! 제 고객 한 분이 서울에서 집 1채를 가지고 있어 세금이 많이 나올 것 같다고 울상입니다. 1세대 1주택에 해당되어 비과세를 받을 수 있을 거라고 판단은 드는데, 2년(10년) 이상 거주하지 않으면 세금이 많이 나온다는 얘기를 들었나 봅니다. 이게 무슨 말인지 잘 모르겠습니다."

고 세무사는 야무진의 얘기를 듣고 자초지종 설명을 하기 시작했다.

고가주택을 보유한 1주택자들은 거주 요건의 변화에 관심을 둘 필요가 있다. 왜냐하면 거주 요건을 충족하지 못하면 손해 볼 가능성이 높아졌기 때문이다.

① 거주 요건이 필요한 경우

2017년 8월 3일 이후 조정대상지역에서 주택을 구입했는데 양도세 비과세를 받고자 한다면 2년 이상의 거주 요건이 필요하다. 이 요건을 충족하지 못하면 비과세를 받을 수 없다. 한편 실거래가액이 12억 원 넘는 고가주택의 경우 일부 양도차익에 대해 과세가 되는데, 이때 양도차익에서 차감되는 장기보유 특별공제가 적용된다. 그런데 문제는 이 공제를 80%까지 받기 위해 2020년은 2년(2021년 이후는 10년) 이상의 거주 요건이 필요하게 되었다는 것이다. 이러한 내용들을 요약하면 다음과 같다.

구분	비과세 요건 중 거주 요건	장기보유 특별공제 80% 적용 요건	
		2020년 양도	2021년 이후 양도
2017년 8월 2일 전 취득	없음.	2년 거주	10년 거주
2017년 8월 3일 이후 취득	2년 거주	2년 거주	10년 거주

② 상황별 세금 예측(2021년 이후 양도 기준)

고가 1주택자들은 취득 시기와 양도 시에 따른 세금 분석을 정확히 해야 손해 보지 않을 가능성이 높아졌다. 상황별로 세금을 예측해 보자.

• 상황 1 : 2017년 8월 2일 이전 취득 + 2년 이상 거주한 경우

거주와 관계없이 비과세는 무조건 적용되며, 언제든 양도해도 장기보유 특별공제를 20~80% 사이에서 받을 수 있다. 2년 이상 거주했기 때문이다.

• 상황 2: 2017년 8월 2일 이전 취득＋2년 이상 거주하지 못한 경우

거주와 관계없이 비과세는 무조건 적용되나, 장기보유 특별공제는 최대 30%만 받게 된다. 2021년 이후부터 2년 이상 거주하지 않으면 장기보유 특별공제는 6~30%의 공제율을 적용하기 때문이다.

• 상황3: 2017년 8월 3일 이후 취득＋2년 이상 거주한 경우

이 경우에는 양도세 비과세를 받을 수 있으며, 장기보유 특별공제도 20~80% 사이에서 받을 수 있다.

• 상황4: 2017년 8월 3일 이후 취득＋2년 이상 거주하지 못한 경우

이 경우 비과세는 적용되지 않으며, 장기보유 특별공제는 6~30% 사이에서 적용될 것으로 보인다.

그렇다면 위 4가지 상황별로 예상되는 양도세는 얼마나 될까? 양도가액은 15억 원, 취득가액은 5억 원, 보유 기간은 15년 이상이 되며, 거주는 상황별로 달라지는 경우 이에 대한 세액을 계산해 보자. 다음의 표는 고가주택 기준금액을 12억 원으로 하여 비과세 양도차익을 계산했다. 참고로 2년 이상 거주하지 못해 세금이 많이 나올 것으로 예상되면 임대료를 5% 이내로 올리는 상생 임대차계약을 맺으면 된다. 다만, 이를 인정받기 위해서는 2년 이상 임대차계약을 맺어야 하는 등의 요건을 갖추어야 한다. 이에 대한 자세한 내용은 소득세법 시행령 제155조의3을 참조하길 바란다.

구분	상황 1	상황 2	상황 3	상황 4
취득 시기	2017년 8월 2일 이전 취득		2017년 8월 2일 후 취득	
보유 및 보유 기간	15년 보유 및 거주	15년 보유	15년 보유 및 거주	15년 보유
비과세 가능 여부	가능	가능	가능	불가능
장기보유 특별공제율	80%	30%	80%	30%
양도가액	1,500,000,000	1,500,000,000	1,500,000,000	1,500,000,000
− 취득가액	500,000,000	500,000,000	500,000,000	500,000,000
= 양도차익	1,000,000,000	1,000,000,000	1,000,000,000	1,000,000,000
− 비과세 양도차익	800,000,000	800,000,000	800,000,000	−
= 과세 양도차익	200,000,000	200,000,000	200,000,000	1,000,000,000
− 장기보유 특별공제	160,000,000	60,000,000	160,000,000	300,000,000
= 과세표준	40,000,000	140,000,000	40,000,000	700,000,000
×세율	15%	35%	15%	42%
− 누진공제	1,260,000	15,440,000	1,260,000	35,940,000
= 산출세액	4,740,000	33,560,000	4,740,000	258,060,000
총 세금 (지방소득세 포함)	5,214,000	36,916,000	5,214,000	283,866,000

고가주택이 1세대 1주택(일시적 2주택)에 해당하는 경우 취득 시기와 보유 기간 그리고 거주 기간에 따라 비과세와 12억 원 초과분에 대한 장기보유 특별공제율이 달라진다. 특히 2017년 8월 3일 이후 조정대상지역의 주택을 취득한 경우에는 거주 기간이 상당히 중요함을 알수 있다.

참고로 2주택 이상 보유한 상태에서 고가주택을 양도할 때에는 아래의 상황에 주의해야 한다.

① 고가주택을 먼저 처분하는 경우

이 경우에는 고가주택에 대해 중과세의 가능성이 있다. 따라서 2주택 이상 보유한 상태에서 고가주택을 양도할 때에는 어떠한 상황에서도 이 부분을 간과해서는 안 된다(단, 한시적 중과 배제가 되면 일반과세가 적용됨).

② 고가주택을 나중에 처분하는 경우

고가주택이 양도일 현재 1세대 1주택에 해당하면 먼저 처분한 주택과 상관없이 비과세를 받을 수 있다.

멸실 조건부로 단독주택을 양도하는 경우의 비과세 적용법

1세대 1주택 상태에서 잔금 청산 전에 멸실 조건으로 매매 특약을 맺은 경우, 1세대 1주택 비과세는 잔금 청산일(양도일)을 기준으로 판단함에 유의해야 한다(재산세제과-1543, 2022. 12. 20.).

양도세 감면 주택의
두 가지 혜택

"세무사님, 한 가지 궁금한 것이 있습니다."

이절세가 세법을 정리하던 중 의문이 생겼는지 전화로 고 세무사를 찾았다.

"왜 그러시죠?"

"아, 다름이 아니라 양도세 감면 주택과 일반주택이 1채 있는 경우 일반주택을 팔면 비과세를 받을 수 있는 거 아닙니까? 감면 주택은 주택 수에 들어가지 않으니까요."

"아, 아닙니다. 그건 조항에 따라 달라집니다. 어떤 것들은 주택 수에 포함되기도 하고 안 되기도 합니다."

"네에? 왜 그런 거죠?"

"일단 양도세 감면 규정은 그 당시의 경제 상황 등을 고려해 한시적으로 마련된 것입니다. 경제가 아주 나쁘면 감면을 화끈하게 해 주지만 그렇지 않으면 강도를 약하게 하겠죠."

"아하, 세무사님 말씀은 감면이라고 해도 다 같을 수가 없다는 거죠? 주택 수를 따질 때도 마찬가지이고요."

"그렇습니다. 그래서 감면 규정은 하나하나씩 잘 뜯어봐야 합니다. 미분양 주택의 경우에는 감면도 해 주고 주택 수에서 제외하지만, 최근의 장기 임대주택은 감면은 해 주지만 주택 수에서는 제외해 주지 않습니다. 그리고 감면 요건이나 감면 내용에서도 차이가 많이 납니다."

"이해가 됩니다. 조금 더 설명해 주시면 아주 좋을 것 같습니다."

둘의 대화는 계속 되었다.

지금부터 고단수 세무사가 전하는 감면 주택 세금에 대해 알아보자.

감면이 적용되면 세금이 상당히 줄어든다. 그렇다면 감면 규정에는 어떤 것들이 있는지 최근의 감면 규정과 종전의 감면 규정을 살펴보자.

최근의 감면 규정

최근에 적용된 양도세 감면 주택에 대한 감면 요건 및 감면 내용을 정리하면 다음과 같다.

① 감면 요건

첫째, 거주자나 비거주자가 신축주택, 미분양 주택 또는 1세대 1주택자의 주택으로서 취득가액이 6억 원 이하인 주택, 장기 임대주택 등을 취득하는 경우 주로 감면이 적용된다.

둘째, 위 주택은 법에서 정한 기간에 주택을 공급하는 사업 주체와 최초로 매매계약을 체결하거나 법에서 정한 조건에 따라 취득한 경우에 해당되어야 한다.

셋째, 이 외에도 다양한 감면 요건이 있으므로 조세특례제한법(법제처에서 조회 가능)상의 규정을 숙지해야 한다.

② 감면 내용

첫째, 위와 같은 조건을 충족하면 보통 주택의 취득일부터 5년 이내에 양도함으로써 발생하는 양도소득에 대하여는 양도세의 100분의 100에 상당하는 세액을 감면하고, 취득일부터 5년이 지난 후에 양도하는 경우에는 해당 주택의 취득일(보통 잔금 청산을 의미한다)부터 5년간 발생한 양도소득금액을 해당 주택의 양도세 과세 대상 소득금액에서 공제한다.

둘째, 한편 위의 감면 주택은 소득세법상 1세대 1주택 비과세 규정을 적용할 때에는 대부분 해당 거주자의 소유 주택으로 보지 아니한다(따라서 감면 주택 외의 주택은 1세대 1주택 비과세를 받을 수 있는 혜택이 주어진다).

이러한 유형의 감면 규정은 연도 중에 수시로 발표된다.

2000년 전후의 감면 규정

2000년 전후는 우리나라가 극심한 외환 위기를 겪고 있을 때다. 정부는 건설 경기의 부양을 위해 다음과 같은 양도세 감면 조치를 잇달아 발표했다. 실무적으로 상당히 중요한 내용이니 유의하자.

양도세 감면 규정

구분		감면 요건	감면 내용
임대 후 양도 (Ⅰ유형)	장기 임대주택 (조특법 제97조)	• 1986. 1. 1.~2000. 12. 31. 사이에 취득한 신축 주택 등을 5년 이상 임대하고 양도 시 • 일정한 건설·매입 주택, 10년 이상 임대주택 양도 시 • 필요한 주택 수: 최소 5주택	50% 감면 100% 감면
	신축 임대주택 (제97조의2)	• 일정한 국민주택(1999. 8. 20.~2001. 12. 31. 신축 주택 등)을 5년 이상 임대 후 양도 시 • 필요한 주택 수: 2채(단, 1채는 위 기간에 신축된 주택이어야 함.)	100% 감면 (신축된 주택에 대해서만 감면하니 주의)
	미분양 주택 (제98조)	• 서울시 외 주택으로서 1995. 10. 31. 현재 미분양 주택을 1995. 11. 1.~1997. 12. 31.에 취득 또는 1998. 2. 28. 현재 미분양 주택을 1998. 3. 1.~1998. 12. 31. 기간 중에 취득하여 5년 이상 임대 후 양도 시 • 최소 필요한 주택 수: 1주택(이하 동일)	20% 세율 적용과 종합소득세 적용 중 선택 가능
신규 주택 취득 후 양도 (Ⅱ유형)	신축 주택 취득자 (제99조)	1998. 5. 22.~1999. 6. 30.(단, 국민주택은 1999. 12. 31) 사이에 취득한 신규 주택을 양도 시 원조합원과 승계조합원 불문하고 감면	5년내 양도시 100% (5년 후 양도 시 5년간 발생 소득 차감)
	신축 주택 취득자 (제99조의2)	2000. 9. 1.~2001. 12. 31. 중 1년 이상 보유한 주택을 양도하고 신축 주택을 취득 시	양도세율 10%로 적용
	신축 주택 취득자 (제99조의3)	• 2001. 5. 23.~2003. 6. 30. 사이에 주택건설업자와 최초로 계약하고 계약금을 납부하거나(단, 고가주택은 제외), 자가 건설 주택의 경우 위 기간 내에 사용검사나 사용승인 받은 주택 (단, 서울·과천·5대 신도시는 2003년 이후 계약분은 해당 사항이 없으나 법 개정 전에 착공하여 2003. 1. 1.~2003. 6. 30. 사이에 완공된 주택은 감면함.) • 2002. 1. 1. 이후 승계조합원 감면 배제(주의)	5년 내 양도 시 100% (5년 후 양도 시 5년간 발생 소득 차감)

참고로 이 규정들에 의한 감면 주택 중 일부는 소유자의 주택으로 취급되어 다른 주택의 비과세에 영향을 주는 경우가 있다. 대표적인 것이 조특법 99조와 99조의3인데, 이러한 상황에서는 감면 주택이 아닌 일반주택은 비과세를 받을 수 없다. 과도한 혜택을 주지 않기 위해 법을 개정시킨 탓이다. 단, 조특법 97조나 97조의2 규정이나 최근의 규정에서는 소유자의 주택으로 보지 않기 때문에 일반주택에 대해서는 비과세가 가능하다(단, 중과세 판정 시에는 감면 주택도 주택 수에 포함됨에 유의해야 한다).

감면 주택의 절세 전략

일반적으로 감면을 받을 수 있는 주택이라도 주택이 1채가 있는 상황에서는 비과세를 받는 것이 좋다. 하지만 감면세액 상당액의 20%를 농어촌특별세로 내야 하므로 세금이 완전히 면제되는 것은 아니다. 만일 보유하고 있는 주택이 고가주택에 해당되면 먼저 비과세를 적용한 다음 과세되는 부분에 대해서는 별도로 감면을 적용할 수 있다. 예를 들어 감면 주택이 15억 원이라면 양도차익 중 12억 원에 해당하는 부분에 대해서는 비과세를 받고 나머지 과세되는 차익에 대해서는 감면을 받는다는 것이다. 다만, 양도 당시 고가주택은 감면이 제한되는 경우도 있으므로 주의해야 한다. 이 외에도 감면 주택을 배우자가 증여받은 경우에는 감면 혜택이 사라짐을 유의해야 한다.

만일 감면 주택을 포함해 2채 이상을 가지고 있는 경우에는 감면 외 주택을 양도하면 비과세를 받을 수 있는지를 먼저 점검하는 것이 좋다. 비과세가 적용되면 이후 감면 주택도 1세대 1주택 비과세가 가능하기 때문이다(단, 소유 주택으로 변경한 이후 2년 보유 등의 요건을 충족해야 함). 만일 비과세가 적용되지 않으면 감면 주택을 먼저 양도하는 식으로 전략을 마련한다.

주택임대사업자를 위한 최근의 감면 규정

원래 양도세 감면 규정은 미분양 주택을 해소하는 차원에서 진행되어 왔다. 그러던 것이 2014년부터는 주택임대사업들이 매입한 주택에 대해 파격적으로 감면을 실시하는 형태로 진화했다. 대표적인 것이 바로 장기 임대주택에 대한 양도세 감면(100% 감면과 장기보유 특별공제율 50~70% 적용)이다. 이러한 규정이 앞의 규정과 어떤 차이가 있는지 비교하면 다음과 같다.

구분	종전의 감면 규정	최근의 감면 규정	
		100% 감면*	장기보유 특별공제 50~70%
감면 대상	신축 미분양 주택	주택임대사업자의 임대등록 주택	좌동
감면 내용	5년간 발생한 소득 100% 감면	임대 기간 중 발생한 소득 100% 감면	8년 또는 10년간 발생한 양도차익의 50~70% 공제
거주자의 주택 포함 여부	미포함	포함	좌동

* 장기 임대사업자에 대한 양도세 100% 감면 제도는 2018년 12월 31일부로 종료됨. 한편 그 이전에 등록한 8년 장기 임대주택 중 아파트는 이 기간이 경과하면 자동으로 등록이 말소되므로 양도세 감면 100%는 받을 수 없을 것으로 보임. 한편 50~70% 장기보유 특별공제는 건설 임대주택에 대해 2027년 말까지 등록한 것에 대해 적용함(매입 임대주택은 2020년 말로 종료됨).

다가구·다세대·겸용주택, 잘못 다루다간 세금폭탄 맞는다!

"다가구주택은 뭐고 다세대주택은 또 뭡니까?" "다가구주택이 구분등기가 되면 과세가 어떻게 되나요?"

가장 많이 듣는 질문이다. 이 외 상가와 주택이 결합된 겸용주택도 마찬가지이다.

일단 이러한 주택들에 대한 핵심 내용을 정리해 보면 다음과 같다.

구분	다가구주택	다세대주택	겸용주택
기준	건축면적이 660m², 3층, 19가구 이하 주택	동당 건축면적이 660m², 4층 이하 주택	상가와 주택이 결합된 주택
세법상 취급	단독주택으로 간주	각각 1채로 간주	• 보유 시 : 주택과 상가 건물로 안분하여 재산세 과세 • 양도 시 : 주택과 상가 면적에 따라 비과세 판단

이하에서는 다가구주택과 겸용주택의 과세 방법에 대해 살펴보자. 다세대주택은 개별 주택을 각각 1채씩 보유한 것과 같으므로 세금 문제가 쉽게 정리될 것이다(양도세 중과세 등에 유의할 것).

다가구주택의 과세 방법

다가구주택은 3층 이하의 주택으로서 구분등기가 되지 않으면 세법에서는 1주택으로 본다. 따라서 1세대 1주택자의 경우 이 주택을 2년 이상 보유 및 거주한다면 대부분 비과세를 받을 수 있다. 다만, 여기서 주의할 것은 증축, 불법 시설 등으로 4층이 있는 경우에는 건축법상 단독주택에서 제외되어 1세대 1주택 비과세를 받을 수 없다는 것이다. 주의하기 바란다. 참고로 다가구주택이 1주택이 되기 위해서는 아래와 같은 요건을 충족해야 한다.

① 주택으로 쓰는 층수(지하층은 제외한다)가 3개 층 이하일 것. 다만, 1층의 전부 또는 일부를 필로티 구조로 하여 주차장으로 사용하고 나머지 부분을 주택 외의 용도로 쓰는 경우에는 해당 층을 주택의 층수에서 제외한다.

② 1개 동의 주택으로 쓰이는 바닥면적(부설 주차장 면적은 제외한다. 이하 같다)의 합계가 660m² 이하일 것

③ 19세대(대지 내 동별 세대수를 합한 세대를 말한다) 이하가 거주할 수 있을 것

다가구주택이 1세대 1주택에 해당한다고 하더라도 실거래가액이 12억 원을 초과하는 경우에는 양도세가 일부 과세된다는 점에 유의해야 한다. 다만, 1세대 1주택자는 장기보유 특별공제가 최대 80%까지 적용되므로 이를 활용하면 부담하는 세금은 그렇게 많지 않다. 한편 다가구주택을 임대하여 월세를 받는 경우에는 1주택자는 기준시가가 12억 원을 초과하지 않는 한 월세 소득에 대해서는 비과세가 적용된다. 하지만 2주택 이상을 보유한 경우 월세 소득에 대해서 소득세가 과세되는 것이 원칙이다. 다만, 연간 2,000만 원 이하 주택임대소득에 대해서는 2019년부터 분리과세가 적용된다. 종부세의 경우 임대사업자등록을 하고 있다면 대부분 비과세를 받을 수 있다. 만일 임대사업자등록을 하지 않은 상황이라도 1주택을 단독명의로 가지고 있으면 기준시가 12억 원까지는 종부세 비과세를 받을 수 있다.

※ 다세대주택은 각 호가 1주택에 해당하므로 다주택자에 해당되어 거주용 주택에 대한 비과세를 받기가 힘들어진다. 이러한 상황에서는 다세대주택을 임대주택으로 등록(관할 시·군·구청)한 후 사업자등록(관할 세무서)을 하면 거주용 주택에 대해서는 비과세를 받을 수 있다(단, 임대주택은 등록 후 5년간 반드시 임대를 해야 한다. 2020년 8월 18일 이후 등록분은 10년). 한편 취사도구를 설치할 수 없는 다중주택은 건축법상 단독주택으로 분류되나 앞에서 본 다가구주택과 세무상 차이가 있다. 자세한 것은 저자의 카페 등을 통해 문의하기 바란다.

겸용주택의 과세 판단

겸용주택은 상가와 주택이 결합된 주택을 말한다. 따라서 이런 종류의 건물을 취득하거나 보유할 때 발생하는 취득세나 재산세 등 지방세는 상가와 주택을 구분하여 매겨진다. 따라서 이 중 취득세를 절세하고 싶다면 가급적 주택 취득가액을 높이면 된다. 주택 취득세율은 1~12%이나, 상가는 4%가 기본이기 때문이다. 다만, 무리하게 이를 구분하는 경우에는 기준시가 비율로 안분하여 세금을 추징하는 경우가 있으므로 주의해야 한다. 하지만 국세인 양도세에서는 다음처럼 면적에 따라 1세대 1주택에 대한 과세 방식이 결정된다(옥탑방 등 부수적인 시설은 용도에 따라 구분하되, 용도가 불분명한 경우 아래 면적별로 안분).

- 주택의 면적 > 상가의 면적 : 모두 주택으로 본다.*
- 주택의 면적 ≤ 상가의 면적 : 주택 부분은 주택, 상가 부분은 상가로 본다.
  * 2022년 1월 이후 고가 겸용주택의 양도분부터는 상가 부분은 상가로 보아 양도세를 무조건 부과한다.

겸용주택이 12억 원을 초과하는 경우 고가주택이 될 수 있다. 이때 고가주택에 해당되는지 여부는 바로 앞의 기준을 사용하여 판정한다. 따라서 주택의 면적이 주택 외 면적보다 커서 전체를 주택으로 보는 경우에는 주택 외의 부분을 포함한 겸용주택 전체의 실거래가액으로 고가주택 여부를 판정한다. 만일 주택의 면적이 주택 외의 면적보다 작은 경우에는 주택과 그 부수 토지의 가액만으로 고가주택 해당 여부를 판정한다.

일반적으로 겸용주택만 보유하고 있는 경우에는 모두 주택으로서 비과세를 받는 것이 가장 좋다. 1세대 1주택은 실거래가액이 12억 원까지는 비과세를 적용하기 때문이다. 따라서 이를 위해서는 건물 전체를 주택으로 사용하고 2년 이상을 보유(일부 지역은 거주)하면 될 것이다. 하지만 2022년부터 고가의 겸용주택이 1세대 1주택에 해당되더라도 상가 부분은 무조건 양도세를 내야 한다.

보유 중에 상가를 주택으로 용도변경하는 경우에는 용도변경일로부터 2년을 주택으로 보유 및 거주해야 양도세 비과세를 받을 수 있다. 참고로 주택에서 상가로 용도변경을 했다가 다시 주택으로 용도변경을 한 경우 주택 보유 및 거주 기간은 총 보유 및 거주 기간 중 주택의 보유 및 거주 기간을 합산하여 판정한다.

> **TIP**
>
> ## 잔금 청산 전에 주택을 상가로 용도변경한 경우
>
> 1세대 1주택 양도세 비과세가 적용되는 주택을 잔금 청산 전에 상가로 용도변경하는 매매 특약을 맺은 경우 잔금 청산일(양도일)을 기준으로 비과세 판단을 한다(재산세제과-1322, 2022. 10. 21.).

다주택 중과세
언제 풀릴까?

여기는 한 강연장, 고 세무사가 최근 주택 시장에 큰 충격을 준 7·10대책 중 세제를 중심으로 강의를 하고 있다. 강의장은 고 세무사의 열정적인 강의로 후끈 달아오르고 있었다. 7·10대책에서 세제가 차지하는 비중이 막강하다 보니 그럴 수밖에 없었다.

"이 대책으로 인해 다주택을 보유하기가 상당히 힘들어질 것 같습니다. 보유세가 해마다 어느 정도 인상될 수 있기 때문입니다. 그런데 문제는 2021년 6월 1일부터 양도세 중과세율이 더 인상되었다는 것입니다. 혹시 이와 관련해서 질문 사항이 있으신가요?"

그때 수강생 한 명이 질문을 했다.

"다주택자나 고가주택자들을 대상으로 종부세가 점점 인상될 것 같은데, 혹시 중과세 제도 폐지는 안 될까요? 물론 요즘은 조정대상지역이 대폭 해제되어 이 제도가 약발이 다한 것 같습니다만."

"글쎄요. 폐지되어야 한다는 여론들이 있긴 한데요, 그 시기가 언제일지는 속단하기가 힘들 것 같습니다. 조금 더 기다려 봐야 하지 않을까 싶습니다(2022년 5월 10일부터 한시적 중과세 폐지 시행 중)."

강연장은 점점 긴장 모드로 빠져들고 있었다.

양도세 중과세 제도는 뭘까?

양도세 중과세는 부동산을 처분했을 때 부과하는 양도세를 무겁게 과세하는 제도를 말한다. 중과세 내용을 요약정리하면 다음과 같다.

구분	장기보유 특별공제	세율
2주택 중과세	적용하지 않음.	6~45%＋20%p
3주택 중과세	상동	6~45%＋30%p
비사업용 토지	적용함.	6~45%＋10%p*

* 비사업용 토지에 대한 양도세율은 당분간 현행의 세율이 적용될 것으로 보인다.

예를 들어 어떤 사람이 2주택 중과세 대상이 된다고 하자. 그리고 양도차익이 1억 원이라면 양도세는 아래와 같이 예상해 볼 수 있다. 장기보유 특별공제는 적용되지 않으며 기본공제 250만 원은 미적용한다.

- 1억 원×55%(35%＋20%) - 1,544만 원 = 3,956만 원(지방소득세 포함 시 4,351만 원)

주택에 대한 양도세 중과세는 아무리 오랫동안 보유했다고 하더라도 장기보유 특별공제 혜택을 부여하지 않는다. 따라서 오래 보유한 주택에서 손해가 발생할 가능성이 높다. 이하에서 중과세 제도의 원리 등에 대해 알아보자. 참고로 양도세 중과세 제도가 언제든지 영구적으로 폐지되면 아래의 내용은 건너뛰어도 무방하다.

주택 중과세 제도의 원리는 무엇일까?

주택 중과세 제도는 주택 수가 많다고 무조건 적용되는 제도는 아니다. 사람들이 관심을 많이 가지고 있는 지역에서 주택을 많이 소유하고 있어야 이 제도를 적용받게 된다. 시골에서 주택 10채를 보유하고 있더라도 이는 세법의 관심 밖이라는 얘기다.

그렇다면 어떤 식으로 중과세를 적용할까?

일단 아래의 그림을 한번 살펴보자.

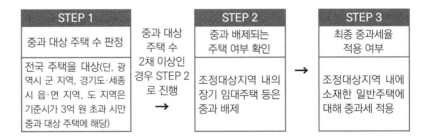

위 그림을 보면 1세대가 소유하는 모든 주택(양도 주택 포함)에서 중과 대상 주택 수가 몇 채인지를 확인해야 한다. 그 결과 중과 대상 주택

수가 2채 이상인 경우에는 중과세 제도가 적용된다. 다만, 이때 중과세가 배제되는 주택을 먼저 처분하면 중과세율이 적용되지 않는다. 이 주택들은 중과세를 적용할 이유가 없기 때문이다. 예를 들어 감면 주택이나 5년(8~10년) 이상 임대한 임대주택 같은 주택들은 중과를 할 이유가 없다. 따라서 결국 중과세가 적용되는 주택은 조정대상지역 내에 있는 주택들 중 중과세가 배제되지 않는 주택들이 해당될 가능성이 높다.

주택 중과세 해법은 무엇일까?

그렇다면 주택 중과세 해법은 무엇일까? 일단 주택 수가 1채이거나 다주택을 보유하고 있더라도 조정대상지역(서울 강남구 등 4곳을 말함) 외에 소재한 주택은 중과세 적용과 거리가 멀다. 따라서 중과세에 대한 대책은 주로 조정대상지역 내에 소재한 주택과 관계가 있다.

첫째, 중과 대상 주택을 정확히 파악한다

중과 대상 주택은 주택이 어느 지역에 소재하느냐에 따라 그 판단 기준이 다르다. 서울 강남에 있는 주택과 첩첩산중에 있는 주택을 동일시할 수는 없기 때문이다. 그래서 세법은 서울과 경기도와 광역시 그리고 세종시의 시 지역 내에 있는 주택은 무조건 중과 대상 주택으로 분류하고, 이 외의 지역 즉 경기도와 광역시, 세종시의 군·읍·면 지역과 기타 도 지역에 대해서는 기준시가가 3억 원을 초과하는 경우에만 중과 대상 주택으로 분류하도록 하고 있다. 이때 재건축 등의 입주권(2021년부터 분양권 포함)도 주택 수에 포함하는 것이 원칙이다.

이러한 내용을 요약하면 아래와 같다.

모든 주택이 주택 수에 포함되는 지역	기준시가 3억 원을 초과하는 주택*만 주택 수에 포함되는 지역
• 서울특별시 • 광역시(군 지역 제외) • 경기도·세종시(읍·면 지역 제외)	• 모든 광역시의 군 지역 • 경기도·세종시 읍·면 지역 • 기타 모든 도 지역

* 다만, 기타 지방(수도권의 읍·면 지역, 광역시권의 군 지역 포함)에 있는 입주권은 사업 시행 고시일 현재의 종전 주택의 가격이 3억 원을 초과해야 중과 대상 주택으로 분류된다. 분양권은 공급가액 3억 원(옵션가액 제외)을 기준으로 한다.

둘째, 중과 배제되는 주택을 정확히 가려낸다

조정대상지역 내의 주택을 양도하면 중과세의 가능성이 있지만 아래와 같은 주택은 중과세를 적용하지 않는다. 중과세를 적용할 만한 이유가 없기 때문이다.

3주택 중과 배제되는 주택(예시)
1. 장기 임대주택(2018년 9월 14일 이후 조정대상지역 등록분은 중과세 적용) 2. 감면 대상 장기 임대주택 3. 종업원에게 10년 이상 무상으로 제공하는 장기 사원용 주택 4. 감면 대상 신축 주택 5. 문화재 주택 6. 상속 주택으로서 상속개시일부터 5년이 경과하지 아니한 주택 7. 저당권의 실행으로 인하여 취득하거나 채권 변제를 대신하여 취득한 주택으로서 취득일부터 3년이 경과하지 아니한 주택 8. 장기 가정어린이집으로 5년 이상 사용하고 가정어린이집으로 사용하지 아니한 지 6개월이 경과하지 않은 주택 9. 상기 외에 1개의 주택만을 소유하고 있으며 해당 주택을 양도하는 경우 10. 장기 임대주택 등 외 고가주택(일시적 2주택 포함)에 대해 비과세가 성립하는 경우 등*

* 2년 이상 보유한 주택에 대해 2022년 5월 10일부터 한시적으로 중과세를 적용하지 않는다.

앞의 1의 경우 관할 지자체와 세무서에 등록한 주택으로 5년, 8년, 10년 이상 임대한 후 이를 양도하면 중과세에서 제외한다. 단, 등록 시 기준시가 6억 원(지방은 3억 원)의 요건을 갖추어야 한다. 한편 2020년 8월 18일 이후에 등록이 자동말소되거나 의무임대 기간이 1/2 이상 경과 후 자진말소한 경우 이러한 의무임대 기간 요건이 충족된 것으로 본다(재건축 등은 해당 사항이 없음). 한편 앞 표상의 10번 항목은 2021년에 신설된 것으로 장기 임대주택이나 감면 주택 외 일반주택에 대해 비과세가 성립하면 고가주택에서 발생한 양도차익에 대해서는 중과세를 적용하지 않겠다는 의미한다. 한 주택에 대해 비과세와 중과세를 동시에 적용할 수 없기 때문이다.

셋째, 처분 전략을 정확히 구사하자

1주택자들은 중과세와 관련이 없으므로 비과세 등을 받으면 그뿐이다. 하지만 2주택 이상 보유자들은 처분 순서에 따라 적용되는 세법이 달라지므로 이에 유의해야 한다. 다만, 1세대 2주택 이상 보유자의 경우 중과세의 가능성이 있으므로 이때에는 아래와 같은 전략들을 수행하도록 한다.

- 조정대상지역 외의 지역에 소재한 주택을 먼저 양도한다. 이 주택들은 중과세의 가능성이 없다.
- 조정대상지역 내에 중과 대상 주택이 2주택 이상 있다면 중과 배제되는 주택을 먼저 처분한다. 이에는 앞에서 본 감면 주택 등이 있다.

- 만일 중과 배제되는 주택이 없거나 중과세가 한시적 또는 영구적으로 폐지되면 양도차익이 적은 것부터 먼저 처분한다.
- 부득이 처분을 하지 않을 것으로 결정한 경우에는 주택임대사업자등록을 검토한다. 다만, 2018년 9월 14일 이후에 조정대상지역에서 취득한 주택은 임대등록을 했더라도 양도세 중과세를 피할 수 없다. 9·13대책으로 관련 규정이 개정되었기 때문이다. 다만, 양도 시 조정대상지역에서 해제된 경우에는 중과세가 적용되지 않으므로 임대등록을 하지 않아도 된다. 2024년 12월 현재 서울 강남·서초·송파·용산구 등 4곳만 지정되어 있으므로 이 지역만 앞의 규정이 적용된다.

한편 2020년 8월 18일 이후부터 아파트에 대해서는 등록을 할 수 없음에 유의해야 한다.

※ **저자 주**

2024년 12월 현재에도 다주택자에 대한 중과세 제도가 시행 중에 있다. 다만, 2년 이상 보유한 주택에 한해 2025년 5월 9일까지 이 제도가 한시적으로 적용되지 않고 있다. 이에 정부는 향후 부동산 시장의 분위기를 보아 중과세 적용 배제 기한을 연장하거나 아예 영구적으로 이 제도를 폐지하는 안을 추진할 가능성도 있어 보인다. 독자들은 이러한 점에 착안해 전략을 마련하기 바란다.

"역시 그동안 중과세에 대응하는 방법 중 주택임대사업자등록이 상당히 탁월했을 것 같습니다. 그렇다면 지금도 유효할까요?"

수강생의 질문에 고 세무사가 말을 이어 나갔다.

"일부 유효할 수 있을 것 같습니다만 요즘 이 제도가 많이 변경되어 헷갈리는 분들이 있는 것 같습니다. 그러니 제가 잘 정리해 드리겠습니다. 제가 누굽니까? 하하."

고 세무사의 열강이 계속 이어졌다.

앞에서 보면 주택임대사업자들이 조정대상지역에서 임대등록한 주택은 양도세 중과세에서 제외됨을 알 수 있었다. 하지만 모든 임대주택에 대해 중과세가 적용되는 것이 아니므로 다주택 보유자들은 양도세 과세 방법에 유의할 필요가 있다. 취득 시기나 등록 시기 등에 따라 양도세 중과세 적용 여부가 달라지기 때문이다. 이하에서는 중과세 유지를 전제로 이에 관한 내용을 자세히 알아보자.

2018년 9월 13일 이전에 취득 후 등록한 사업자

이러한 사업자들은 아래와 같은 요건을 충족하면 양도세 중과세를 적용받지 않을 수 있다.

구분	기존 임대등록 사업자	
	2018년 4월 1일 전 등록	2018년 4월 1일 이후 등록
지역 요건	조정대상지역	좌동
주택 규모 요건	없음.	좌동
기준시가 요건	6억 원(지방은 3억 원) 이하	좌동
의무임대 기간	5년	8년(장기 등록만 인정)
임대료 5%룰 준수	2019년 2월 12일 이후 갱신·신규 계약 체결분부터 적용	좌동

즉 임대등록 당시에 기준시가가 6억 원(지방은 3억 원) 이하이면 이들 주택들은 양도세 중과세를 적용하지 않는다. 하지만 임대등록 시점이 2018년 4월 1일 이후인 경우에는 8년 장기로 임대등록해야 하는 등 의무임대 기간이 8년(2020년 8월 18일 이후는 10년)으로 늘어난다. 이러한 요건을 충족하지 못하면 양도세 중과세가 적용된다. 참고로 2020년 8월 18일부터 시행되고 있는 등록 자동말소와 자진말소

의 경우에도 이러한 혜택을 누릴 수가 있다. 다만, 자진말소의 경우 의무임대 기간(4년 또는 8년)의 1/2 이상 임대한 후에 자진말소를 신청해야 하고, 말소일로부터 1년 내에 말소한 주택을 처분해야 한다. 자동말소는 처분 기한이 없는 것과 차이가 있다.

2018년 9월 14일 이후에 취득 후 등록한 사업자

1주택 이상 소유자가 조정대상지역에서 주택을 취득(증여 포함)해 임대등록한 후 8년 이상 임대를 한 경우라도 양도세 중과세를 적용한다. 9·13대책에서 이에 대해 혜택을 박탈했기 때문이다. 다만, 이 대책이 발표되기 전에 계약하고 계약금을 지급한 경우에는 예외적으로 양도세 중과세를 적용하지 않는다.

다만, 양도 시점에 조정대상지역에서 해제된 경우라면 이러한 규제를 적용받지 않는다. 이렇게 보면 조정대상지역 여부가 상당히 중요함을 알 수 있다.

2020년 8월 18일 이후에 등록한 사업자

2020년 8월 18일은 개정된 민간임대주택법이 시행된 날이다. 따라서 이날 이후에는 아파트를 제외한 다세대주택 등은 등록이 가능하나, 10년 장기로만 등록이 가능하다(단, 2025년 중 6년 단기 임대 도입 예정). 다만, 이때에도 2018년 9·13대책 이후에 조정대상지역 내에서 취득한 다세대주택 등은 등록을 하더라도 양도세 중과세를 적용한다 (건설 임대주택은 이러한 규제를 적용하지 아니한다).

→ 2024년 12월 현재 등록하면 중과세 제외가 가능한 주택들은 아래와 같다. 비조정대상지역의 주택들은 등록과 무관하게 중과세를 적용하지 않는다.

● 2018년 9월 13일 이전에 조정대상지역 내에서 취득한 다세대주택, 다가구주택, 오피스텔(2024년 12월 현재 기준 서울 강남구 등 4곳에 소재한 경우를 말함)

등록말소 제도와 중과세 제외

2020년 8월 18일 이후에 의무임대 기간이 경과한 4년 단기 임대사업자들과 8년 아파트 장기 임대사업자들은 등록이 자동말소된다. 그리고 이러한 의무임대 기간이 경과하기 전이라도 자진말소를 할 수 있다. 이 경우 해당 주택을 처분하면 중과세에서 제외되는데, 자동말소와 자진말소의 요건이 다르다. 이를 비교해 보자.

구분	자동말소	자진말소
적용 대상	● 4년 단기 임대는 무조건 자동말소 ● 8년 장기 임대는 아파트에 한해 자동말소	● 4년 단기 임대는 무조건 가능 ● 8년 장기 임대 중 아파트에 한함.
중과세 제외 요건	–	● 의무임대 기간의 1/2 이상 임대 ● 임차인의 동의 ● 공적 의무 이행
처분 기한	없음.	말소일로부터 1년

부동산 매매업 실익,
지금도 유효한가?

"지금까지의 내용들을 살펴보면 앞으로 개인들이 주택 수를 늘리는 것은 매우 힘들 것 같죠? 보유세도 많고 양도세도 많고 그리고 임대등록도 못하고……."

고 세무사가 말을 이어 나갔다. 그때 수강생이 질문을 한다.

"혹시 법인은 어떤가요?"

"아쉽게도 법인으로 이제 투자하는 시대는 지나갔습니다. 종부세가 기준시가의 2.7~5%가 나오니 이를 감당할 법인들이 많지가 않기 때문입니다. 그리고 법인세 추가 세율도 10%에서 20%로 인상되었으니 이래저래 고민들이 많을 겁니다."

"아, 그러면 개인이 부동산 매매업을 하면 어떨까요?"

"부동산 매매업은 비조정대상지역에서는 아직도 유효합니다. 물론 조정대상지역 내의 주택에 대해서는 효과가 없죠."

고 세무사의 열강이 이어지고 있었다.

양도소득과 사업소득의 구분

개인이 일시적으로 부동산을 양도하면 이는 소득세법상 양도소득으로 구분되고 이에 양도세가 부과된다. 하지만 개인이 사업적으로 부동산을 양도하면 이는 소득세법상 사업소득으로 구분되고 이에 종합소득세가 부과된다. 따라서 무엇보다도 부동산 매매에 대한 소득 구분을 정확히 할 필요가 있다.

소득세법의 경우 부동산의 매매가 사업소득인지 양도소득인지의 여부는 그 양도의 사업성 여부에 의하는 것이며, 사업성 여부의 판단은 부동산 취득 및 보유 현황, 조성의 유무, 양도의 규모, 횟수, 태양, 상대방 등에 비추어 사회통념에 따라 사실판단할 사항이라고 하고 있다(소득, 사전-2016-법령해석소득-0131, 2016. 5. 11.). 한편 부가가치세법 집행기준 2-4-5에서는 재화의 공급으로 보는 부동산 매매업을 아래와 같이 열거하고 있다.

- 부동산의 매매 또는 중개를 목적으로 나타내어 부동산을 판매하는 경우에는 부동산의 취득과 매매 횟수에 관계없이 부동산 매매업에 해당한다.

- 사업상의 목적으로 1과세기간(6개월)에 1회 이상 부동산을 취득하고 2회 이상 판매하는 경우와 과세기간별 취득 횟수나 판매 횟수에 관계없이 부동산의 규모, 횟수, 태양 등에 비추어 사업활동으로 볼 수 있는 정도의 계속성과 반복성이 있는 때에는 부동산 매매업에 해당한다(예시 규정임).
- 부동산 매매업을 영위하는 사업자가 분양 목적으로 신축한 건축물이 분양되지 아니하여 일시적·잠정적으로 임대하다가 양도하는 경우에는 부동산 매매업에 해당한다.
- 과세사업에 계속 사용하던 사업용 고정자산인 건축물을 매각하는 경우에는 재화의 공급으로 부가가치세가 과세되나, 부동산 매매업에는 해당하지 아니한다.

양도소득과 사업소득의 과세 구조 비교

그렇다면 양도소득과 사업소득에 대한 과세 구조는 어떻게 될까?

먼저 양도소득과 사업소득에 대한 일반적인 과세 구조를 비교하면 아래와 같다.

구분	양도소득	사업소득
과세표준	양도가액 − 취득가액 − 필요경비 − 장기보유 특별공제 − 기본공제	양도가액 − 취득가액 − 필요경비 − 일반관리비 − 종합소득공제
세율	70%, 60%, 6~45% 등 다양	6~45%

양도소득의 경우에는 양도차익에서 장기보유 특별공제 등을 차감한 과세표준에 보유 기간에 따른 세율이 적용되나, 사업소득은 양도차익에서 일반관리비와 종합소득공제액을 차감한 과세표준에 6~45%의 세율이 적용된다. 이렇게 보면 사업소득의 경우가 경비인정 폭이 넓고 세율도 유리함을 알 수 있다. 이자나 복리후생비 같은 비용도 인정되고 보유 기간에 관계없이 무조건 6~45%의 세율이 적용되기 때문이다. 예를 들어 보유 기간이 1년 미만, 양도차익이 1억 원이며, 이자 등 일반관리비가 5,000만 원인 경우 양도세와 사업소득세를 비교하면 아래와 같다. 양도세율은 70%를 적용한다.

구분	양도세	사업소득세
양도차익	1억 원	1억 원
- 장기보유 특별공제/일반관리비	0원	5,000만 원
= 과세표준	1억 원	5,000만 원
×세율	70%	24%
- 누진공제	-	576만 원
= 산출세액	7,000만 원	624만 원

양도세로 계산하는 경우에는 7,000만 원이 나오나 사업소득세로 정산하면 624만 원이 나온다. 따라서 납세자들은 가급적 사업소득으로 신고할 유인을 갖게 된다. 이에 세법은 사업자 여부에 따라 세금이 달라지는 것을 방지하기 위해 소득세법상 중과세 대상 부동산(조정대상지역 내의 주택과 분양권, 비사업용 토지)에 대해서는 비교과세를 적용하고 있다. 이 제도는 양도세와 사업소득세 중 많은 세액을 산출세액

으로 하는 제도를 말한다.

개인 부동산 매매업이 유리한 경우

개인이 부동산 매매업자가 되는 방법은 아주 쉽다. 사업자등록만 내면 되기 때문이다. 물론 이때 집을 사업장 주소로 사용할 수도 있다. 그렇다면 개인 부동산 매매업은 어떤 경우에 유용할까?

일단 앞에서 보았지만 중과세 대상 주택이 아닌 주택을 양도하면 양도세보다 세금이 줄어들 가능성이 높다. 경비 처리도 유리하고 세율도 유리하기 때문이다(한시적으로 중과 배제되거나 조정대상지역이 폭넓게 해제되면 부동산 매매업이 각광을 받을 가능성이 크다). 하지만 중과세가 적용되는 주택들은 여전히 양도세로 내야 하기 때문에 매매업으로 실익이 없다. 이런 경우에는 사업자등록을 낼 이유가 없다.

한편 매매사업자가 주의할 것들이 몇 가지 있다.

매매업을 전업으로 하는 경우에는 지역에서 건강보험료가 나올 수 있다는 것이며, 본인 거주용 주택을 양도하는 경우에는 비과세를 받기가 힘들어질 수도 있다는 것이다. 원래 비사업용 주택에 대해서는 양도세 비과세를 받을 수 있다. 만일 매매사업자용 주택 2채와 비사업용으로 보유한 주택이 1채 있는 경우 사업용 주택은 사업소득세로, 비사업용 주택은 양도세로 과세되므로 양도세 비과세를 적용받을 수 있다. 하지만 사업용으로 보유한 주택을 사업용으로 인정받지 못하면 개인이 보유한 주택 수가 증가되어 비과세를 박탈당할 수 있다. 이러한 문제를 예방하기 위해서는 매매업에 대한 사업성을 인정받아야 한다. 이때 과세관청은 보유한 주택이 매매용 재고주택인지 임대주택인지 여부는 부동산 매매의 규모·거래 횟수·반복성 등 거래에 관한 제반 사항을 종합하여 판단한다. 따라서 사실판단을 하기 때문에 매우 주의해야 한다.

※ **부동산 매매업의 소득세 신고 방법**

부동산 매매사업자는 매매일이 속한 달의 말일로부터 2개월 내에 예정신고를 한 후에 다음 해 5월(성실신고확인 대상 사업자는 6월) 중에는 사업소득세를 정산해야 한다.

구분	예정신고 시	확정신고 시	
		일반과세 주택	중과세 주택
신고일	매매 말일~2개월	다음 해 5월 중	–
양도가액	실지거래가액*	실지거래가액	좌동
필요경비	실지거래가액	실지거래가액	좌동
	자본적 지출액	자본적 지출액	좌동
	양도비용	양도비용	좌동
	공과금	공과금	–
	–	일반관리비	–
장기보유 특별공제	공제	배제	좌동
양도소득 기본공제	배제	배제	좌동
소득공제	배제	공제	–
세율	양도세 기본세율, 중과세율(아래 참조)	소득세 기본세율	양도세 중과세율

* 예정신고 시에는 양도가액에 기준경비율을 적용해 간단히 신고할 수 있다(저자에게 문의).

예정신고 시에는 주택 매매차익 등에 대해 양도세 세율을 적용한다. 이때 양도세 세율은 아래와 같이 적용한다.

구분		세율
토지 또는 건물		6~45%
비사업용 토지	지정지역(투기지역) 외	16~55%
	지정지역 내	26~65%
미등기 자산		70%
분양권		70%, 60%
조정대상지역 내 주택	1세대 2주택	26~65%
	1세대 3주택 이상	36~75%

한편 확정신고 시에는 중과세 대상이 아닌 부동산은 매매차익에서 일반관리비 및 소득공제를 적용한 과세표준에 6~45%를 적용해서 세금을 정산한다. 하지만 양도소득세 중과세가 적용되는 경우에는 비교과세(종합소득세 세율을 적용한 것과 중과세 세율을 적용한 것 중 큰 것으로 과세하는 방법)로 정산해야 한다. 따라서 중과세 부동산은 대부분 양도소득세로 세금을 내게 된다.

법인에 대한 세제 강화의 내용

① 취득세 인상
2020년 8월 12일 이후에 법인이 주택을 취득하면 취득가액의 12%로 취득세를 부과한다.

② 종부세 인상
2021년 6월 1일 기준, 법인이 보유한 주택에 대해서는 공제금액 9억 원과 세부담 상한율 제도를 폐지한다. 이 외 종부세율도 2.7%(2주택 이하)와 5.0%(3주택 이상)로 단일화한다.

③ 법인세 추가 과세 인상
일반 법인세 외에 주택 등의 양도차익에 대해 추가해 과세하는 추가 법인세율이 10%에서 20%(토지는 10%)로 인상되었다. 참고로 2025년 소규모 임대법인에 대한 법인세율이 19~24%로 인상될 예정이다.

부동산 처분 시 알아 둬야 할 절세법 20가지

부동산을 처분하면 대부분 양도세 문제가 발생한다. 이하에서는 부동산 처분 시 필수적으로 알아 둬야 할 절세법을 정리해 보기로 한다.

방법 1 : 비과세나 감면을 우선하여 받는다

비과세나 감면을 받기 위해서는 미리 조건을 충족하는지 점검한다. 조건을 충족하지 않으면 조건을 만든 후 처분하도록 한다.

방법 2 : 중과세 제도의 변화를 읽어라

2018년 4월 1일부로 주택에 대한 중과세 제도가 적용되고 있다. 주로 다주택자가 조정대상지역에서 주택을 처분하면 이러한 제도를 적용받는다(단, 2025년 5월 9일까지 한시적 중과세 배제. 단, 2년 보유 주택에 한함. 앞으로도 이와 같은 방식으로 중과세가 한시적으로 적용 배제될 수 있음). 한편 비사업용 토지는 종전부터 중과세 제도가 적용되고 있다.

방법 3: 보유 주택 수를 조절한다

보유 주택 수가 많아지면 과세되는 경우가 일반적이므로 미리 주택 수를 조절해 두는 것이 좋다. 특히 취득할 때에는 배우자나 자녀 등의 명의를 활용하도록 한다. 참고로 다주택자가 주택 수를 줄여 1세대 1주택에 대한 비과세를 받을 때는 최종 1주택으로부터 2년 이상 보유 등을 하도록 하는 제도는 폐지되었다.

방법 4: 다주택자들은 개정된 임대사업자등록제도에 유의한다

2020년 8월 18일 이후부터는 아파트는 등록이 불가하며, 기존 등록자들의 경우에는 자동말소 같은 제도가 도입되었다. 따라서 이러한 제도 변화에 따라 세제의 내용도 달라지므로 특히 유의할 필요가 있다.

방법 5: 세대분리를 하면 세금이 떨어진다

양도세가 과세되는 경우에는 세대를 분리함으로써 세금을 줄일 수가 있다(세대분리 후 바로 양도해도 비과세를 받을 수 있음). 다만, 자녀의 경우 30세 이상은 조건 없이 세대분리를 허용하나, 30세 미만인 자는 결혼이나 이혼 또는 월 중위소득 40% 이상의 소득 증빙이 있어야 인정된다는 점을 기억하자.

방법 6 : 처분 시기를 잘 선택한다

일시적 2주택자는 새로운 주택을 종전 주택 취득일로부터 1년 이후 산 날로부터 3년 내에 구 주택을 처분한다. 그 외 세금이 나오는 경우에는 시세가 좋을 때 처분하도록 한다.

방법 7 : 보유 시기를 조절하라

세법은 부동산의 보유 기간에 따라 각종 제도들을 차등적으로 운영하고 있다. 예를 들어 양도세는 원칙적으로 보유 기간이 1년 미만이면 50%, 1~2년 미만이면 40%, 2년 이상이면 6~45%의 세율을 적용한다. 이러한 세율 중 2년 이상 보유 시의 세율이 유리하므로 가급적 보유 기간을 2년 이상으로 맞추는 것이 중요하다(참고로 2021년 6월 1일 이후부터 주택과 입주권에 대한 양도세 세율이 큰 폭으로 변경되었다. 1년 미만은 70%, 1~2년 미만은 60%, 2년 이상은 6~45%가 적용된다. 한편 분양권은 1년 미만 70%, 1년 이상은 60%을 적용한다. 이 외에 다주택자에게 적용되는 양도세 중과세율도 각각 10%p씩 인상되었다).

보유 기간은 취득일부터 양도일까지의 기간으로 따지는데, 일반적으로 취득일이나 양도일은 잔금 청산일과 등기 접수일 중 빠른 날을 말한다.

방법 8 : 공제되는 필요경비를 확인하라

필요경비는 양도가액에서 공제되는 항목이다. 따라서 이 금액이 많을수록 세금이 줄어든다고 할 수 있다. 사전에 공제되는 것을 확인하자.

필요경비로 인정되는 것들	취득세, 등록세, 공인중개사·법무사 수수료, 새시·거실 확장·발코니 확장·붙박이장·보일러 교체 등 자본적 지출, 세무신고 비용, 계약서 작성 비용, 공증 비용
필요경비로 인정 안 되는 것들	도배 공사·싱크대 교체·욕조 교체 등 수리비 성격, 이자, 위약금, 연체이자 등

방법 9: 장기보유 특별공제를 활용하라

장기보유 특별공제는 6~80%까지 적용된다. 하지만 3년 미만 보유하면 이 공제를 받을 수 없다. 그리고 80%의 공제율은 언제든지 축소될 수 있음에 유의해야 한다(2021년 이후부터 10년 거주해야 80%까지 공제된다). 사전에 얼마큼 공제받을 수 있는지 점검하자.

방법 10: 양도세 대납 금액은 양도가액에 해당한다

양도세를 매수자가 부담하는 식의 계약을 할 수 있다. 이때 계약서에 반영된 양도세 대납 금액은 양도가액에 해당되어 양도세가 부과된다(이에 대한 자세한 내용은 조세정책과-2048, 2024. 11. 7.의 해석을 참조할 것).

방법 11: 취득가액 환산도 절세법의 하나이다

취득 당시의 계약서를 분실하거나 취득가액이 너무 낮은 경우, 취득가액을 환산할 수 있다. 현행 세법에서는 취득 시 실제 거래가액이 없는 경우 매매사례가액, 감정가액, 환산가액을 취득가액으로 할 수 있도록 하고 있다. 이 중 실무적으로 다음과 같은 환산가액이 많이 사용된다(단, 2018년 이후 취득분을 환산·감정하면 5%의 가산세가 부과됨).

$$\bullet \text{ 환산 취득가액} = \text{실제 양도가액} \times \frac{\text{취득 시 기준시가}}{\text{양도 시 기준시가}}$$

방법 12: 감면 주택 양도는 이런 점에 주의하라

취득 시기나 취득 유형 등에 따라 감면 요건이 달라진다. 따라서 반드시 전문가를 통해 감면 여부를 확인하기 바란다.

이 외 감면 주택이 다른 일반주택의 비과세와 중과세 판단에 어떤 영향을 주는지도 이해하고 있어야 일을 그르치지 않는다. 예를 들어 조정대상지역에서 감면 주택 1채와 일시적 2주택 비과세 주택을 보유한 상태에서 비과세 주택을 양도했다고 하자. 그런데 이 주택이 실거래가액 12억 원이 넘는 고가주택인 경우 과세되는 부분은 일반과세가 적용될까? 아니다. 중과세가 적용된다. 중과세를 판단할 때 감면 주택은 주택 수에서 제외되지 않기 때문이다. 다만, 2021년 2월 17일 이후의 양도분부터는 감면 주택 외 비과세가 적용되는 고가주택에 대해서는 중과세가 아닌 일반과세를 적용한다.

방법 13: 바뀐 양도세 신고 방법에 유의하라

양도세 신고는 양도일이 속하는 달의 말일로부터 2개월 내에 해야 한다. 이러한 의무를 이행하지 않으면 20%의 가산세를 부과한다. 다만, 예정신고 누락 후 확정신고(5월)를 하면 가산세를 10%로 줄여 준다(2018년 이후 적용).

방법 14: 합산과세에 유의하라

1년에 2회 이상 누진세율 적용 대상 자산을 양도하면 합산과세가 된다. 따라서 세금이 증가될 수 있다.

방법 15: 양도차손은 양도차익에 통산시켜라

양도를 2회 이상 하면 과세 대상 자산에서 발생한 양도차손은 양도 차익에서 차감시킬 수 있다. 이렇게 되면 세금이 줄어들게 되므로 상당한 절세 효과가 발생할 수 있다. 다만, 양도차손은 다음 해로 이월공제가 되지 않으므로 이에 유의한다.

방법 16: 허위 계약서를 절대 작성하지 않는다

비과세나 감면 대상자가 다운계약서나 업계약서를 작성하면 비과세 등이 제한된다. 허위 계약서는 절대 금물이다.

방법 17: 증여받은 부동산은 10년 후에 처분한다

증여받은 부동산을 증여받은 날로부터 10년(2022년 이전 증여분은 5년) 내에 처분하면 증여자의 취득가액으로 양도세를 계산하는 이월과세 제도가 적용된다. 다만, 수증자가 1세대 1주택 비과세 요건을 충족한 경우라면 2년 후에 처분해도 된다.

방법 18: 가족 간의 거래 시 양도 또는 증여 중에서 선택한다

일반적으로 양도세 세율이 낮은 경우에는 증여세보다는 양도세가 유리하므로 양도를 선택할 수 있으나, 대가관계가 명백해야 하므로 실제 거래대금이 수수가 되어야 한다. 만일 거래대금 관계를 입증하지 못한다면 증여를 선택해야 하나, 이 경우에는 부담부 증여 즉 부채와 함께 증여하는 방식을 이용하면 순수한 증여보다 세금을 줄일 수 있다(단, 증여 선택 시 취득세 중과세에 유의할 것).

방법 19: 계약 전에 미리 세금 문제를 검토한다

계약서에 사인을 하면 세금 문제가 이미 결정되어 대안을 찾을 수 없다. 따라서 부동산은 계약 전에 반드시 세금 문제를 검토해야 한다.

방법 20: 비조정대상지역에서는 부동산 매매사업자가 된다

주택 등 부동산을 자주 사고팔면 이는 매매사업자가 될 수 있다. 이 사업이 좋은 점은 경비 처리가 폭넓고 세율이 기본세율이 적용된다는 것이다. 하지만 양도세가 중과세되는 조정대상지역 내의 주택에 대해서는 비교과세가 적용되므로 매매사업자로서의 실익이 없다(한시적 중과 배제가 계속 실행되면 이에 대한 실익이 커질 것으로 보인다).

TIP

조정대상지역 해제와 세제의 변화

2023년 1월 5일에 지방권과 수도권을 중심으로 조정대상지역이 대부분 해제되었다(해제 현황은 '대한민국 전자관보'에서 확인 가능). 이렇게 조정대상지역에서 해제되면 세제가 변화하는데, 이를 정리하면 아래와 같다.

구분	현행	변경	비고
1. 취득세 일시적 2주택	1. 조정 → 조정: 3년 2. 비조정 → 조정: 3년	1. 조정 → 비조정: 처분 불요 2. 비조정 → 비조정: 처분 불요 ☞ 양도세도 3년 내 처분	취득 당시 조정지역이면 그 이후 해제되더라도 3년 내에 처분해야 함.
2. 종부세 중과	1. 조정 2주택: 중과율 2. 전국 3주택: 중과율	1. 비조정 포함 2주택: 일반세율 2. 비조정 포함 3주택: 중과율	
3. 양도세 1주택 거주 요건	2년 거주	삭제	취득 당시 조정지역이면 해제와 관계없이 거주 요건 적용됨.
4. 양도세 일시적 2주택 비과세	1. 조정 → 조정: 3년 2. 비조정 → 조정: 3년	1. 조정 → 비조정: 3년 2. 비조정 → 비조정: 3년	
5. 양도세 중과세	1. 2주택 중과 적용 2. 3주택 중과 적용	1. 2주택 중과 해제 2. 3주택 중과 해제 또는 완화	양도일 현재 비조정지역이면 중과 적용 배제
6. 증여 취득세	조정 소재 주택 + 3억 원 이상 시: 12%	비조정지역 소재 주택 기준시가 불문: 3.5%	
7. 부동산 매매업	중과 대상 주택: 비교과세	중과 배제 주택: 6~45%	매매일 현재 비조정지역이면 6~45%를 적용함.
8. 주택 임대 사업자	조정지역: 종부세 합산 배제 불가, 양도세 중과 (2018. 9. 14. 이후)	비조정지역: 종부세 합산 배제 가능, 양도세 중과 배제 ☞ 단, 2018. 9. 13. 이전 취득분은 별도로 확인하기 바람.	조정지역에서 해제 시 종부세 합산 배제 및 중과세 적용 배제 가능
9. 자금 조달 계획서 제출	조정: 거래가 불문 무조건 제출	비조정지역: 거래가 6억 원 초과 시 제출	

재건축·재개발 아파트와
분양권 절세법

왜 조합원과 일반 분양자의 세금이 다를까?

야무진은 최근 한 고객으로부터 재개발 관련 세금에 대해 질문을 받았으나 그 자리에서 모른다는 답변을 하고 말았다. 재건축이나 재개발 관련하여 세금이 쉽지 않다는 것을 익히 들어왔기 때문이다. 하지만 그녀가 누구던가!

그녀는 다짜고짜 고단수 세무사를 붙잡고 늘어지기로 마음 먹었다.

"세무사님, 재건축과 관련된 세무도 정말 배우고 싶습니다. 꼭 좀 도와주세요. 네?"

고 세무사는 한참을 망설이다 가까스로 승낙했다.

"좋습니다. 그렇게 간절히 원하니 한번 해 봅시다. 먼저 조합원과 일반 분양자의 세금이 왜 다른가부터 파악을 해 보죠."

야무진은 고 세무사의 승낙에 날아갈 것만 같았다.

'이제, 조금만 노력하면 세무 컨설팅을 완벽히 할 수 있겠군.'

구분			원조합원	승계조합원	일반 분양자
취득세	건물 지분 취득 시기		완공일(원시취득)	좌동	잔금 지급일 (승계취득)이 원칙
	대지 지분 취득 시기		당초 토지 취득일	승계취득일	
	취득가액		총 공사원가를 지분별로 나눈 금액	좌동	분양가액
	취득세 비과세 (85m² 이하)		× (원조합원은 가능)	좌동	○
양도세	취득일		완공일(토지는 당초 취득일, 증가된 부수 토지는 완공일)	좌동	잔금 지급일(완공 전 잔금 지급이 완료 됐을 때는 완공일)
	취득가액		종전 부동산 취득가 + 추가 건축비	좌동	분양가액 + 프리미엄
	보유 기간 판정	1년 미만 실거래가 신고 판단	구 주택 보유 기간+ 공사 기간+새 주택 보유 기간	완공일 이후 보유 기간	잔금 지급일 이후 보유 기간
		비과세 요건 2년 보유*	상동	상동	상동
		장기보유 특별공제 (3년 이상)	상동	상동	상동
		세율 적용 시	상동	상동	상동

* 2017년 8월 3일 이후에 조정대상지역 내에서 주택을 취득한 경우에는 2년 이상 거주 요건을 충족해야 한다.

재건축이나 재개발사업은 토지 등 소유자들이 출자한 토지 위에 조합원들이나 일반 분양자들에게 받은 돈으로 새로운 집을 짓는 주택 건설 방식이다. 따라서 사업에 관련된 사람이 많을 수밖에 없다. 재건축 아파트가 완공됐을 때 개인에 따라 세금이 어떻게 달라지는지 살펴보자.

앞의 표를 보면 조합원은 크게 원조합원과 승계조합원으로 나뉘며 이에 대응해 일반 분양자가 있다. 참고로 원조합원은 조합 설립 당시의 조합원을 말하고 승계조합원은 관리처분계획 인가일 이후에 원조합원의 권리와 의무를 승계한 조합원을 말한다.

재건축이나 재개발 관련 세금이 어려운 이유는 이와 같이 재건축 참여자의 성격이 극명하게 갈리기 때문이다. 대체적으로 조합원들은 원시취득의 개념으로 취득세 등을 납부하고, 일반 분양자는 승계취득(유상 매매)의 개념으로 취득세 등을 납부한다.

조합원 및 일반 분양자의 취득세 등

재건축 완공 아파트에 대한 조합원의 취득 세금은 신축된 건물 부분에만 발생한다. 조합에 맡긴 토지는 기존 주택의 소유권을 되찾는 것이므로 취득세를 추가로 물리지 않는다. 승계조합원은 사업 시행 중에 토지를 취득하므로 이때 취득 관련 세금을 내야 한다. 그리고 완공된 아파트 자체는 신축된 것이므로 취득세 2.8%, 농특세 0.2%, 교육세 0.16% 등 총 3.16%($85m^2$ 이하는 2.96%)가 부과된다. 이 세금은 원조합원과 승계조합원이 동일하다. 다만, 정비구역 지정 전의 재개발사업의 원조합원이 취득한 $85m^2$(25.7평) 이하의 주택에 대해서는 취득세를 비과세한다(2025년 중 규제지역 외 재건축 조합원에 대해서는 40% 감면 예정. 단, 조합원 분양가 12억 원 이하만 적용). 참고로 2020년

8월에 도입된 주택에 대한 취득세 중과세는 유상거래에 대해서만 적용하므로 재건축 등에 의해 완공된 주택에 대해서는 취득세 중과세가 적용되지 않는다.

일반 분양자의 취득세 등도 살펴보자.

일반 분양자가 조합으로부터 취득한 것은 부동산이 아니라 아파트 당첨권이다. 따라서 사업 시행 중에는 취득세 등을 납부할 의무가 없으며, 건물이 완공되는 시점에 취득세를 한꺼번에 내게 된다(승계취득). 일반 분양자의 취득세 등은 일반적으로 분양 가격을 기준으로 1~12%대에서 과세한다.

다만, 일반 분양자가 프리미엄을 주고 분양권을 취득한 경우에는 이를 취득가액에 포함하여 취득세를 내야 한다.

조합원 및 일반 분양자의 양도세

재건축이나 재개발 과정에서 양도세는 다양하게 발생한다. 구 주택 상태에서 양도하면 종전처럼 비과세를 판단하고 계산하면 된다. 하지만 구 주택이 없어지면 아파트에 들어갈 수 있는 권리(입주권)로 과세 여부를 판단해야 한다. 이때 과세가 되는 경우 양도세는 부동산 상태의 양도차익과 입주권 상태의 양도차익을 분리해 계산하게 된다. 이에 대해서는 뒤에서 자세히 살펴보겠다.

한편 재건축이 완료된 아파트를 양도할 때 보유 기간이나 취득가액을 산정하는 방법을 잘 알아 둬야 한다. 원조합원은 재건축 전의 보유 기간과 공사 기간 그리고 재건축 아파트의 보유 기간을 합산하는 반면, 일반 분양자와 승계조합원은 아파트의 취득일부터 따지게 된다. 따라서 일반 분양자와 승계조합원이 공사 기간 중에 중도금을 불입하더라도 보유 기간을 인정받지 못해 비과세 적용 시 손해를 보고 있다. 이 외 재건축이나 재개발을 거쳐 완공된 주택을 양도할 때에는 장기보유 특별공제 적용법에 유의해야 한다. 현행 세법은 완공 주택에서 발생하는 양도차익을 구 주택과 청산금에서 발생하는 것으로 나눈 후, 구 주택은 당초 취득일로부터 보유 기간을 기준으로, 청산금은 관리처분계획 인가일 이후의 보유 기간을 적용하도록 하고 있기 때문이다. 또한 2021년 이후부터는 80%의 장기보유 특별공제는 보유 기간과 거주 기간별로 적용되는데, 재건축 후 거주를 하지 않으면 청산금에서 발생하는 공제율은 6~30%가 적용된다(사전-2020-법령해석재산-0386 [법령해석과-3824]).

일반 분양자는 프리미엄도 실제 취득가액에 포함된다는 사실에 유의하자. 프리미엄을 양도세 계산상 취득가액에 포함할 때 실제 계약서와 대금 지급 사실을 객관적으로 입증해야 한다. 정확한 프리미엄이 얼마가 되는지 확인을 거쳐 취득가액을 인정하기 때문이다.

입주권의 양도세는 어떻게 계산할까?

"그런데 세무사님, 입주권은 어떻게 따지나요? 또 입주권을 팔면 세금은 어떻게 계산하나요?"

야무진은 이때가 기회다 싶어 연이은 질문을 했다.

재건축사업 등은 기존의 주택을 허물고 사업을 추진하기 때문에 재산 형태가 '부동산 → 부동산 권리(입주권) → 부동산'으로 변하게 된다. 이렇게 재산 형태가 변동함에 따라 세금 역시 수시로 변한다.

즉 부동산과 부동산의 권리는 양도세 과세 방법이 많이 다르다는 얘기다. 구체적으로 구 부동산이 새 부동산으로 바뀌는 과정에서 취득 시기나 보유 기간 등을 따져 봐야 한다. 앞에서 보았듯이 조합원 여부와 조합원 중에서도 원조합원인지 승계조합원인지에 따라서 그 내용들이 달라지기 때문이다. 결국 재건축·재개발사업에 관련된 세금을 이해하기 위해서는 세법상 부동산인지 아닌지 구분할 수 있어야 한다.

입주권은 어디서부터 어디까지인가

아래 그림은 재건축이 진행되는 과정을 나타내고 있다. 구 주택이 입주권으로 바뀌고 새 주택으로 완공되어 재건축이 완료된다. 이 과정에서 세법상 입주권은 어떻게 판정하는지 따져 보자.

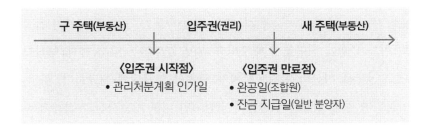

조합원의 입주권이 권리로 효력을 발휘하는 시점과 끝나는 시점은 어디일까?

먼저, 입주권을 보는 시기는 다음과 같다.

구분	재개발	재건축
2005. 5. 31. 이후	관리처분계획 인가일	좌동
2005. 5. 30. 이전	관리처분계획 인가일	사업 시행 인가일
2003. 6. 29. 이전	관리처분계획 인가일	사업 시행 인가일

현재는 재개발과 재건축 모두 관리처분계획 인가일을 기준으로 입주권 여부를 따진다. 하지만 2005년 5월 30일 이전의 재건축사업은 사업 시행 인가일 등을 기준으로 하였다. 그 당시 재건축사업은 주택법 등에 근거하여 사업이 시행된 결과 지금과 같은 관리처분이라는 제도가 없었던 탓이다.

참고로 관리처분계획 인가 후에 주택이 멸실되지 않은 상태에서 매매가 일어나면 과세 판단이 복잡하게 변할 수 있다. 이때에는 주택이 있는 것으로 보고 세법을 적용하는 것이 원칙이다.

한편 조합원의 입주권이 끝나는 시점은 완공일(사용검사필증 교부일 또는 사실상 사용일이나 사용승인일)의 전날이 된다. 조합원은 자가 건설의 취득 유형에 해당하기 때문이다. 일반 분양자는 유상 매매 형식이므로 잔금을 청산하기 전날까지가 권리인 분양권에 해당한다. 다만, 아파트가 완공되기 전에 잔금이 청산되면 미완성된 자산의 취득에 해당하므로 완공 전날까지를 분양권으로 본다.

입주권의 양도세 계산 방법

입주권을 양도하면 실거래가로 과세되는 것이 원칙이다. 하지만 입주권의 실질이 1세대 1주택이나 일시적 2주택 비과세 특례에 해당하면 비과세를 적용한다. 이에 대해서는 잠시 뒤에 살펴보고, 이하에서는 입주권 양도가 과세되는 경우 그 계산법을 먼저 살펴보자.

서울 문래동에 거주한 G 씨가 아파트 입주권을 J 씨에게 양도하려한다. 입주권에 대한 양도세는 얼마인가? 단, 장기보유 특별공제율은 10%를 적용하기로 한다.

- 기존 건물(부수 토지 포함)의 취득 내용

  취득일: 2015년 3월 1일

  취득가액: 1억 원(취득 부대비용 포함)
- 관리처분계획 인가 내용

  인가일: 2020년 10월 30일

  기존 건물과 부수 토지의 평가액: 2억 원

  청산금으로 납부한 금액: 5,000만 원
- 입주권 양도 내용

  양도 일자: 2025년 9월 30일

  입주권 양도가액: 3억 5,000만 원

조합원의 입주권은 기존 주택의 양도차익과 입주권의 프리미엄으로 나눠 계산한다. 장기보유 특별공제는 토지와 건물 등 부동산에만 적용되기 때문이다.

G 씨의 입주권 양도가액은 3억 5,000만 원이지만 기존 주택의 취득가액과 청산금 1억 5,000만 원이 필요경비에 해당돼 양도차익은 2억 원이다.

한편 다음의 표를 보면 입주권 상태에서는 장기보유 특별공제를 적용하고 있지 않다. 이는 현행의 법이 이 공제는 토지와 건물에 대해서만 적용한다고 명시되어 있기 때문에 권리로 바뀐 부분에 대해서는 적용하지 않는다.

양도세 과세표준 신고서

구분	기존 주택	입주권(권리)	계
양도가액	2억 원 (관리처분계획 인가일 현재 평가액)	3억 5,000만 원	5억 5,000만 원
취득가액	1억 원 (기존 주택 취득가액)	2억 5,000만 원 (납부한 청산금 포함)	3억 5,000만 원
기타 필요경비	0원	0원	0원
양도차익	1억 원	1억 원	2억 원
장기보유 특별공제* (10% 가정)	1,000만 원	해당 사항 없음.	1,000만 원
양도소득 금액	9,000만 원	1억 원	1억 9,000만 원
양도소득 기본공제	1인당 연 250만 원 공제		250만 원
양도소득 과세표준	–		1억 8,750만 원
세율	6~45% 적용		38% 구간
산출세액	1억 8,750만 원×38% – 1,994만 원(누진공제액)		5,131만 원
가산세	신고불성실 가산세, 납부지연 가산세		0원
납부세액	별도로 지방소득세 10% 추가 납부 금액이 1,000만 원을 넘으면 2회 분납 가능		5,131만 원

* 현재 소득세법에서는 관리처분계획 인가 전 토지와 건물분에 대해서 장기보유 특별공제를 허용하고 있다. 따라서 관리처분계획 인가일 이후에 양도차익이 많이 발생하면 과세표준이 증가되어 생각보다 양도세가 많이 나올 가능성이 있음에 유의해야 한다. 참고로 1+1 재개발 또는 재건축에 대한 취득가액 안분 방법은 기재부 재산세제과-627(2024. 5. 2.)을 참조하기 바란다.

이럴 때
입주권이 비과세된다

많은 사람들이 입주권을 양도하면 비과세를 적용받을 수 있는지 궁금해한다. 주택은 1주택일 경우 비과세 요건을 갖추었다면 확실히 비과세를 받을 수 있다. 그런데 입주권은 권리에 해당하므로 비과세를 받을 수 있는지 헷갈리기 때문이다.

입주권은 주택에 가깝다. 따라서 입주권도 비과세 요건을 갖추면 비과세를 적용하는 것은 당연하다.

앞에서 우리는 비과세 요건을 배웠다. 이를 상기해 보면 일단 1세대 1주택을 2년 이상 보유(일부 지역은 거주)하면 비과세를 적용하였다. 또 1세대가 일시적으로 2주택이 된 경우 새로운 주택을 산 날로부터 원칙적으로 3년 내 종전 주택을 양도하더라도 비과세를 적용한다(단,

이 주택은 기존 주택의 취득일로부터 1년 이후에 취득해야 함). 이 두 가지 원리가 입주권의 비과세 판단에도 그대로 적용된다. 다음의 입주권 비과세 요건을 보자(소득세법 제89조 제1항 제4호).

입주권의 비과세 요건

- 요건 1 : 관리처분계획 인가일과 철거일 중 빠른 날 현재에 비과세 요건(보유 및 거주 요건)을 갖출 것
- 요건 2 : 입주권을 양도한 날(잔금 청산일)에 다른 주택이 없을 것
- 요건 3 : 양도일 현재 다른 주택이 있는 경우에는 소유한 1주택을 취득한 날로 부터 3년 이내 당해 조합원 입주권을 양도할 것

일단 '요건 1과 2'는 1세대 1주택 비과세 요건과 같다. 즉 2년 보유 및 거주 요건을 갖춘 경우에는 비과세를 적용한다는 것이다. 다만, 보유 및 거주 요건은 입주권을 양도한 날이 아닌, 관리처분계획 인가일과 철거일 중 빠른 날에 충족해야 한다. 물론 관리처분계획 인가일 이후에 거주하는 경우도 있는데, 이런 경우 요건을 어떻게 따지는지 잠시 뒤에 살펴보자.

한편 '요건 3'은 일시적 2주택 비과세 특례를 적용하기 위한 요건에 해당한다. 이는 새로운 주택을 산 날로부터 종전 주택을 3년 내 양도하면 비과세를 적용하는 것처럼, 만일 입주권이 있는 상태에서 주택을 산 경우 주택을 산 날로부터 3년 내 입주권을 양도하면 입주권에 대해서도 비과세를 해 준다는 뜻이다. 물론 입주권은 관리처분계획

인가일과 철거일 중 빠른 날에 주택으로서의 보유 요건을 갖추고 있어야 한다.

참고로 원래 양도 시 실제 거래가가 12억 원을 초과한 주택은 1세대 1주택에 해당하더라도 모두 비과세를 적용하지 않는다. 입주권도 또한 같다.

입주권 비과세 요건 적용 시 쟁점 사항

입주권 비과세 요건을 적용할 때 다음과 같은 쟁점 사항에 유의하자. 현장에서는 이런 문제들이 세금을 크게 좌우하는 경우가 종종 있다.

- 쟁점: 앞의 '요건 1'에서 관리처분계획 인가일 이후에도 철거되지 않으면 보유 요건이 연장되는가?

이런 상황에 대해 국세청과 조세심판원의 입장은 다음과 같이 정리된다. 통상 법을 집행하는 곳은 국세청이고, 조세심판원은 법의 집행이 부당한 경우 심판을 통해 구제하는 곳이다. 따라서 둘의 입장이 어떤지 비교해 볼 필요가 있다.

다행히 관리처분계획 인가일 이후 집으로서 기능을 한다면 국세청이나 조세심판원은 보유 기간을 모두 인정해 주고 있다. 물론 이 기간 동안 실제 거주하는 등 집으로 사용했다면 당사자가 입증해야 할 것이다.

관리처분계획 인가일 이후의 미철거 주택에 대한 입장

구분	국세청	조세심판원
1세대 1주택 비과세 요건 중 보유 기간	주택으로 보아 계산	좌동
장기보유 특별공제 적용	입주권으로 보아 공제 배제	주택으로 보아 공제 적용
다른 주택 양도 시	주택으로 보아 다른 주택 과세 판단	입주권으로 간주 (국심 2005서 3349, 2005. 9. 12.)
입주권 특례 규정 적용 여부	입주권으로 비과세 판단	좌동
양도차익 계산 시	입주권으로 봄.	좌동

다른 쟁점 하나를 보자.

- 쟁점 : 1입주권과 1주택을 보유 중에 1주택을 처분하는 경우 비과세를 받을 수 없다고 하자. 이러한 상황에서 주택을 임대주택으로 등록한 후 1입주권을 처분하면 비과세를 받을 수 있을까?

일단 주택 등록 후 5년간 임대하면 1입주권에 대해서도 주택으로서 2년을 거주했다면 비과세가 가능하다고 판단할 수 있다. 하지만 입주권에 대한 비과세는 딱 앞에서 본 두 가지 유형에 한해서만 주어지고 있다(소득세법 제89조 제1항 제4호). 위의 쟁점은 이와 무관하므로 비과세 혜택이 주어지지 않는다. 따라서 이러한 상황에서는 1세대 1주택을 만들어 비과세 혜택을 받아야 할 것으로 보인다.

승계조합원의 입주권 비과세

관리처분계획 인가일 후에 입주권을 승계취득한 승계조합원이 그 입주권을 양도하는 경우에는 비과세를 받을 수 없다. 이들은 양도 전에 주택으로서 2년 이상을 보유(거주)하지 않았기 때문이다. 따라서 승계조합원들은 이 입주권이 주택으로 완공된 날로부터 2년 이상을 보유(거주)해야 1세대 1주택으로 비과세를 받을 수 있게 된다.

참고로 원조합원과 승계조합원의 입주권 등에 대한 1세대 1주택(일시적 2주택 포함) 비과세 제도를 요약하면 다음과 같다. 자세한 내용은 바로 뒤에서 살펴보자.

구분	원조합원	승계조합원
1입주권	비과세 가능(단, 관리처분계획 인가일과 철거일 중 빠른 날 현재 주택으로서의 보유 및 거주 기간이 2년 이상이어야 함.)	불가능함 (∵주택으로서의 보유 기간이 없기 때문)
선 1입주권, 후 주택 취득	입주권은 비과세 가능 (일시적 2주택 비과세 특례 적용)	상동
선 1주택, 후 1입주권 취득	승계조합원에 해당하므로 원조합원은 해당 사항 없음.	두 가지 형태로 비과세가 가능함. (②는 특례에 해당) ① 입주권 승계취득일로부터 3년 내에 기존 주택 양도 ② 입주권에 의한 주택 완공일로부터 3년 내에 기존 주택 양도 (단, 3년 내 이사 및 1년 이상 거주)

입주권을 주택으로 보면 과세 방식이 달라지나?

"입주권도 주택이라고 하는데, 그게 무슨 말이야? 그리고 그렇게 되면 어떤 영향이 있지?"

인터넷 검색을 하던 이절세는 입주권도 주택이라는 말이 생소하게 들렸는지 야무진에게 질문했다.

"오빠, 입주권도 사실상 주택에 해당된다고 해. 헌 집이 헐리고 다시 새집으로 바뀌게 되기 때문이지. 그 결과 주택 수가 늘어나게 되므로 다주택 보유자는 과세가 될 수 있고, 또 기본적으로 1세대 1주택에 대한 비과세를 받는 것도 힘들 수 있을 것 같아."

"……."

이절세 팀장은 야무진의 말이 도대체 이해가 되지 않았다.

재건축 또는 재개발사업에서 발생한 입주권을 권리로 생각하는 경우가 많으나 세법은 이를 주택으로 보아 과세 판단을 하고 있다. 예를 들어 1주택과 1입주권이 있는 상태에서 주택을 양도하면 1세대 1주택 비과세를 적용받을 수 있을 것 같지만 입주권도 주택에 해당되므로 비과세를 적용받기가 힘들어질 수 있다.

이하에서는 입주권의 주택 간주가 세금에 끼치는 영향에 대해 파악해 보기로 하자.

어떤 입주권이 규제 대상일까?

세법에서는 앞과 같이 규제하는 입주권을 '도시 및 주거환경 정비법' 및 '빈집 및 소규모주택 정비에 관한 특례법'상의 것으로 한정하고 있다. 그래서 이 법률의 적용을 받지 않는 지역조합이나 직장조합 등의 입주권과 일반 분양자들이 당첨으로 받은 분양권 그리고 수용 방식에 의한 특별 분양권은 기존 주택의 비과세나 과세 판단에 영향을 미치지 않는다. 다만, 2021년 이후에 취득한 분양권 등도 주택 수에 포함되므로 기존 주택의 비과세와 과세 판단에 영향을 미치고 있음에 유의해야 한다(주택 수에 포함되는 입주권과 분양권의 범위는 282쪽 참조).

상황별 입주권 비과세 요건

그렇다면 바뀐 규정이 나에게 어떤 영향을 주는지 상황별로 하나씩 점검해 보자. 일단 입주권이 주택으로 간주되므로 기존 주택이 있다면 과세 방식이 종전과 다르게 변할 것이다. 원조합원과 승계조합원은 어떤 식으로 비과세 등이 적용되는지 자세히 살펴보자. 참고로 입주권이 있는 상태의 비과세는 극히 제한적으로 적용되고 있다.

① 주택 1채를 갖고 있다가 그 주택이 멸실된 경우(원조합원)

주택 1채 보유는 실수요자로서의 성격이 강하다. 따라서 세법에서는 부동산인 주택이 권리 상태로 바뀌었다 하더라도 그 실질이 1세대 1주택에 해당하여 앞에서 본 것처럼 비과세 요건을 갖추었다면 비과세를 적용한다. 만일 비과세를 받지 못하는 경우 그 입주권은 실거래가로 양도세가 부과된다.

② 1입주권을 보유 중에 새로운 주택을 취득한 경우(원조합원)

원조합원이 1입주권을 보유한 중에 새로운 주택을 취득한 경우 세법상 1세대 2주택이 된다. 따라서 이 경우에는 새로운 주택을 취득한 날로부터 3년 내에 1입주권을 양도하면 비과세를 받을 수 있다. 이는 일시적 2주택에 대한 비과세 특례를 의미한다. 단, 이때 입주권은 관리처분계획 인가일과 철거일 중 빠른 날 현재 주택으로서의 보유(거주) 기간이 2년 이상 되어야 한다.

③ 1주택을 보유(거주 불문) 중에 그 주택이 멸실되어 사업 시행 중에 거주할 수 있는 주택(대체주택)을 사는 경우(원조합원)

이런 상황이라면 취득의 불가피성이 있다. 따라서 다음과 같은 조건을 모두 충족한 상태에서 그 대체주택을 양도하면 역시 비과세를 적용한다.

- 사업 시행 인가일 이후 대체주택을 취득하고 그곳에서 1년 이상 거주해야 한다.
- 재건축 주택 완공 전 또는 완공 후 3년 내 그 대체주택을 양도해야 한다.
- 재건축 주택 완공 후 3년 이내 재건축 주택으로 세대 전원이 이사하고 그곳에서 1년 이상 거주해야 한다(단, 취학, 근무상 형편, 질병 요양 등으로 세대원 일부가 이사하지 않는 경우라도 세대원 모두가 이사한 것으로 인정).

참고로 앞의 상황에서 대체주택을 양도하지 않고 재건축 아파트가 완공된 후 완공된 아파트를 먼저 양도하면 1세대 2주택자로 과세되는 것이 원칙이다. 위에서 대체주택을 사는 시점이 사업 시행 인가일 이후라는 점을 기억하기 바란다.

④ 주택 1채를 보유 중 입주권을 취득한 경우(승계조합원)

이런 상황이라면 입주권도 주택 수에 포함되어 기존 주택의 과세 방식에 영향을 주게 된다. 하지만 실수요자들을 배려하기 위해 다음과 같이 두 가지 형태로 비과세를 받을 수 있도록 했다.

첫 번째 유형은 일시적 2주택 비과세 특례가 적용되는 경우이다. 따라서 입주권을 취득(기존 주택 취득 후 1년 이후에 취득해야 한다)한 날로부터 3년 이내 기존 주택을 양도하면 비과세를 받을 수 있다. 다만, 이 기존 주택은 양도 당시에 비과세 요건을 갖추어야 한다(아래 그림 ① 부분에 해당).

두 번째 유형은 바로 앞처럼 입주권을 취득한 후 3년 내 기존 주택을 양도하지 못하는 상황을 염두에 두고 있다. 기존 주택을 양도하면 전세로 살거나 기존 주택을 팔고 다른 주택을 사서 살아야 하는데, 이는 세법이 거주 자유를 심각하게 훼손하게 된다. 따라서 다음과 같은 조건을 충족하면 역시 실수요자 관점에서 비과세를 하게 된다(아래 그림 ②, ③에 해당).

- 기존 주택은 양도한 당시에 비과세 요건을 갖추어야 한다.
- 재건축 주택 완공 전 또는 완공 후 3년 이내 기존 주택을 양도해야 한다.
- 재건축 완공 후 3년 이내 재건축 주택으로 세대 전원이 이사하고 1년 이상을 거주해야 한다(취학 등의 예외 사유 인정).

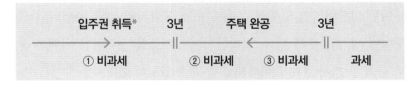

* 이때 입주권은 기존 주택의 취득일로부터 1년 이후에 취득하지 않아도 된다. 첫 번째 유형에서 1년 이후에 취득해야 하는 것과 차이가 있다. 다만, 2022년 2월 15일 이후부터는 위 첫 번째 유형처럼 "1년 이후"에 취득해야 비과세를 받을 수 있다(세법이 개정됨).

⑤ 입주권 승계취득 후 주택을 취득한 경우(승계조합원)

이 경우 1세대 2주택이 되나 입주권은 주택으로서의 보유 기간이 없으므로 비과세를 받을 수 없다. 따라서 향후 입주권에 의한 주택이 완공된 날로부터 3년 내에 기존 주택을 양도하면 일시적 2주택에 의한 비과세 특례가 성립하는지가 궁금할 것이다. 이에 대해서 과세관청은 비과세를 적용하지 않는 것으로 해석하고 있다(양도, 기재부 재산세제과-37, 2020. 1. 14.). 구체적인 것은 저자 등을 통해 확인하기 바란다.

⑥ 주택 2채를 갖고 있다가 그중 1채가 멸실된 경우(원조합원)

현행 세법은 2주택 이상을 보유하다가 그중 1주택이 재건축 등으로 멸실된 상황이라면 이를 실거주자의 관점이 아니라 투자수요자의 관점으로 보아 앞에서 본 비과세를 박탈하고 과세를 하게 된다.

종전 같으면 2주택 중 1주택이 멸실되어 1주택과 1입주권 상태로 변한 상태에서 비과세 요건을 갖춘 주택을 양도했다면 비과세를 받을 수 있었다. 하지만 지금은 비과세 요건을 갖추었더라도 비과세를 받을 수 없다. 입주권이 주택으로 간주되어 여전히 1세대 2주택 상태가 유지되고 있기 때문이다. 이 상태에서 입주권이 아닌 다른 주택을 양도해도 비과세를 적용받을 수 없다.

⑦ 1+1 재건축·재개발의 경우

1주택이 2입주권이 된 경우 그중 한 주택에 대해서는 비과세 혜택이 주어지나 나머지 1채는 과세가 되는 것이 원칙이다.

⑧ 임대주택이 재건축 등에 들어간 경우

임대 중에 있는 등록 주택이 재건축이나 재개발사업 등에 의해 멸실된 경우가 있다. 이때 재건축 등으로 완공된 아파트는 더 이상 임대등록을 할 수 없으므로 이 경우 세제를 어떻게 적용할지가 궁금할 수 있다(리모델링 주택도 동일한 원리가 적용됨). 대략적인 것만 요약해보자.

- **멸실 전에 받은 혜택에 대한 세제의 적용:** 이에 대해서는 추징을 하지 않는다.
- **현재 공사가 진행 중에 있는 경우:** 재건축 등이 진행되는 순간 임대등록이 말소되므로 더 이상 임대사업자가 아니다. 이러한 상황에서 주의할 것은 이 상태에서 거주 주택을 양도하면 비과세가 적용되지 않는다는 것이다. 주의하기 바란다.
- **임대주택이 완공된 경우:** 2020년 8월 18일 이후부터 아파트에 대해서는 무조건 임대등록을 할 수 없다. 재건축 등에 의해 완공된 주택은 더 이상 임대주택이 아닌 일반주택에 해당하기 때문이다. 따라서 이 경우에는 주택 수를 조절해 1세대 1주택 비과세를 받아야 할 것으로 보인다.

※ **저자 주**
재건축·재개발 시 원조합원의 입주권은 실질이 주택에 해당하므로 이를 주택으로 보아 세법을 적용하는 것이 원칙이다. 다만, 관리처분계획 인가일 이후에 입주권을 취득한 승계조합원은 완공 시에 주택을 취득한 것으로 보아 세법을 적용한다. 원조합원과 승계조합원의 과세 방식에 차이가 있음에 유의해야 한다. 참고로 재건축 등에 의해 완공된 주택에 대한 양도세 계산법은 편의상 생략을 한다. 필요시 저자의 카페에 문의하기 바란다.

분양권 세금 다루는 방법

"오빠, 이거 봐."

야무진이 남편 이절세에게 스마트폰으로 어떤 블로거가 쓴 글을 보여 줬다. 거기에는 아래와 같은 취지의 글이 있었고 많은 사람이 호응을 하고 있었다.

'프리미엄이 발생한 분양권을 본인이 양도하면 양도세를 최고 50%(2021. 6. 1. 이후는 70%)로 내야 하는데, 배우자한테 증여한 후에 3개월 내에 양도하면 이를 내지 않아도 된다.'

그리고는 이에 대한 근거로 세법에 있는 각종 규정을 나열하고 있었다. 또한 마지막 부분에는 이에 대한 내용을 어떤 세무 전문가가 책에다 기술해 뒀다는 얘기도 덧붙이고 있었다. 나름대로 문제가 있다는 생각이 들었는지 세무 전문가를 들먹이고 있었던 것이다.

"어, 이거 국세청이 알면 큰일 나겠는데?"

이절세가 말을 이어받았다.

"아니 왜? 이거 합법적인 거 아니야? 글 보니까 배우자한테 증여받은 분양권을 3개월 내에 양도하면 양도세 신고할 때 양도가액과 취득가액이 같아져서 세금이 없다고 하는데……."

이절세는 딱히 할 말이 없었다. 판단이 쉽지 않았기 때문이었다.

지금부터 분양권을 둘러싼 다양한 쟁점들을 살펴보자. 물론 고단수 세무사가 이에 대한 해법을 제시해 줄 것이다.

분양권은 권리 측면에서는 입주권과 유사하나 세무 측면에서는 그 내용이 확연히 다르다. 입주권은 신축의 개념이 적용되고 분양권은 유상 매매의 개념이 적용되기 때문이다. 이러한 차이가 두 물건 간의 과세 방법에 차이를 만들고 있다.

일반 분양자의 아파트 당첨권인 분양권은 새로운 아파트에 입주할 수 있는 눈에 보이지 않는 권리다. 잔금을 치르기 전까지 지속된다.

분양권이 변하면서 세금에 어떤 영향을 주는지 살펴보자.

분양권의 취득과 세금

일반 분양에 당첨된 사람들은 분양가액을 제때 내기만 하면 되며, 추후 주택이 완공되면 분양가액을 기준으로 취득세를 납부하고 소유권을 넘겨받는다. 따라서 일반 분양에 당첨됐거나 분양권을 매입해 취득했다고 해서 바로 내는 세금은 없다. 다만, 분양권도 취득세 중과세 등을 판단할 때 주택 수에 포함되고, 향후 완공 시 취득세를 낼 때 중과세율이 적용될 수 있다는 점이다. 물론 모든 분양권이 이에 해당하지 않고 2020년 8월 12일 이후에 계약한 것만 해당한다. 이에 대한 자세한 내용은 제2장에서 다루고 있으니 해당 부분을 참조하기 바란다.

분양권의 양도세 과세 방법

분양권을 양도하면 무조건 양도세를 실거래가로 계산하게 된다. 분양권에 비과세 혜택을 줄 이유가 없기 때문이다. IMF 때 최초 분양 계약을 체결한 사람들에게 양도세 감면 혜택을 준 것도 분양권이 아닌 완공 아파트였다. 따라서 분양권을 양도해도 이에 대해서는 비과세(입주권의 일부는 제외)나 감면 혜택은 없다.

분양권의 양도세는 보유 기간에 따라 큰 차이가 있다. 보유 기간에 따라 세율이 달라지기 때문이다. 뒤의 TIP에서 확인하기 바란다.

그런데 분양권 외의 주택에 대한 비과세나 중과세를 판단할 때에는 공급가격이 3억 원 이상인 분양권도 주택 수에 포함된다. 다만, 해당

분양권은 2021년 1월 1일에 취득한 것만 해당된다. 2021년 1월 1일 이후에 취득한 분양권이 주택 수에 포함되면, 아래와 같이 주택의 비과세와 중과세 판단에 영향을 줄 수 있다.

① 비과세

분양권 외 다른 주택이 있는 경우 분양권을 취득한 날로부터 3년 내에 종전 주택을 취득하면 비과세가 가능하다. 한편 분양 주택의 완공일로부터 3년 내에 종전 주택을 양도해도 된다. 다만, 이때에는 분양 주택의 취득일로부터 3년 내에 이주해야 하고 그 곳에서 1년 이상 거주해야 하는 요건을 갖춰야 최종 비과세가 적용된다(이 외는 비과세 불가).

② 중과세

분양권 외 다른 주택 있는 경우로서 주택 수가 2채 이상인 상태에서 조정대상지역 내의 주택을 양도하면 중과세율이 적용된다.

한편 분양권을 증여하면 불입금액과 프리미엄을 합한 금액에 증여세가 부과된다. 증여는 통상 배우자 간에 6억 원, 성년자는 5,000만 원, 미성년자는 2,000만 원까지 비과세된다.

배우자한테 분양권을 증여하고 양도하면 양도세가 없어질까?

앞에서 야무진과 이절세가 대화한 내용은 무엇을 의미하고 현재 세법의 입장은 무엇인지 살펴보자.

원래 분양권을 양도해 양도차익이 발생하면 양도세를 무조건 내야 한다. 그런데 분양권에 대한 양도세율이 상당히 높으므로 세후 수익이 상당히 떨어지게 된다. 그래서 일부에서는 이 분양권을 배우자한테 증여한 다음에 증여받은 날로부터 3개월 내에 양도하는 식으로 권유한 적이 있었다. 이렇게 하면 분양권의 양도가액과 취득가액이 같아져 양도차익이 0원이 되기 때문이다. 예를 들어 남편이 불입한 분양권 가액이 1억 원이고 시세가 2억 원이 된다고 하자. 만일 남편이 이를 양도하면 차익 1억 원에 대해 50%(2021. 6. 1. 이후는 70%, 60%) 인 5,000만 원을 세금으로 내야 한다. 하지만 이 분양권을 부인한테 증여하고 부인이 이를 3개월 내에 양도하면 부인이 증여받은 가액은 2억 원이 된다. 세법은 증여가액을 책정할 때 증여일 전후 3개월의 거래가액을 증여재산가액으로 보고 있기 때문이다. 따라서 부인이 분양권에 대한 양도세를 계산할 때에는 양도가액도 2억 원, 취득가액도 2억 원이 되어 결과적으로 양도차익이 0원이 되게 된다.

그렇다면 이에 대한 세법의 태도는 어떨까?

그동안 양도세를 규율하고 있던 소득세법에서는 분양권과 입주권에 대해서는 이월과세를 적용하지 않고 부당행위계산 부인 규정만 적용하였다. 하지만 후자의 경우 해당 소득이 수증자에게 귀속되면 이 규정마저도 적용하지 않게 된다. 그리하여 분양권 증여를 통해 양도하면 세 부담 없이 분양권 전매를 할 수 있었다. 이에 정부는 뒤늦게 사태의 심각성을 파악하고 2019년 2월 12일 이후 분양권 양도분에 대해서는 이월과세 제도를 적용하기에 이르렀다. 이 제도는 수증자가 증여를 받은 후 10년(2022년 이전 증여분은 5년) 내에 이를 양도하면 취득가액을 당초 증여자의 것으로 하는 제도를 말한다. 결국 이날 이후에 분양권을 이런 방식으로 양도하면 절세 효과를 누리기가 힘들게 된다.

분양권 공동명의 전환 시 주의해야 할 것들

분양권을 보유 중에 부부 공동명의로 전환하는 경우가 있다. 이때 주의할 것이 있다. 부채를 승계시키면서 분양권을 증여하면 이는 세법상 부담부 증여에 해당되어 증여세와 양도세 과세 문제가 발생하기 때문이다. 다만, 프리미엄이 없는 경우에는 이러한 문제가 발생하지 않는다. 예를 들어 현재 불입액이 2억 원이고 대출은 1억 원이며 프리미엄은 4억 원인 분양권이 있다고 하자. 이 상태에서 분양권의 1/2을 배우자에게 증여한다고 하자. 이 경우 세금 관계를 정리하면 다음과 같다.

- **대출을 승계하지 않는 경우:** 증여가액은 총 6억 원(불입액+프리미엄)의 1/2인 3억 원이므로 증여세는 발생하지 않는다. 부부간에는 6억 원까지 증여세가 발생하지 않는다.
- **대출을 승계한 경우:** 3억 원 중 대출 승계액 5,000만 원은 양도가액이 되고 나머지 2억 5,000만 원은 증여가액이 된다. 따라서 증여세는 없지

만 양도세가 발생한다. 양도세는 양도가액 5,000만 원에서 취득가액을 차감해서 계산한다. 취득가액은 전체 불입금액의 절반인 1억 원에 대해 '(5,000만 원/3억 원)'을 곱한 833만 원이 된다.

TIP

분양권은 언제 파는 것이 좋을까?

일반 분양자가 완공된 아파트를 팔 때 보유 기간 산정에 분양권 보유 기간은 포함되지 않는다. 그렇기 때문에 완공된 후 단시일 내 팔면 높은 세율을 적용받게 된다.

결국 실수요자나 장기 보유자가 아니라면 분양권 상태에서 양도하는 편이 더 유리할 수 있다. 물론 이러한 의사 결정은 자금 보유 능력, 전매 가능 여부, 시세 예측 등의 변수에 따라 달라질 수 있다. 한편 2021년 이후부터 분양권도 주택 수에 포함되므로 분양권 외 다른 주택들을 팔 때 비과세와 중과세에 많은 영향을 줄 수 있다. 상당히 파괴력이 큰 제도에 해당될 수 있다. 참고로 분양권과 분양권으로 취득한 아파트의 양도세율은 다음과 같다.

- **분양권 양도**: 2021년 6월 1일 이후부터는 지역과 무관하게 무조건 1년 미만은 70%, 1년 이상은 60%를 적용한다.

- **분양 아파트의 양도**: 잔금 지급일로부터 1년 미만은 70%, 1~2년 미만은 60%, 2년 이상은 6~45%를 적용한다.

- **분양권 양도 후 주택 양도**: 2021년에 취득한 분양권과 주택 보유 중에 분양권을 처분한 후에 주택을 1세대 1주택으로 바로 양도하면 2022년 5월 10일 이후부터 비과세를 받을 수 있게 되었다.

주택 수에 포함되는 입주권과 분양권의 범위

최근에 부동산 세금이 복잡해진 이유 중 하나는 양도세와 취득세에서 입주권과 분양권 등이 주택 수에 포함되었기 때문이 아닌가 싶다. 그 결과 비과세와 과세 방식에 많은 영향을 미치고 있다. 그런데 문제는 주택 수에 포함되는 입주권과 분양권의 범위가 양도세와 취득세에서 다르다 보니, 이로 인해 다양한 쟁점이 다수 발생한다는 것이다. 따라서 독자들은 이들 세목별로 주택 수에 포함되는 입주권과 분양권의 범위를 먼저 이해하는 것이 중요하다. 이하에서 정리해 보자.

1. 양도세

입주권은 2006년부터, 주택분양권은 2021년부터 주택 수에 포함되고 있다. 다만, 주택 수에 포함되는 입주권과 분양권은 아래와 같은 것만 해당한다(소득세법 제88조 참조).

구분		2021년	2022년 이후
도정법상 조합원	재건축사업	입주권	좌동
	재개발사업	입주권	좌동
	주거환경개선사업	분양권	좌동
소규모주택법상 조합원	소규모재건축사업	입주권	좌동
	자율주택정비사업	분양권	입주권
	가로주택정비사업	분양권	입주권
	소규모재개발사업	분양권	입주권
기타 법률상 수분양자	1. 건축물의 분양에 관한 법률 2. 공공주택 특별법 3. 도시개발법 4. 도정법 5. 소규모주택법 6. 산업입지 및 개발에 관한 법률 7. 주택법 8. 택지개발촉진법	분양권	좌동

통상 29세대 이하로 건축되는 다세대주택이나 단독주택 등은 위에 열거되지 않은 건축법에 따라 건축된다. 따라서 이러한 주택의 분양권은 소득세법상 주택 수에 포함되지 않는다.

2. 취득세

취득세의 경우 2020년 8월 12일 이후에 취득한 조합원 입주권과 주택분양권, 주거용 오피스텔이 주택 수에 포함되고 있다(지방세법 제13조의3). 그런데 취득세에서는 앞의 양도세와는 다르게 입주권과 분양권을 정의하고 있다. 소득세법과 비교하면 아래와 같다.

구분		소득세법	지방세법
도정법상 조합원	재건축사업	입주권	좌동
	재개발사업	입주권	좌동
	주거환경개선사업	분양권	–*
소규모주택법상 조합원	소규모재건축사업	입주권	좌동
	자율주택정비사업	입주권	–*
	가로주택정비사업	입주권	–*
	소규모재개발사업	입주권	–*
기타 법률상 수분양자	1. 건축물의 분양에 관한 법률 2. 공공주택 특별법 3. 도시개발법 4. 도정법 5. 소규모주택법 6. 산업입지 및 개발에 관한 법률 7. 주택법 8. 택지개발촉진법	분양권	좌동 (단, 수분양자로서의 분양권을 말함.)

* 일반 분양분만 지방세법상 주택 수에 산입된다.

☞ 소득세법과 지방세법상의 입주권과 분양권의 범위에 대해서는 차이가 있다는 점을 다시 한번 확인하기 바란다.

상가빌딩·토지
절세 전략

와우~ 멋진 빌딩들이
즐비하군.

상가빌딩 분양 부가세를 환급받는 방법

　야무진의 고객 중에는 상가나 빌딩을 소유한 사람들이 많다. 그들은 보유하는 재산도 많을 뿐더러 안정적인 임대수입으로 부자의 조건을 갖춘 사람들이었다.

　야무진은 이런 고객들을 상대로 자산관리 업무를 하면서 재산과 수입 관리에 대한 조언이 필요함을 깨달았다. 특히 상가나 빌딩의 임대사업에 대한 지식이 필요해 틈나는 대로 임대업 세금 관련 공부를 했다. 물론 그의 곁에는 고단수 세무사가 있었다.

　상가, 빌딩, 오피스텔을 분양받아 임대할 때는 단계별로 세금이 있다. 분양을 받을 때 상가부가세(원래 용어는 '부가가치세')의 환급, 임대 관련 소득세와 부가세, 양도 시 나타나는 양도세와 부가세가 그것이다.

서울 청담동에 거주하는 김성실 씨의 사례로 상가 세금을 살펴보자. 김 씨는 자수성가해 모은 돈으로 상가를 분양받아 임대하려 한다. 자료가 다음과 같을 경우 분양부터 폐업까지 세금은 어떻게 나올까?

〈자료〉

- 상가 분양 내역

  - 토지 가액: 2억 원

  - 건물 가액: 2억 원(부가세 2,000만 원 별도)

  - 계: 4억 2,000만 원

- 분양 대금 지급 스케줄

  - 계약금(20%): 2025년 5월 10일 8,400만 원(부가세 400만 원 포함)
  - 중도금(30%): 2025년 7월 10일 1억 2,600만 원(부가세 600만 원 포함)
  - 잔금(50%): 2025년 9월 10일 2억 1,000만 원(부가세 1,000만 원 포함)

- 임대 현황

  - 보증금 5,000만 원

  - 월세 250만 원(부가세 10% 별도)

일반과세자가 유리할까, 간이과세자가 유리할까?

상가를 분양받아 임대를 시작하면 임대사업자가 된다. 임대사업자가 사업자등록을 하는 방법은 일반과세자와 간이과세자가 있다.

일반과세자는 분양받을 때 낸 세금을 환급받고 추후 임대료를 받을 때 월세의 10%를 부가가치세로 내는 사업 형태다. 간이과세자는 분양받을 때 낸 세금을 환급받지 않고 대략 월세의 4%(부가율 40%× 10%)를 부가세로 낸다. 하지만 임대료가 월 400만 원(연간 4,800만 원)에 미달하면 부가세를 낼 필요가 없다.

때에 따라서는 사업자등록을 하지 않기도 한다. 주로 임차인이 간이과세자이거나 사업자등록이 없어 세무서에서 임대차 내용을 알 수 없는 경우가 그렇다. 하지만 추후 사실이 밝혀지면 그때까지 내지 않은 세금을 한꺼번에 내야 한다.

앞의 김 씨의 사례를 통해 분양받은 뒤 3가지 유형에 대한 1년 동안의 세금을 비교해 보자. 단, 보증금 이자 상당액에 대해서도 부가세는 내야 하나 편의상 계산을 생략한다.

구분		사업자등록		무등록
		일반과세자	간이과세자	
부가세	환급	2,000만 원	-	-
	과세	-300만 원	납부 면제	-
	계	1,700만 원	-	-
소득세		동일하게 부과		-
건강보험료 등 사회보험		동일하게 부과		-

사업자등록을 하지 않으면 세금에서 자유롭다. 소득세나 보험료 등이 발생하지 않기 때문이다. 하지만 현실적으로는 문제가 많다. 신규

분양의 경우 분양 업체가 세금계산서를 발행하지 않으면 불이익을 당하고 임차인의 세금계산서나 영수증 발행 요구를 거절할 수 없다. 그리고 거래 상대방이 사업자등록을 내게 되면 필수적으로 임대차계약서가 세무서에 들어가기 때문에 더더욱 그렇다.

따라서 사업자등록은 할 수밖에 없다. 다만, 일반과세자와 간이과세자를 선택할 수 있는 입장이라면 전자가 현금흐름 측면에서 좋다. 임대하면서 내는 부가세는 원래 임차인이 부담하는 세금이므로 분양 당시 부담한 세금을 환급받는 편이 유리하기 때문이다. 참고로 일반과세자는 환급이 가능하나 간이과세자는 환급이 불가능함에 유의하자.

일반과세자로 등록해 부가세를 환급받는 방법

사업자등록은 분양 계약 체결 시점에 해야 한다. 김 씨의 경우 2025년 5월 10일에 계약금을 지급했으므로 2025년 5월 30일까지는 사업자등록이 돼야 한다. 세법에서는 사업자등록 신청일부터 역산해 20일 안의 부가세만 공제해 주기 때문이다. 다만 최근에는 사업자등록 신청을 과세기간 종료일로부터 20일 내에 하는 경우에도 매입세액을 환급해 주고 있다. 따라서 사례의 경우에는 2025년 7월 20일까지 등록을 신청하면 계약금에 대한 부가세부터 환급을 받을 수 있다. 사업자등록을 신청하기 위해서는 분양계약서, 신청서, 신분증이 필요하다.

이렇게 신청을 하면 언제 환급이 될까?

부가세는 원칙상 확정신고 기한(7월 25일, 다음 해 1월 25일)이 경과한 후 30일 안에 환급해 준다. 다만, 사업 설비 등에 투자한 금액은 조기환급 신고를 하면 신고 기한 경과 후 15일 안에 환급해 준다. 신고는 매월, 2개월 단위, 분기 등을 기준으로 하면 된다. 김 씨가 부가세를 빨리 환급받으려면 5월, 7월, 9월 등 격월로 25일까지 신고서를 꾸며 신고하면 된다. 분양계약서, 대금 지급 영수증 등과 신고 서류(신고서, 매입 세금계산서 합계표, 건물 등 감가상각자산 취득명세서 등)를 제출하면 된다.

한편 세금 부과와 관련해 일반과세자가 주의해야 할 점이 있다. 임대료가 연간 4,800만 원(부동산 임대업과 유흥주점업 외는 1억 400만 원)에 미달하면 세무서에서 직접 일반과세자를 간이과세자로 바꿔 버리는 경우가 있다. 이렇게 되면 당초 분양받을 때 환급받은 부가세의 대부분을 다시 추징당할 수도 있다. 따라서 과세 유형 변경 통지를 받은 임대사업자가 있다면 '간이과세 포기 신고'를 통해 일반과세자를 유지해야 한다. 통지서를 받은 즉시 신고해야 불이익을 예방할 수 있다.

TIP

상가빌딩의 분양권 양도

상가빌딩이 완공되기 전에 분양권 상태로 양도나 증여를 할 수 있다. 이때 양도세와 증여세가 반드시 나타난다.

양도세는 실거래가로 계산한 양도차익에 보유 기간에 따른 양도세율(50%, 40%, 6~45%)이 적용되고, 증여는 순수한 증여재산가액(프리미엄 포함)에 증여세율을 적용해 과세된다.

임대부가세와 임대소득세 신고는 어떻게 할까?

분양이 완료되고 임차인과 임대차계약이 성사되었다면 본격적으로 임대업을 영위하게 된다. 그렇다면 임대 후에 발생하는 세금에는 어떤 것이 있을까?

우선, 임대 기간에는 부가세와 소득세 신고 등의 문제가 발생한다. 부가세는 월세의 10%나 임차보증금의 이자 상당액의 10%를 정기적으로 국가에 내는 세금을 말한다. 소득세는 매출에서 경비를 차감한 이익에 대해 6~45% 세율로 내는 세금을 말한다. 이 중 소득세가 부담이 될 수 있는데 임대소득이 많아질수록 소득세가 누진적으로 증가하기 때문이다.

통상 임대업은 경비가 부족하므로 이익이 많이 잡혀 소득세가 많이 나오는 업종 중 하나다.

이하에서 김 씨가 부담해야 하는 세금들을 만나 보자.

부가세

매달 세금계산서를 주고받았다면 임대사업자는 6개월간(1. 1.~6. 30.과 7. 1.~12. 31.)의 부가세를 모아 납부해야 한다. 또 임대보증금의 이자 상당액에 대해서도 부가세를 따로 계산해야 한다. 여기서 임대보증금의 이자 상당액을 세법 용어로 '간주임대료'라 한다. 참고로 간이과세자는 1년 단위로 부가세를 신고 및 납부한다[단, 연간 매출액이 4,800만 원(2021년 전은 3,000만 원)에 미달 시 부가세 납부 의무가 면제됨].

김 씨의 경우는 다음과 같이 계산한다.

- 월세: 250만 원×10%×6개월=150만 원
- 보증금 이자: (5,000만 원×3.5%)×181일/365일×10%=8만 6,780원
- 계: 158만 6,780원

보증금 이자에 대한 부가세 계산 중 3.5%는 고시된 것(수시 변동)이다. 이 간주임대료에 대한 부가세는 원래 임대인이 내는 세금이다. 하지만 임대차계약 시 임차인이 부담할 수 있도록 특약으로 맺을 수 있다. 참고로 월세에 대해서는 세금계산서를 발행해야 하지만, 간주임대료에 대해서는 세금계산서를 발행해서는 안 된다. 그러다 보니 간

주임대료를 임차인이 부담하더라도 임차인은 이를 자기의 매출세액에서 공제받지 못한다. 일반적으로 부가세는 세금계산서나 신용카드 등에 의해 객관적으로 나타난 것만 공제하기 때문이다.

한편, 임대하면서 부담한 매입 세금계산서상의 부가세는 매출세액에서 공제된다. 예를 들면 승강기 수리비 등이 이에 해당한다.

TIP

임대료를 낮춰 신고하면?

임대료를 정확히 신고하는 사업자들이 의외로 많지 않다. 임차인이 간이과세자나 면세사업자로 세금계산서를 요구하지 않거나 임차료를 깎아 주는 대신 세금계산서 발행을 생략하고 있기 때문이다.

하지만 부가세와 소득세 등이 탈세되고 있는 만큼, 이 사실이 과세당국에 알려질 경우 임대 기간 동안 탈루된 세금이 한꺼번에 적출될 가능성이 높다. 따라서 임대사업자들은 제대로 세금계산서를 발행하고 신고하는 것이 바람직하다.

재산세와 종부세

상가빌딩을 보유한 사람에게는 재산세와 종부세가 과세된다. 재산세는 상가빌딩의 토지와 건물 부분에 부과되며, 종부세는 상가빌딩의 부속 토지에 대해서만 부과된다. 종부세는 구체적으로 상가빌딩의 부속 토지가 공시지가 80억 원을 초과한 경우 초과 금액에 0.5~0.7%로 부과된다.

종합소득세

부동산 임대소득도 종합소득(근로·사업·이자·배당·기타소득 등)에 해당되므로 다른 소득이 있다면 다음 해 5월(단, 성실신고확인 대상 사업자는 5~6월) 중에 모든 소득을 합산해 세금을 정산하게 된다.

예를 들어 앞의 김성실 씨가 제조업 영위 사업자라면 여기에서 번 소득과 임대소득을 합산해 재정산한다는 뜻이다. 따라서 임대소득이 아닌 소득이 많은 사람들은 처음 명의를 정할 때 재산과 소득 분산을 고려해야 세금을 절약할 수 있다.

만일 김 씨에게 사업 순소득이 3억 원 있고 아내는 주택만 보유하고 있다면 명의를 정할 때 어떻게 하는 것이 좋을까?

김 씨 부부의 연간 임대수익은 3,000만 원(250만 원×12개월)이며, 이 금액의 약 60%는 세금이 부과되는 소득이라고 하자. 기타 임대보증금에 대한 이자 상당액을 무시하면 1,800만 원이 과세소득이다.

① 김 씨 명의로 하는 경우

김 씨는 이미 사업소득이 소득세의 최고세율에 가까운 38%를 적용받고 있기 때문에 추가되는 임대소득도 마찬가지로 이 세율을 적용받게 된다.

- 김 씨에게 증가되는 세금: 1,800만 원×38%=684만 원

② 아내 명의로 하는 경우

아내는 현재 소득이 없으므로 김 씨보다 낮은 세율이 적용된다.

- 김 씨 아내의 세금: 1,800만 원×15%-126만 원(누진공제액)=144만 원

아내가 김 씨보다 세금이 540만 원 적다. 다만, 아내 명의로 하면 재산에 대한 자금출처조사가 이뤄질 수 있다. 상가는 30세 이상인 사람이 5,000만 원, 40세 이상이 1억 원을 초과해 취득하면 자금출처를 조사할 수 있다. 하지만 사례의 김성실 씨 건물 및 토지의 총 취득금액이 4억 원으로, 배우자 간 증여 시 비과세 한도인 6억 원에 미달하므로 이에 대한 세무상 문제점은 없다.

③ 공동으로 소유하는 경우

배우자 간 증여공제액이 3억 원에서 6억 원으로 증가되었으므로 이 사례에서 증여세 문제는 없다. 그런데 문제는 임대소득세다.

임대소득은 총괄적으로 계산된 뒤 지분비율로 나뉘어 각자의 다른 소득에 합산된다. 김 씨의 지분비율이 50%라면 과세소득 1,800만 원 중 900만 원을 가져가게 된다. 아내에게는 나머지 900만 원의 과세소득이 발생한다.

- 김 씨에게 증가되는 세금: 900만 원×38%=342만 원
- 김 씨 아내의 세금: 900만 원×6%=54만 원
- 계: 396만 원

김 씨 명의로 할 때보다는 낮게 도출됐지만 아내 명의로 할 때보다는 높게 나왔다. 부부나 가족 간에 이렇게 공동명의로 사업을 하는 경우가 많은데, 세법상 문제는 없을까?

가족 간 공동사업을 할 때는 각자의 지분비율을 인정하고 있다. 다만, 조세회피가 의심될 때는 지분비율이 큰 사람의 것으로 고쳐서 과세된다는 점에 주의하자.

한편 임대수입이 연간 4,800만 원에 미달하는 사업자는 장부를 작성하지 않더라도 무기장 가산세는 없다. 또한 소득을 신고할 때도 간편하게 처리할 수 있다. 하지만 4,800만 원을 초과하면 장부 작성이 필요해진다. 기장을 하지 않으면 무기장 가산세가 20% 붙기 때문이다.

TIP

상가 건물의 지분 증여와 임대소득세

상가 건물을 단독으로 소유하는 것보다 지분으로 소유하면 임대소득세가 줄어든다. 예를 들어 혼자 임대한 경우 2억 원의 순소득이 발생하는데, 배우자에게 30%, 자녀 2명에게 각각 10%씩 지분을 증여한 경우의 임대소득세를 계산해보면 다음과 같다.

① 단독: 2억 원×6~45%＝2억 원×38%－1,994만 원(누진공제)＝5,606만 원

② 증여 후

구분	본인	배우자	자녀 1	자녀 2	계
지분율	50%	30%	10%	10%	100%
임대소득금액	1억 원	6,000만 원	2,000만 원	2,000만 원	2억 원
세율	35%	24%	15%	15%	–
산출세액	1,956만 원	864만 원	174만 원	174만 원	3,168만 원

단독으로 임대하는 경우와 비교하여 2,438만 원 정도의 세금 차이가 발생하고 있다. 참고로 상가 건물의 지분을 정할 때에는 건강보험료를 포함하여 분석하는 것이 좋다. 일반적으로 공동등기에 의해 줄어드는 소득세가 늘어나는 건강보험료를 초과하는 경우가 많다.

이 외 2020년 이후부터 꼬마빌딩*에 대해서는 감정가액으로 상속세나 증여세가 과세될 수 있음에 유의해야 한다.

* 꼬마빌딩 외 기타 모든 부동산에 대해서도 감정가액으로 재평가될 수 있음에 유의해야 한다.

법인 전환과 관리법인 설립 중 어떤 것이 좋을까?

"헉 세금이 이렇게 많나요?"

요즘 개인사업자들 중 고소득자들이 골머리를 앓고 있다. 사회적인 양극화 현상으로 인해 부자들이 더 많은 세금을 내도록 요구받고 있기 때문이다. 물론 상가나 빌딩 등을 임대하는 사업자들도 예외는 아니다. 특히 상가 등의 임대소득에 대한 세금도 문제이지만 임대용 부동산의 상속세 문제도 간단치가 않다. 지금부터는 부동산 임대사업자가 당면하는 세금 문제와 절세법 등에 대해 알아보자.

※ **저자 주**
2025년 이후 부동산 임대업에 대한 세제가 강화될 예정이다. 예를 들어 임대업을 중소기업 업종에서 제외하여 접대비 한도액을 3,600만 원에서 1,200만 원으로 낮추는 한편, 소규모 임대법인에 대한 법인세율을 9~24%에서 19~24%로 올린다. 주의하기 바란다.

고소득 임대사업자들이 당면하는 세금 문제

고소득 임대사업자들이 당면하는 세금 문제에는 다음과 같은 것들이 있다.

첫째, 높은 소득세율이 적용된다

현재의 소득세율은 6~45%로 지방소득세 10%를 감안하면 최고 49.5%까지 치솟는다. 따라서 임대소득이 많은 사업자들이 더 많은 세금을 부담할 가능성이 높아졌다.

둘째, 성실신고확인 제도가 적용되고 있다

이는 개인사업자의 장부 작성 내용이 제대로 되었는지를 세무 대리인으로부터 확인받도록 하는 제도를 말한다. 이 제도하에서는 모든 지출 비용이 건별로 확인되므로 탈세 등이 근본적으로 예방되는 효과가 있다. 부동산 임대업의 경우 당해 연도 매출액이 5억 원을 넘으면 이 제도가 적용된다.

셋째, 과도한 상속세에 대한 걱정이 많다

상속세는 개인이 보유한 재산을 합계한 금액이 10억 원을 넘어가면 10~50%의 세율로 과세되는 것이 일반적이다. 따라서 임대사업자들은 이 세금을 부과받을 가능성이 높은데, 예를 들어 해당 부동산이 100억 원 정도 나간다면 대략 30억~40억 원 정도의 상속세가 나올 수 있다. 그러므로 이에 대한 대비가 없다면 나중에 심각한 상황이 발생할 수 있다.

임대사업자는 새로운 절세법을 찾아라

상가빌딩 등의 임대사업자의 법인 전환은 바로 앞과 같은 상황에서 검토해 볼 만한 절세법이다. 왜 그런지 차분히 살펴보자.

먼저, 임대사업을 법인으로 전환하여 관리하면 9~19%(200억 원 초과분은 21%, 3,000억 원 초과분은 24%)의 세율로 법인세를 내면 된다(2025년 중에 소규모 임대법인 등에 대한 법인세율이 19~24%로 변경될 예정이다). 따라서 소득세율 45%를 적용받는 것보다 훨씬 유리할 수 있다. 하지만 법인의 경우 이익잉여금에 대해서는 별도의 배당소득세가 부과될 수 있으므로 적절한 잉여금 관리는 필수다. 한편 법인으로 관리하면 임대사업주도 대표이사로 등재하여 급여를 받을 수 있고 이를 비용으로 처리할 수 있다.

다음으로, 상속세 관점에서 보면 부동산으로 상속되는 것보다는 주식으로 상속되는 것이 훨씬 좋다. 부동산에 비해 취득세 등이 수반되지 않고 이전 절차도 비교적 간단하기 때문이다. 실제 미리 주식을 분할하여 사전 증여나 양도를 수시로 진행하면 취득세 등이 별도로 부과되지 않는다. 따라서 거대한 상속세를 내기 위해 임대용 부동산을 긴급 처분하지 않아도 되는 이점*도 부수적으로 얻을 수 있다.

* 단, 법인 전환 시 현물출자가액을 시가로 평가하면 주식 가격이 높아져 주식에 대한 상속세가 많이 나올 수 있다. 이러한 부분까지 반영해 의사 결정을 해야 한다.

법인 전환을 하는 경우의 세금 문제

일반적으로 법인 전환은 새로운 법인을 만들어 임대용 부동산을 현물출자하거나 사업 양수도하는 방법으로 이전할 수 있다. 현물출자는 임대용 부동산을 자본금으로 하는 것을 말하고, 사업 양수도란 임대사업을 법인에게 돈을 받고 이전시키는 것을 말한다. 여기서 간과하면 안 되는 문제 하나만 짚고 넘어가자.

그것은 다름 아닌 개인재산이 법인재산이 되면서 발생하는 세금 이다. 물론 여기서 세금은 현물출자에 의한 양도세와 법인이 취득한 부동산에 대한 취득세다. 하지만 세법은 법인 전환을 용이하게 해 주기 위해 이들 세금에 대해 다음과 같은 혜택을 부여하고 있다.

- 현물을 출자할 때 내야 하는 양도세는 인수한 법인이 처분할 때 낼 수 있다. 이렇게 본래 납세의무자의 납세의무가 제3자에게 이전되는 것을 '이월과세'라고 한다. 다만, 2021년 1월 1일부터 임대주택의 법인 전환에 대해서는 더 이상 이월과세의 혜택을 받을 수 없다. 2020년 7·10대책에서 이러한 방침을 정했기 때문이다.
- 법인을 설립하면서 취득한 부동산에 대해서는 취득세를 75%(2025년 50%) 감면한다(단, 감면된 취득세에 대해서는 20%만큼 농특세를 부과한다). 이때 주의할 것은 수도권 과밀억제권역 내에서 법인 전환을 하게 되면 취득세 중과세가 적용될 수 있다는 것이다. 다만, 이렇게 중과세가 적용되

더라도 75%(50%) 상당액을 감면한다. 하지만 2020년 8월 12일 이후부터는 임대업용 부동산에 대해서는 취득세 감면이 적용되지 않는다. 역시 2020년 7·10대책에서 이러한 방침을 정했기 때문이다. 결국 2024년 12월 현재 시점에서 보면 부동산 임대업은 법인 전환에 따른 실익이 없고 제조업 등 일부 업종에서만 있을 가능성이 높다. 주택임대업의 경우 이월과세와 취득세 감면을 동시에 받을 수 없고, 기타 임대업의 경우 이월과세는 적용받을 수 있으나 취득세 감면을 받을 수 없기 때문이다. 이러한 점을 근거로 앞으로 부동산 임대업을 영위 중에 법인 전환이 일어날 가능성이 매우 희박하다는 것을 알 수 있다.

법인 전환과 비용

제조업 등 영위 개인사업을 법인으로 전환하면서 발생하는 비용은 다음과 같다.

- **법인 설립비용**: 자본금의 크기와 중과세 적용 여부에 따라 설립등기 시 자본금에 대한 등록면허세 등이 결정된다. 때에 따라서는 수천만 원의 비용이 발생할 수 있으므로 사전에 확인하기 바란다.
- **취득세 감면분에 대한 농특세**: 감면받은 취득세의 20%가 발생한다. 참고로 수도권 과밀억제권역 내에서 설립된 지 5년이 미경과된 법인이 취득한 부동산에 대해서는 취득세를 75%(2025년 50%) 감면받더라도, 중과세 세율(8%)이 적용된 세액의 20% 상당의 농특세를 내야 하므로 그 금액이 매우 클 수가 있다. 이 또한 미리 확인해야 한다.
- **기타 수수료**: 감정평가수수료, 세무 컨설팅료 등이 발생한다.

참고로 현물출자 방식에 의한 법인 전환은 채권 매입 의무가 면제되나 사업 양수도 방식은 그렇지 않다.

부동산 관리 회사를 만들어 관리할까?

최근 본인의 건물에 대한 임대 관리를 본인이 별도로 세운 부동산 관리 회사에 위탁하는 경우가 많아지고 있다. 이러한 형태로 관리하면 어떤 실익이 있을까? 일단 부동산 관리 회사에 지급되는 수수료는 개인 임대사업자의 경비로 인정되므로 임대사업자의 소득률이 낮아질 수 있다. 하지만 부동산 관리 회사와 특수관계에 해당하므로 수수료가 적정하게 지급되지 않으면 경비로 부인될 가능성이 높다. 그리고 부동산 관리 회사에 대해서는 관리 비용이 증가되므로 전체적으로 실익이 있는지를 종합해서 분석하도록 한다.

이러한 부동산 관리 회사의 운영은 법인 전환에 대한 취득세 면제 등이 허용되지 않을 때에도 상당히 관심을 끌 가능성이 높아 보인다.

※ 저자 주

상가나 빌딩을 개인으로 취득할 것인지 법인으로 취득할 것인지에 대한 의사 결정은 취득세부터 배당소득세까지 검토가 되어야 한다. 이에 대한 문의가 있으면 저자의 카페(네이버 신방수세무아카데미)나 메일을 활용하기 바란다.

토지 세금에는
어떤 것들이 있을까?

지금까지 야무진과 이절세는 고단수 세무사를 통해 부동산에 대한 다양한 절세법을 배워 왔다.

그들은 가장 어렵다고 하는 토지에 대한 세금 정복에도 나서고 있었다. 어떤 식으로 정복하는지 함께 여행을 떠나 보자.

땅을 취득하면 취득세 등이 부과된다. 보유 시에는 재산세·종부세가 부과된다. 양도하거나 상속·증여해도 관련 세금이 발생한다. 이러한 세금들은 우리가 앞서 보아 온 과세 체계와 차이가 없다. 그렇다면 땅에 관련된 세금이 어떻게 구성되는지 정리해 보자.

취득 단계

토지를 취득하면 취득금액에 4.6%(농지 취득 시 3.4%)의 세율이 적용된다. 여기서 '취득금액'이란 실거래가를 의미한다. 이러한 취득 관련 세금은 경작용 농지를 취득할 때 일정한 사유(농사용 농지, 농지 조성용 임야 등)가 발생하면 감면되기도 한다.

또한 세금 자체가 아예 없는 비과세도 있다. 예를 들어 수용으로 인해 토지를 대체 취득하면 취득세가 비과세된다. 토지수용은 강제적으로 진행되므로 대체 취득에 대해 특별히 취득세를 비과세하고 있다. 다만, 계약일(또는 사업 인정 고시일) 이후에 부동산 계약을 체결하거나 건축허가를 받고 보상금을 받은 날부터 1년 이내에 대체할 부동산(대체 부동산 구입 시 취득세 비과세 대상 지역이 제한되어 원칙적으로 지방 보상금으로 서울의 부동산을 사면 취득세를 부과함)을 취득해야 한다.

한편 상속으로 인한 취득 중 무주택 상태에서 상속받은 1주택과 자경농민이 취득한 농지에 대해서는 취득세가 일부 경감된다.

보유 단계

땅을 보유하면 재산세(종전에는 종합토지세)가 부과된다. 또 나대지나 임야 또는 상가빌딩 부속 토지를 많이 보유하고 있으면 종부세가 부과된다. 농지, 공장용지, 골프장 토지 등은 재산세만 부과되고 종부세는 없다. 이때 농지 등은 저율로, 골프장 등 사치성 재산은 높은 세율로 재산세만 과세된다.

보유세의 과세 기준은 공시가격인 개별공시지가다. 따라서 공시지가가 시세에 근접하게 고시되면 보유세 부담이 높아진다.

양도 단계

토지를 양도하면 비과세나 감면받을 방법이 많지 않다. 토지의 양도에 대해서는 대부분 과세하고 있기 때문이다. 다만, 농지의 대토나 8년 이상 경작한 농지에 대해서는 양도세를 100% 감면한다. 하지만 이 둘의 규정으로 감면받을 수 있는 한도는 1년간 1억 원(5년간 2억 원)*이다. 농특세는 비과세된다.

* 농지를 분할해서 2년 내에 동일인한테 양도하면 같은 연도에 양도한 것으로 본다(2024년 개정 세법).

① 농지의 대토 감면

자경농민이 경작상 필요에 의해 종전의 토지를 양도하고 새로운 토지를 취득한 것을 '대토'라고 한다. 일단 농지를 양도했으니 양도세가 부과되는 것이 원칙이다. 하지만 농사를 짓기 위해 새로운 농지를 사면 양도한 농지에 대해서는 감면을 적용한다. 다만, 감면을 받기 위해서는 다음과 같은 요건을 갖춰야 한다.

- 종전의 농지 소재지에서 4년 이상 거주하면서 경작한 농민이 종전 농지 양도일부터 1년(수용 시는 2년) 안에 새 농지를 취득하고 경작을 개시해야

한다(또는 새 농지 취득 후 기존 농지는 1년 안에 양도해야 한다).

- 새 농지는 기존 농지 면적의 1/2 이상이거나 구입 가격(기준시가나 실거래 가액)이 1/3 이상이 돼야 한다.
- 종전 농지, 대체 농지 소재지에 거주·경작한 기간이 합산하여 8년 이상 이어야 한다.

② 8년 자경농지에 대한 양도세 감면

8년 이상 직접 농사를 지은 농지에 대해서는 한도 내에서 100% 양도세를 감면한다. 여기서 상속받은 농지는 바로 전의 피상속인(사망자)이 농사지은 기간도 상속인이 자경한 기간으로 보아 준다. 하지만 농지를 상속받은 경우 상속인이 자경을 하지 않으면 상속개시일로부터 3년 안에 해당 농지를 양도해야 감면받을 수 있음에 유의해야 한다. 만약 3년이 지난 경우에는 상속인이 1년 이상 재촌·자경하면 피상속인의 재촌·자경 기간과 통산할 수 있다.

③ 비사업용 토지와 중과세

토지 중 비사업용 토지에 대해서는 2016년 이후부터 중과세율(기본세율+10%p)이 적용되고 있다. 다만, 2017년 이후 양도하는 토지에 대해서는 당초 취득일로부터 소급하여 장기보유 특별공제가 적용되므로 세금 부담이 종전보다 많이 줄어들었다.

현행 세법에서는 비사업용 토지의 범위를 소득세법 제104조의3 등에서 규정하고 있다. 주요 내용을 보면 다음과 같다.

• 농지

원칙적으로 개인이 재촌*·자경(소재지나 연접한 시·군·구에 소재하면서 직접 경작을 해야 함)하는 농지와 농업이 주업인 법인이 소유한 농지만 중과세를 배제한다. 또한 농지법에서 소유가 인정되는 토지[주말 체험 영농 소유 농지로서 세대당 1,000m²(300평) 이내, 5년 내 양도하는 상속·이농 농지, 농지은행에 8년 이상 위탁한 농지 등]도 중과세에서 제외한다. 단, 이러한 농지는 원칙적으로 도시지역의 주·상·공 지역 외에 소재해야 하며, 사업용 기간 기준(5년 중 3년, 3년 중 2년, 60% 이상 사업에 사용)을 충족해야 최종적으로 비사업용 토지에서 제외된다. 특히 주거지역 등에 소재한 농지는 주거지역에 편입된 날로부터 3년 정도까지는 사업용 토지로 봐 주지만 편입된 지 오래된 경우에는 사실상 농지로서의 기능을 상실한 경우가 많으므로 비사업용 토지로 볼 가능성이 높다. 한편 농지 소유자가 직장 등을 다니면서 연간 소득이 3,700만 원 이상이 되면 그 기간은 재촌·자경한 것으로 보지 않음에 유의해야 한다. 따라서 이 기간은 비사업용으로 토지를 사용한 것으로 보는 불이익이 주어진다.

* 농지 소재지에 주민등록이 되어 있어야 한다. 농지 소재지로부터 직선거리로 30km 내 거주하는 경우도 재촌한 것으로 인정한다. 참고로 농지를 오래 소유한 경우에는 '비사업용 토지 여부 → 8년 자경농지에 대한 감면 적용 여부' 순으로 검토하는 것이 좋다.

• 임야와 목장용지

사업용 토지 요건을 갖춘 개인 소유의 임야와 목장용지, 임업 또는 축산업이 주업인 법인이 소유한 임야와 목장용지 등은 중과세에서 제외한다. 또 공익상 필요하거나 실제 사업에 사용되는 임야로 중과가 불합리한 토지도 중과세에서 제외한다.

참고로 직계존속(배우자 포함)이 8년 이상 재촌·자경한 농지와 8년 이상 재촌한 임야, 그리고 8년 이상 목축을 한 목장용지를 상속 또는 증여로 받으면 이들을 비사업용 토지에서 제외하는 것이 원칙이다. 직계존속이 재촌·자경 등을 충분히 하였으므로 비사업용 토지로 보는 불이익을 최소화하기 위한 취지가 있다. 따라서 이러한 정보도 놓치지 말고 기억해 두자.

• **비사업용 나대지·잡종지**

지방세법상 종합합산과세 대상 토지(나대지, 일반건축물 부수 토지 기준 면적 초과분)는 비사업용 토지로 본다. 또한 주택 부수 토지(수도권 주거지역 등은 3배, 기타는 5~10배)의 초과분과 별장 부수 토지도 비사업용 토지에 해당한다.

다만, 종합합산과세 대상 토지라고 하더라도 사업이나 거주에 필수적이어서 중과가 불합리한 토지(휴양시설업용 토지 등)는 비사업용 토지에서 제외한다. 이때 사업 영위를 가장할 우려가 있는 토지에 대해서는 수입금액 비율(주차장업은 토지 가액의 3% 이상이 되어야 한다)을 적용해 중과 여부를 판정한다.

사업성 여부 판단 시에는 양도 시점뿐만 아니라 보유 기간 중에 사업용으로 사용된 기간도 고려하도록 하고 있다. 예를 들어 나대지에 건물을 지어 사업용 토지로 바꾼 경우라도 사업용 토지가 되려면 양도일 직전 3년 중 2년(또는 5년 중 3년) 또는 보유 기간 중 60% 이상을 사업에 사용해야 한다는 것이다. 다만, 소송이 진행되는 등 부득이하게 사업에 사용하지 못한 경우에는 예외가 인정된다(소득세법 시행규칙 제83조의5 참조).

증여 단계

땅을 증여하면 주택과 마찬가지로 증여세가 부과된다.

그런데 땅이 택지개발지구로 편입되거나 형질 변경으로 가치가 갑자기 증가하는 경우가 있다. 이러한 상황에서는 가격이 낮은 시점을 골라 증여한다. 이렇게 하면 상대적으로 낮은 가격에 세금이 부과되므로 세금이 줄어들게 된다.

하지만 땅을 증여받은 후 5년 이내에 형질 변경 등으로 가치가 증가하면 그 가치에 대해서도 증여세를 부과할 수 있다. 종전에는 법에 열거된 항목에만 증여세를 부과했는데 이제는 열거되지 않더라도 무상으로 경제적 가치가 발생하면 여기에 증여세를 매길 수 있도록 한 것이다. 이를 '완전 포괄주의'*에 의한 증여세 과세 방식이라고 한다(단, 소득세 등이 부과되면 증여세는 부과되지 않는다).

* 최근 완전 포괄주의에 의한 증여세 과세가 점점 많아지고 있다. 다만, 최근 대법원에서는 구체적인 과세 요건 없이 과세할 수 없도록 하는 판결이 내려지고 있는 점이 다행스럽다. 그러나 여전히 완전 포괄주의 방식에 의한 증여세 과세 문제가 살아 있으므로 거래 전에 이러한 문제를 검토하는 것이 좋을 것이다.

토지수용 시 주의할 점들

토지가 수용되는 경우에는 우선적으로 양도세가 발생하고 그 대금을 자녀 등에게 증여하는 경우에는 증여세가 발생한다. 따라서 미리 양도세가 얼마나 나오는지 알아보고 현금 보상을 받을 것인지 채권 보상 또는 대토 보상 등을 받을 것인지를 결정해야 한다. 감면율이 다르기 때문이다. 한편 보상금을 증여세 신고 없이 자녀 등에게 증여하는 경우에는 향후 자금출처조사를 받을 수 있다. 거액의 보상금에 대해서는 과세당국에서 사후관리를 하고 있음에 유의해야 한다.

TIP

토지 무상 사용 이익에 대한 증여세

특수관계자로부터 부동산을 무상으로 빌려 사용하면 무상 이익에 대해 증여세가 부과된다. 또한 무상으로 빌려준 사람에게는 무상으로 사용케 한 금액을 수입으로 보아 소득세를 부과한다. 따라서 특수관계자 간의 무상 임대차는 이러한 세금 문제가 있으므로 사전에 이에 대한 대책을 꾸미는 것이 좋다.

이를 위해서는 정식적으로 임대차계약을 맺는 것이 좋다. 세법에서는 통상 개별공시지가의 2%를 연간 적정한 임대료로 보고 있기 때문이다. 예를 들어 개별공시가가 10억 원이면 이 금액의 2%는 연 2,000만 원이고 이를 월로 나누면 166만 원 정도가 된다. 이렇게 정상적으로 임대료를 주고받으면 무상 사용을 하는 것이 아니므로 증여세 문제 등을 없앨 수 있다.

8년 자경농지,
세금 덜 낼 수 있다

이절세는 요즘 TV를 보고 있노라면 화가 난다. 농사를 짓지 않는 사람들이 직불금(정부에서 농민들에게 쌀값 하락에 따라 지급하는 보조금)을 버젓이 탄 것이 밝혀졌기 때문이다.

그런데 더 놀라운 것은 가짜로 자경사실확인서를 만들어 두면 양도세도 감면받을 수 있다는 것이다.

"무진 씨. 우리가 공부한 바로는 8년 자경농지에 대해 100% 감면이 적용되잖아. 그런데 이 감면 규정은 농지가 소재한 지역에서 거주하면서 농사를 직접 지어야 적용되는 것 아니야?"

"맞아."

"그런데 왜 이런 일들이 벌어지는 거지?"

"일단 거주는 주민등록을 옮기면 되는 거고, 자경은 농사를 지었다는 흔적만 남기면 무사통과니까 그래."

"도시에 사는 것이 눈에 빤히 보이는데도 농사를 짓는다는 확인서를 써 주면 안 되잖아?"

"그래. 당신 말이 맞아. 이제 그만하고 부재지주가 되더라도 문제가 없는 농지에 대해서 알아보자."

"알았어. 내가 괜히 흥분을 했네."

농지는 투기 목적이 아닌 농사용으로 보유하는 것이 맞다. 그래서 세법은 8년 이상 재촌·자경하는 농지에 대해서는 감면 혜택을 준다.

8년 자경농지에 대한 감면 요건과 관련하여 다양한 사례들이 발생하고 있는데, 이하에서 이와 관련된 내용들을 하나씩 살펴보자.

〈사례 1〉

Q. 농지 소유자인 심기철 씨는 본인이 농사를 짓지 않고 그의 아내가 농사를 지었다. 이런 경우에도 자경으로 인정받을 수 있는가?

A. 그렇지 않다. 지금은 농지 소유자인 심 씨가 직접 자경을 해야 자경한 것으로 인정받는다. 심 씨 책임하에 남의 힘을 빌려 농사를 짓는 경우에도 인정을 받을 수 있다.

〈사례 2〉

Q. 김기팔 씨는 본인이 직접 농사를 짓지 않고 대신 인부의 노동력

을 이용하거나 농기계 작업을 의뢰하여 농사를 지어 왔다. 자경 개념에 부합하는가?

A. 자경 개념에는 부합하지 않는다. 하지만 농지 소재지에서 거주하면서 노동력을 이용한 경우에는 자경한 것으로 보아도 무방하다.

〈사례 3〉

Q. 농지원부는 자경을 입증할 때 중요한 서류다. 농지원부는 소급하여 작성할 수 있을까?

A. 소급하여 작성할 수 없다. 참고로 농지원부가 없는 경우에도 자경 사실이 인정될 수 있으며, 이에 해당하는지 여부는 아래의 입증 서류 및 인근 주민에 대한 탐문, 소유 기간 중 거주지, 다른 소득의 유무, 작물의 판매 또는 소비 현황 등 제반 사항을 통하여 관할 세무서에서 판단한다.

- 토지 등기부등본
- 주민등록초본
- 농지원부와 자경증명서(시·군·읍·면장이 교부 및 발급)
- 농산물 판매 및 묘종, 묘목 구입 비용 영수증
- 농기계 구입비 및 농약 구입 비용 영수증 등
- 기타 자경한 사실의 여부 : 농협 등의 조합원인 경우 조합원증명원, 농지 소재지 농지위원장이 있는 경우 농지위원장이 확인한 자경농지 사실확인서, 인우보증서 등

〈사례 4〉

Q. 송기철 씨는 양도일 현재 부재지주에 해당한다. 그는 전에 농사를 수십 년 지어 왔다. 이 경우에도 감면 규정이 적용되는가?

A. 그렇다. 양도일 전에 8년 이상 자경한 사실이 확인되는 경우에는 양도 당시에 농지 소재지에 거주하지 아니한 경우에도 감면 규정을 적용한다.

〈사례 5〉

Q. 이기영 씨는 농지 소유 기간 중에 잠깐 자경을 멈춘 적이 있다. 8년을 따질 때 계속하여 경작을 했어야 하는가?

A. 그렇지 않다. 토지 소유일로부터 양도일까지 합산한 자경 기간이 8년 이상이면 된다. 참고로 양도 당시에 휴경하고 있는 농지의 경우에는 감면이 적용되지 않는 것이 원칙이다. 이 외 농지가 대지 등으로 변경되는 경우에도 마찬가지다. 따라서 이러한 상황에서는 미리 세금 관계를 따져 본 후 대책을 세워 둘 필요가 있다.

〈사례 6〉

Q. 정수리 씨는 농지를 상속받았다. 자경 기간은 어떻게 따질까?

A. 상속을 받은 경우 피상속인의 경작 기간을 포함한다. 따라서 자경 기간이 통산하여 8년 이상이 되면 양도세를 감면받을 수 있다. 다만, 이 규정을 적용받으려면 상속개시일부터 3년 내에 양

도해야 하는 조건이 있다. 만약 3년이 경과한 후에는 상속인이 1년 이상 재촌·자경하면 피상속인의 재촌·자경 기간과 통산할 수 있다. 한편 증여를 받은 경우 증여를 받은 날 이후 기간부터 자경 기간을 따지게 된다. 따라서 8년 이상 자경한 농지를 증여받게 되면 증여자의 자경 기간이 날아가 감면 혜택을 받지 못한다. 앞의 상속과 다르므로 농지 증여 시에는 매우 신중하게 접근해야 한다.

〈사례 7〉

Q. 성유찬 씨의 농지는 8년 이상 자경한 농지이나 주거지역으로 편입되었다. 그런데 편입일로부터 3년이 지난 상태에서 이 농지를 양도하면 양도세를 면제받을 수 있을까?

A. 농지가 주거지역 등으로 편입되면 농지의 성격이 변하게 된다. 따라서 이에 대해서는 감면을 배제하는 것이 원칙이다. 다만, 일부의 농지에 대해서는 감면을 허용하고 있는데, 보통 편입일로부터 3년 내에 양도하는 경우에는 취득일부터 편입일까지의 양도소득금액에 대해 감면을 적용하나, 3년이 경과한 후에 양도 시에는 원칙적으로 감면을 배제한다. 다만, 3년이 경과한 후라도 시의 읍·면 지역 등의 농지에 대해서는 예외적으로 감면을 해 주는 경우가 있다. 다음의 집행기준을 참조하자.

※ 조세특례제한법 집행기준 69 - 66 - 23 [주거지역 편입 등으로 감면 대상 농지에서 배제되는 농지 범위]

구분		편입(지정)된 날로부터	
		3년 이내 양도	3년 경과 양도
주거지역 등에 편입된 농지	특별시·광역시·시 지역	취득일부터 주거지역 등의 편입일 또는 환지 예정지 지정일까지 발생한 양도소득금액에 대해서 감면	감면 배제
	광역시의 군 지역 도농복합시의 읍·면 지역		좌동
	대규모 개발사업의 단계적 시행 및 보상 자연지역		좌동
	위 외의 기타 지역		좌동
	환지 예정지로 지정받은 토지		감면 배제

〈사례 8〉

Q. 8년 이상 농사를 지은 농지를 보유한 김영주 씨가 미국으로 이민을 가려고 한다. 그도 감면을 받을 수 있는가?

A. 그렇다. 다만, 비거주자가 농지에 대한 감면을 받으려면 출국일로부터 2년 내에 양도해야 한다.

※ 참고로 양도된 농지에 대한 감면을 적용할 때 근로소득(총급여)이나 사업소득이 연간 3,700만 원 이상인 경우에는 그 과세기간은 자경 기간에서 제외한다. 비전업 농민들이 감면을 받는 것을 배제하기 위해서다.

8년 자경농지 감면 체크리스트

8년 이상 자경농지에 대한 감면 규정은 상당히 복잡할 수 있다. 다음과 같은 체크리스트로 위험을 줄여 보자.

구분	검토할 내용	첨부 서류	비고
8년 보유 기간	보유 기간(취득일~양도일)	토지대장 등기부등본	구청 및 등기소
8년 거주 요건	거주 요건(전입일~전출일)	주민등록초본	동사무소
자경 요건	실제 자경 여부	농지원부 인우보증서, 농약 및 종자 구입 영수증, 자경확인서	농지 소재지, 읍·면사무소
양도일 현재 농지 여부	양도 당시 농지 여부	토지특성조사표, 항공사진	농지 소재지, 읍·면사무소, 관할 시청·구청
면제 제외 농지 여부	주거, 상업, 공업 지역 안에 있는지 여부	토지이용계획 확인원	시청·구청

절세를 위한 부동산
상속·증여 기술

상속받기 전에
세금 계획부터
세우자

절세 회의 중

상속세와 증여세,
어떤 것이 유리한가?

"세무사님, 많은 사람들이 상속이 유리한지 증여가 유리한지를 물어봅니다. 그러면 저는 당연히 '상속이 유리하지요'라고 합니다. 똑같은 계산 구조하에서 상속세보다 증여세가 더 많이 나오기 때문입니다. 그런데 이렇게 컨설팅해도 되는지 늘 궁금하게 생각하고 있었습니다."

야무진이 고단수 세무사에게 말을 했다.

"그렇군요. 일단 실력을 늘리는 관점에서 상속세와 증여세의 계산 구조부터 알아보고 과연 상속이 더 유리한지 따져 보기로 합시다."

상속세와 증여세는 사실상 같은 세금 항목이다. 그렇다면 세금 계산 구조도 동일할 것인가?

이하에서 상속세와 증여세 계산 구조를 살펴보도록 하자.

상속세와 증여세 계산 구조 비교

상속세	증여세	적용 방법 차이 여부
상속재산가액	증여재산가액	동일
- 비과세·채무 등	- 비과세·채무 등	거의 유사
- 상속공제	- 증여재산공제	차이
= 과세표준	= 과세표준	
× 세율(10~50%)	× 세율(10~50%)	동일
= 산출세액	= 산출세액	
- 신고 세액공제	- 신고 세액공제	동일
= 결정세액	= 결정세액	
+ 가산세	+ 가산세	동일
= 최종 납부세액	= 최종 납부세액	

위 두 세목의 세금 계산 구조는 같다. 그리고 계산 항목을 보더라도 대부분 두 세목이 일치하고 있다. 예를 들면 재산가액을 파악하는 방법이나 세율 그리고 기타 신고 세액공제 또는 가산세 등의 적용 방법이 똑같다. 다만, 재산가액에서 차감하는 공제 제도 정도가 금액 측면에서 다소 차이가 날 뿐이다.

그렇다면 공제 제도는 어떻게 차이가 날까? 다음을 보자.

상속공제	증여공제
• 배우자 공제: 5억 원 • 일괄공제: 5억 원	• 배우자로부터 증여받은 경우: 6억 원 • 직계존속으로부터 증여받은 경우: 5,000만 원(미성년자는 2,000만 원, 이 외 혼인·출산 증여공제 1억 원 별도) • 기타 친족으로부터 증여받은 경우: 1,000만 원
계: 10억 원	계: 6억 6,000만 원

대략적으로 공제액을 비교하면 상속공제는 10억 원 정도, 그리고 증여공제는 증여자별로 6억 원 또는 5,000만 원(미성년자는 2,000만 원), 1,000만 원을 각각 적용받을 수 있다. 상속세는 피상속인의 유산에 대해 부과되므로 10억 원을 한꺼번에 공제받을 수 있다. 하지만 증여세는 증여자별로 계산을 하기 때문에 위 공제액을 누구한테 증여를 받았느냐에 따라 공제액이 달라진다. 만일 배우자로부터 증여받았다면 6억 원, 성년인 자가 직계존비속(할아버지·할머니·아버지·어머니·자녀 등)으로부터 증여받았다면 모두 합하여 5,000만 원*이 공제된다. 물론 앞의 증여공제는 증여를 받을 때마다 적용하는 것이 아니라 10년 동안에 받을 수 있는 한도를 말한다.

* 2024년부터 자녀가 혼인 또는 출산을 하면 1억 원의 혼인·출산 증여공제를 적용하고 있다. 따라서 양가 부모로부터 3억 원 정도를 세금 없이 조달할 수 있을 것으로 보인다.

상속세가 증여세보다 유리한 이유

그렇다면 앞에서 야무진이 상속세가 증여세보다 유리하다고 결론 내린 이유를 알아보자. 예를 들어 어떤 사람이 상속으로 재산을 이전할까 아니면 증여로 재산을 이전할까 고민하고 있다. 그의 총 재산은 15억 원이라고 하자. 상속공제는 10억 원, 증여공제는 5,000만 원이며, 세율은 10~50%를 적용한다. 이 외 재산을 물려받을 사람은 자녀라고 할 때 예측되는 세금은 다음과 같다. 참고로 신고 세액공제율은 3%를 적용하였다.

상속세			증여세		
구분	금액		구분	금액	
상속재산가액	15억		증여재산가액	15억	
− 비과세·채무 등	−		− 비과세·채무 등	−	
− 상속공제	10억		− 증여재산 공제	5,000만	
= 과세표준	5억		= 과세표준	14억 5,000만	
× 세율(10~50%)	20%		× 세율(10~50%)	40%	
= 산출세액	9,000만*		= 산출세액	4억 2,000만**	
− 신고 세액공제	270만		− 신고 세액공제	1,260만	
= 결정세액	8,730만		= 결정세액	4억 740만	
+ 가산세	−		+ 가산세	−	
= 최종 납부세액	8,730만		= 최종 납부세액	4억 740만	

* 5억 원×20% − 1,000만 원(누진공제) = 9,000만 원

** 14억 5,000만 원×40% − 1억 6,000만 원(누진공제) = 4억 2,000만 원

　　이 표를 보면 상속세는 8,730만 원, 증여세는 4억 740만 원이다. 상속세가 무려 3억 원 정도 적다.

　　따라서 단순히 세금 계산 구조만 놓고 볼 때 증여세가 상속세보다 훨씬 많이 나온다는 것을 알 수 있다.

상속세 세율과 증여세 세율

상속세와 증여세의 세율은 같다. 이 세율은 앞으로 사전 증여 효과 분석이나 기타 분석을 위해 아주 중요한 역할을 하니 암기하도록 하자. 물론 구체적으로 세율 적용 방법은 알고 있어야 한다. 참고로 표의 2025년 세율(상속공제 등 포함) 개정안 통과 여부는 2024년 12월 국회에서 결정 사항을 지켜봐야 한다(저자의 카페 참조).

현행		개정안	
과세표준	세율	과세표준	세율
1억 원 이하	10%	2억 원 이하	10%
5억 원 이하	20%(1,000만 원)	5억 원 이하	20%(2,000만 원)
10억 원 이하	30%(6,000만 원)	10억 원 이하	30%(7,000만 원)
30억 원 이하	40%(1억 6,000만 원)	10억 원 초과	40%(1억 7,000만 원)
30억 원 초과	50%(4억 6,000만 원)		

※ ( ) 안은 누진공제액을 의미한다.

그렇다면 증여는 하지 않고 상속만 할 것인가

현실적으로 보면 많은 사람들이 상속으로 재산을 물려주는 것이 아니라 사전에 증여를 하는 것으로 재산을 물려주곤 한다. 왜 그럴까?

그 이유들 중에는 자녀들 간 재산 분쟁을 예방하고 자녀의 재산 형성을 도와주고 싶다는 생각이 크다. 또 상속세를 절감하기 위해 사전 증여를 선택하고 있다.

그런데 이게 무슨 말인가? 앞의 예를 보면 증여세가 상속세보다 훨씬 많이 나온다고 했는데 상속세를 절감하기 위해 미리 증여를 한다고 하니 말이다.

실무적으로 상속세를 절감하고자 증여하는 동기는 두 가지이다. 하나는 상속재산이 많아 세율이 높게 적용되는 경우 재산의 일부를 사전 증여함으로써 상속세를 줄이는 것이고, 다른 하나는 사전 증여재산이 나중에 상속재산에 합산되더라도 합산되는 가격이 사전 증여 시의 신고액으로 결정되므로 가격이 상승한 경우 오히려 세금을 절약할 수 있다는 것이다.

만약 앞의 상속재산이 15억 원이 아니라 50억 원이라고 하면 과세표준은 40억 원이 되고, 상속 세율은 50%(누진공제액은 4억 6,000만 원)가 적용되어 약 15억 4,000만 원의 상속세가 나온다. 그런데 만일 이 중 10억 원을 자녀에게 증여했다면 상속세는 앞보다 5억 원(10억 원×50%)이 줄어들고 증여세는 2억 2,500만 원[(9억 5,000만 원×30%−6,000만 원(누진공제액)]이 나온다. 결국 이런 결정으로 약 2억 7,000만 원 정도의 상속세가 줄어든다. 다만, 세율이 변경된다면 이 금액들은 수정될 필요가 있다.

상속세는 사망했을 때 내는 세금이므로 이 세금을 현재 시점에서 납부하는 것은 바람직하지 않다. 하지만 물가가 상승하고 부동산 가격이 뛰는 상황이라면, 현금 지출이 있음에도 불구하고 이렇게 사전에 증여하는 것이 나중의 상속세를 더 아낄 수 있다.

법정상속인 순위

현행 민법상 상속인은 다음과 같이 결정된다.
1순위: 피상속인의 직계비속(피상속인의 배우자는 공동상속인이 된다.)
2순위: 피상속인의 직계존속(피상속인의 배우자는 공동상속인이 된다.)
3순위: 피상속인의 배우자
4순위: 피상속인의 형제자매
5순위: 피상속인의 4촌 이내의 방계혈족

상속 또는 증여재산가액은
어떻게 평가할까?

상속세와 증여세는 무상으로 이전되는 재산에 부과된다. 따라서 재산을 어떻게 평가하느냐가 상당히 중요하다. 특히 부동산의 경우 어떤 방법으로 평가하느냐에 따라 세금의 크기가 결정된다고 할 수 있다. 이하에서 이와 관련된 문제들을 살펴보자.

시가 과세가 왜 쟁점이 되고 있는가

상속세와 증여세는 시가를 기준으로 과세한다. 물론 여기서 시가는 제3자 간에 거래되는 가액을 말한다. 그런데 상속이나 증여에 의해 이전되는 가격은 시가를 파악하기가 거의 불가능하다. 해당 자산이 거래가 되지 않았기 때문이다. 물론 부동산 업체나 국민은행 등에서 시세 정보를 제공하고 있지만, 이는 시세에 해당하지 특정한 가격을 말하는 것은 아니다.

상황이 이렇다 보니 그동안 상속세나 증여세는 시가가 아닌 기준시가 위주로 신고 및 납부가 되어 왔다. 기준시가로 하면 당장의 상속세나 증여세를 낮출 수 있기 때문이다.

하지만 과세당국의 입장에선 상속세와 증여세는 시가로 과세하는 것이 원칙이므로 가급적 시가로 과세하고자 한다. 그래서 생각해 낸 방법이 바로 증여일 전 6개월 후 3개월(상속은 상속개시일 전후 6개월) 내 해당 자산이나 유사한 자산의 매매사례가액(계약일을 기준으로 한다)을 시가로 보는 것이다. 예를 들어 증여 대상 주택이 기준시가로 3억 원이나 이와 위치나 면적 등이 유사한 주택이 해당 기간 내 5억 원에 팔린 적이 있다면 이 금액을 증여재산가액으로 볼 수 있다는 것이다.

이렇게 되면 증여재산가액은 3억 원이 아닌 5억 원으로 결정될 가능성이 높다.

매매사례가액으로 과세되는 근거

과세당국이 이렇게 과세하는 것은 문제가 없는가? 즉 해당 자산이나 유사한 자산의 매매사례가액을 해당 자산의 상속 시점이나 증여 시점의 시가로 볼 수 있는가 하는 점이다.

이 문제를 해결하기 위해 법이 어떻게 마련되어 있는지를 알아볼 필요가 있다.

우선, 현행 상속세 및 증여세법(제60조)에서는 시가 과세를 원칙으로 하나 다음과 같은 금액도 시가로 보아 준다.

- 상속개시일(증여일) 전후 6개월(증여는 전 6개월 후 3개월) 내 해당 자산의 매매사례가액
- 위 기간 내에 발생한 감정가액, 수용, 경매·공매 가격

그런데 문제는 해당 자산이 아닌 유사한 자산에도 이와 같은 가격이 시가로 인정된다는 것이다. 그렇다면 유사한 자산이란 도대체 무엇을 의미할까?

세법에서는 이에 대해 '당해 재산과 면적·위치·용도 및 종목이 동일하거나 유사한 다른 재산'이라고 하고 있다(상속세 및 증여세법 시행령 제49조 5항).

그렇다면 이 정도의 문구만을 가지고 매매사례가액 등을 찾아내 과세를 할 수 있단 말인가! 예를 들면 어느 아파트 A동 208호는 기준시가가 3억 원이고 시세는 4억 원이다. 근데 1개월 전 같은 동 808호가 5억 원에 팔렸다. 그러면 이 아파트를 증여하거나 상속받는다면 5억 원으로 할 것인가?

이에 대해 납세자는 아니라고 하고, 과세당국은 그렇다고 한다. 자, 어느 것이 맞는가?

기준시가로 상속세나 증여세를 과세할 수 없나

상속세와 증여세는 시가로 과세하는 것이 원칙이다. 하지만 특정한 가격이 잘 파악되지 않는 관계로 매매사례가액까지 등장했다. 이때 매매사례가액은 그 범위가 지극히 추상적이어서 법을 적용받는 납세의무자에게 상당히 불합리하다. 납세의무자들이 일일이 쫓아다니면서 매매사례가액 등을 찾아야 하기 때문이다. 하지만 이 금액이 같은 아파트의 동을 얘기하는지, 같은 층을 얘기하는지, 인근 단지까지 말하는지 알 길이 없다. 자고로 법은 과세 요건, 즉 과세표준과 세율 등이 명확해야 법적 안정성과 예측 가능성이 있을 텐데 현실이 그렇지 못하므로 납세의무자들은 상당히 당혹스럽다.

상식적으로 보건대 앞의 매매사례가액이 해당 자산이 아닌 유사한 자산에서 발생한 것이라면 해당 자산의 시가로 보기가 상당히 어렵다. 즉 과세 요건 중 과세표준이 불명확하게 결정되기 때문이다. 더 나아가 유사한 자산의 매매사례가액을 시가로 보기에는 분명 한계가 존재하므로 이를 확장하여 사용하는 것은 무리이다.

시가를 확인하기 힘든 경우면 기준시가를 사용하면 된다. 현행 상속세 및 증여세법에서는 시가를 산정하기 어려운 경우 보충적인 방법을 사용하도록 하기 때문이다. 부동산의 경우 기준시가가 이에 해당한다.

그렇다면 왜 과세당국은 기준시가로 과세하지 않으려고 할까?

그 이유는 현재의 기준시가가 시가를 제대로 반영하지 못하기 때문이다. 언론 등에 의하면 현재의 기준시가는 시가의 70~80% 선으로 알려지고 있으나, 실상은 그렇지 않다. 서울 강남에 있는 아파트라도 시가의 50~60%에 머문 경우가 많다.

이렇게 시가와 기준시가가 차이가 많이 나고 있으므로 시가 과세는 늘 과세당국과 납세의무자 사이에 마찰을 야기할 수밖에 없다. 따라서 하루빨리 이 문제가 해결되어야 할 것이다.

이러한 문제점이 노출되자 정부는 유사한 재산에 대한 매매사례의 적용 범위를 상속개시일(증여일) 전 6개월부터 상속세(증여세) 신고 시까지로 한정시켰다. 또한 2017년 이후부터는 동일 단지 내의 주택 중 기준시가와 전용면적의 차이가 ±5% 이내인 주택을 유사한 재산가액으로 보도록 하는 입법이 있었다. 더 나아가 2019년부터는 유사한 재산들이 많이 있는 경우 평가대상 주택과 공동주택가격(기준시가) 차이가 가장 작은 것을 유사 재산으로 하도록 하였다(주의!). 이 외에 상속개시일이나 증여일 전 2년 이내부터 상속세·증여세 결정기한(신고 기한일부터 9개월·6개월)에 매매가액 등이 있는 경우 '재산평가심의위원회'의 자문을 거쳐 이를 시가로 인정하기에 이르렀다. 이러한 흐름 속에서 최근 유사한 재산의 거래가액으로 신고한 가액이 다른 가액으로 바뀌거나, 기준시가로 신고한 가액이 과세관청이 뒤늦게 받은 감정평가액으로 바뀌는 상황들이 속출하고 있다. 따라서 앞으로 부동산을 상속이나 증여할 때는 반드시 이 문제를 확인할 필요가 있다. 재산평가에 대한 세부적인 내용은 다음의 TIP이나 저자의 다른 책 등을 참조하기 바란다.

상속·증여재산가액 평가 순서

상속이나 증여재산가액을 평가하는 순서는 실무상 매우 중요하다. 이하에서 이를 정리해 보자.

STEP 1 당해 재산에 대한 시가를 최우선적으로 사용한다.

여기서 시가에는 상속일 전후 6개월(증여는 증여일 전 6개월 후 3개월) 내의 해당 재산이 거래된 경우의 거래가액, 감정평가를 받은 경우 감정가액(원칙상 2개 이상의 평가액을 평균하나 기준시가가 10억 원 이하인 경우에는 1개의 감정가액도 인정), 수용가액 등을 포함한다. 따라서 감정평가를 받으면 유사한 재산에 대한 매매 가액이 시가가 되는 일이 없다.

STEP 2 당해 재산에 대한 시가가 없는 경우에는 해당 재산과 유사한 재산에 대한 감정가액·매매사례가액 등을 시가(유사 시가)로 본다.

여기서 주의할 것은 상속개시일(증여일) 전 6개월부터 상속세나 증여세를 신고한 기간까지 발생한 금액을 시가로 본다는 것이다. 앞의 것과 기간 차이가 있음에 주의하기 바란다.

– 주택의 경우 유사한 재산은 동일 평가대상 재산과 면적·위치·용도·종목 및 기준시가가 동일하거나 유사한 다른 재산을 말한다. 다만, 아파트 같은 공동 주택은 아래와 같은 요건을 모두 충족하는 주택을 유사한 재산으로 본다. 이 때 해당 재산이 2 이상인 경우에는 평가대상 주택과 기준시가 차이가 가장 작은 것을 유사 재산으로 한다(국세청 홈택스/상속·증여재산 평가하기 메뉴에서 조회 가능).

ⓐ 평가대상 주택과 동일한 공동주택단지(공동주택관리법에 따른 공동주택단지를 말한다) 내에 있을 것

ⓑ 평가대상 주택과 주거 전용면적의 차이가 평가대상 주택의 공동주택가격의 100분의 5 이내일 것

ⓒ 평가대상 주택과 공동주택가격의 차이가 평가대상 주택의 공동주택가격 의 100분의 5 이내일 것

- 만일 유사 매매사례가액이 많은 경우에는 평가대상 주택과 공동주택가격 차 이가 가장 작은 주택을 유사 재산으로 보고 이 주택의 매매가액을 재산가액 으로 한다(다소 불합리한 규정으로 저자 문의). 참고로 유사 매매사례가액이 비 이상적으로 판단되는 경우 해당 재산에 대한 감정평가를 1~2군데 받아 이를 우선적으로 적용하는 것이 좋다. 이때 주의할 것은 감정가액의 가격 산정 기 준일과 감정가액평가서 작성일 모두 평가 기간 이내에 있어야 이를 인정받을 수 있다는 것이다(평가 기간 밖의 소급 감정 불허). 한편 탁상감정은 정식적인 감 정가액이 아니므로 인정되지 않는다.

STEP 3 위의 시가가 없다면 보충적 평가 방법(기준시가)를 사용한다.

※ 주의

최근에 상속·증여재산 평가와 관련하여 세법 개정이 아래와 같이 다양하게 있었다. 상당히 중요한 내용에 해당한다.

① 증여재산 시가 평가 기간 확대
증여일 전후 3개월(총 6개월) 내에 매매사례가액 등이 있는 경우 이 가액을 증여재산 가액으로 하던 것을, 증여일 전 6개월~후 3개월로 개정하였다. 평가 기간이 늘어났음 에 유의해야 한다.

② 시가 적용 방법 명확화
평가 기간 중 시가로 보는 가액이 둘 이상인 경우 평가 기준일을 전후하여 가장 가까 운 날에 해당하는 가액으로 하되, 가장 가까운 날에 해당하는 가액이 둘 이상인 경우 그 평균액을 재산가액으로 한다. 다만 2019년 3월 10일 이후에는 해당 주택이 둘 이 상인 경우에는 평가대상 주택과 공동주택가격(기준시가) 차이가 가장 작은 주택의 매 매가액을 재산가액으로 한다.

③ 평가 기간 경과 후 발생한 매매등 사례가액 시가 인정절차 마련
평가 기간 외로서 평가 기준일 전 2년 내 발생한 매매 등 사례가액도 납세자(신고 기 한 만료 전 4개월, 증여는 70일까지 심의 신청) 또는 과세관청이 신청하면 평가심의 위원회의 심의를 거쳐 시가로 인정되고 있었다. 이에 더 나아가 2019년 이후부터는

평가 기간 후 법정 결정기한(상속은 신고 기한 후 9개월, 증여는 6개월)까지 발생한 매매 등 사례가액도 재산가액으로 인정한다. 이러한 관점에서 그동안 기준시가 위주로 신고했던 소규모 빌딩이나 단독주택 등부터 직격탄을 맞을 것으로 보인다. 이러한 부동산을 기준시가로 신고하는 경우 감정평가액으로 과세할 수 있도록 세법이 개정되었기 때문이다.

※ **저자 주**

부동산을 상속이나 증여할 때에는 감정평가를 받아 진행하는 것이 조세마찰을 줄일 수 있는 지름길이 될 것으로 보인다.

상속공제액으로
상속세를 줄일 수 있다

"이 매매사례가액이 참 문제가 많네요."

야무진이 말을 이어 나갔다.

"그렇죠. 사실 상속세나 증여세는 재산을 어떤 식으로 평가하는지가 매우 중요합니다. 이게 고무줄처럼 늘었다 줄었다 할 수 있어서요."

"그렇게 되면 당사자들은 천당과 지옥을 왔다 갔다 하는 거네요. 후후."

야무진은 이 상황이 매우 재미있어 보였다.

"하하하, 그런데 그런 게 또 있습니다. 그건 바로 상속공제 제도입니다. 밖에서 보면 상속공제액은 10억 원이나 5억 원밖에 못 받는다고 알고 있는 것 같은데 그게 아닙니다. 이 공제는 수백억 원도 가능합니다."

"세무사님, 진짜요?"

현실적으로 상속공제액을 활용하면 상속세를 많이 줄일 수 있다. 물론 상속재산가액이 상속공제액에 미달하면 상속세가 나오지 않는다. 여기서 상속공제액은 기본적으로 일괄공제와 배우자 상속공제만을 받아도 최소한 10억 원까지 된다(단, 2025년 중 공제 제도 변경 예상). 따라서 상속재산가액이 이 금액에 미달하면 상속세는 부과되지 않는다.

하지만 상속재산가액이 이 금액을 넘어서면 상속세가 과세될 가능성이 높아진다. 따라서 이런 상황이라면 상속공제를 정확히 적용하면 상속세가 줄어들 수 있다.

상속공제에는 어떤 것들이 있을까?

상속공제는 크게 인적공제, 물적공제, 감정평가수수료 공제로 나뉜다. 따라서 상속공제를 최대한 많이 받기 위해서는 요건을 갖추었는지 등을 신중히 검토할 필요가 있다. 참고로 상속공제는 거주자가 사망했을 때 적용되는 제도다. 비거주자는 인적공제 중 기초공제 2억 원만을 받을 수 있다.

① 인적공제

- 기초공제 : 2억 원(거주자 및 비거주자에 대해 무조건 적용)
- 배우자 상속공제 : 최저 5억 원~최대 30억 원까지 공제
- 기타 인적공제 : 자녀 공제, 미성년자 공제, 연로자 공제 등(TIP 참조)
- 일괄공제 : 5억 원(기초·기타 인적공제의 합계액이 5억 원에 미달 시 일괄공제 가능)

위에서 배우자 상속공제는 최하 5억 원~최고 실제 받은 금액 사이에서 공제되나, 실제 받은 금액은 최고 30억 원과 법정 산식에 의한 것 중 작은 것까지만 공제된다. 특히 배우자 상속분이 5억 원에 미달하거나 심지어 상속을 받지 않는 경우에도 배우자 상속공제는 5억 원까지 적용됨을 기억하자(물론 이 공제 금액도 변경될 수 있다).

> **TIP**
> ## 배우자에게 사전 증여한 자산이 있는 경우 배우자 상속공제법
>
> 배우자 상속공제 적용 시 한 가지 유의할 사항은 상속개시일 전에 배우자에게 증여한 재산가액은 배우자 상속공제액의 한도액을 축소시키는 역할을 한다는 것이다.
>
> - **배우자 상속공제 한도액**: 다음 중 작은 금액
>   - 상속재산가액×배우자의 법정상속분 − 상속재산에 가산한 증여재산 중 배우자에게 증여한 재산가액의 과세표준
>   - 30억 원
>
> 한편 기타 인적공제의 내용은 다음과 같다.
>
> - **자녀 공제**: 1인당 5,000만 원(2025년 개정안 1인당 5억 원)
> - **미성년자 공제**: 상속인 및 동거 가족 중 미성년자 1인당 1,000만 원×19세에 달하기까지의 연수
> - **연로자 공제**: 상속인(배우자 제외) 및 동거 가족 중 65세 이상인 자 1인당 5,000만 원
> - **장애인 공제**: 상속인(배우자 포함) 및 동거 가족 중 장애인 1인당 1,000만 원×기대 여명에 달하기까지의 연수

일괄공제 적용법

기타 인적공제액과 앞에서 본 기초공제(2억 원)를 합한 금액이 5억 원에 미달하는 경우에는 이들 공제 대신 일괄적으로 5억 원을 공제한다(2025년에 일괄공제액이 증가될 것으로 보인다). 그런데 법에서는 상속세를 신고하지 않는 경우에는 일괄공제를 강제 적용하며, 배우자가 단독 상속받는 경우에는 일괄공제를 선택할 수 없도록 하고 있다. 따라서 이러한 요건을 주의 깊게 따져 보아야 한다.

구분	일괄공제 적용 여부	최하 공제 예상액
일반적인 공동상속인 경우	선택 적용	10억 원(일괄+배우자)
무신고인 경우	강제 적용	10억 원(일괄+배우자)
배우자 단독상속의 경우	적용 불가	7억 원(기초+배우자)

② 물적공제

- 금융재산 공제 : 순 금융재산가액×20%(2억 원 한도)
- 동거주택 공제* : 주택가격(담보 채무 차감)×100%(6억 원 한도)

  * 직계비속이 무주택 상태에서 10년 이상 동거 봉양 시 공제(1세대 1주택에 한함)

- 가업·영농 공제 : 가업(600억 원 한도)이나 영농(30억 원 한도)을 상속한 경우 공제
- 재해손실 공제 : 상속재산에 손실이 발생한 경우 공제

물적공제 중 금융재산 공제는 상속재산 중 부동산 등을 평가하는 경우 시가보다 낮게 평가될 가능성이 높으나, 금융재산의 경우는 시가를 반영하므로 타 재산과의 과세 형평성 차원에서 금융재산 공제를 적용한다. 여기서 '순 금융재산가액'이란 금융재산에서 금융 채무를 차감

한 금액으로서, 금융재산은 금융기관을 통해 입증되는 예금·보험·주식 등이며, 금융 채무 또한 금융기관에 대한 채무를 말한다. 따라서 개인 간의 채무에 대해서는 금융재산 공제를 받을 수 없음에 유의해야 한다. 한편 최대주주가 보유한 주식에 대해서는 공제를 하지 않는다.

- 순 금융재산가액이 2,000만 원을 초과한 경우: 순 금융재산가액의 20%를 공제하며, 최하 2,000만~최대 2억 원까지 공제한다.
- 순 금융재산가액이 2,000만 원 이하인 경우: 당해 순 금융재산가액 전체를 공제한다.

예를 들어 금융재산이 2억 원, 금융 부채가 1억 원이 있다면 순 금융재산가액 1억 원에 대해 20%가 공제된다는 것이다. 만일 금융재산이 1,000만 원이 있다면 이 금액 자체가 전액 공제가 된다.

③ 감정평가수수료 공제

상속세를 납부하기 위해 평가한 감정평가수수료도 공제가 된다. 감정평가법인이나 비상장주식 평가를 위해 신용평가 전문기관에게 지급된 수수료가 그 대상이다. 이들에 대해서도 500만 원에서 1,000만 원까지 공제를 적용한다.

배우자 상속공제를 활용하면 상속세가 줄어든다

배우자 상속공제는 실제 받은 금액을 기준으로 공제되므로 당장의 상속세를 피하려면 배우자 상속공제를 많이 받으면 된다. 다만, 법에서는 공제 한도를 두고 있으니 실무상 정확한 공제금액을 따져 볼 필요가 있다.

예를 들어 상속재산이 20억 원이고 다음과 같이 상속세가 예상되었다고 하자. 단, 상속인으로 자녀 2명과 배우자가 있다.

- 과세표준 = 상속재산 20억 원 - 상속공제 10억 원(배우자 상속공제 + 일괄공제) = 10억 원
- 산출세액 = 10억 원 × 30% - 6,000만 원(누진공제액) = 2억 4,000만 원

그런데 배우자가 상속재산을 많이 받으면 이 상속세를 떨어뜨릴 수 있다. 배우자 상속공제는 원래 실제 상속받은 것을 공제하므로 상속세 과세표준을 낮출 수 있기 때문이다. 다만, 무한정 이를 인정하는 것이 아니라 다음과 같이 30억 원과 법정 산식에 의한 것 중 작은 것을 한도로 하여 공제한다. 단, 배우자에게 상속 개시 전에 사전 증여한 재산은 없었다고 하자.

- 최저 : 5억 원(2025년 10억 원 안)
- 최고 : 실제 상속분(한도 : 30억 원, 20억 원 × 1.5 / 3.5 = 8억 5,714만 2,857원 중 작은 금액)

여기에서 '1.5/3.5'는 배우자의 법정상속 지분율을 의미한다. 법적으로 상속인인 자녀는 1, 배우자는 1.5의 지분을 갖는다.

이상의 내용을 반영하면 다음과 같이 피상속인(사망자)과 피상속인의 배우자의 상속세가 산출된다. 여기서는 신고 세액공제나 단기 재상속공제 등은 고려하지 않았다.

- 과세표준 = 20억 원 − 1,357,142,857원(배우자 상속공제 + 일괄공제)
  = 642,857,143원
- 산출세액 = 과세표준 × 30% − 6,000만 원(누진공제액) = 132,857,143원

이렇게 배우자 상속공제를 많이 받으면 당초에 예상된 2억 4,000만 원의 세금보다 무려 1억 원 정도 감소된다. 다만, 피상속인의 배우자가 이렇게 상속을 받은 후 사망하면 상속세가 부과되므로 이런 부분을 감안하면 앞의 절감 금액은 축소될 수 있다.

TIP

배우자 상속공제와 등기·명의개서

배우자 상속공제를 5억 원을 초과하여 공제받기 위해서는 반드시 배우자 상속재산 분할 기한(상속세 신고 기한 다음 날부터 9월을 말하며, 상속회복청구 소송이 있거나 상속재산미분할 신고서를 접수한 경우에는 6개월을 더 연장할 수 있음)까지 배우자 명의로 등기(주식 등은 명의개서) 등을 완료해야만 배우자 상속공제 5억~30억 원을 적용받을 수 있다. 만일 이 기한까지 협의분할이 되지 않아 배우자 상속재산에 대해 등기 등이 완료되지 아니하면 5억 원만 공제하므로 주의해야 한다.

TIP

주의해야 할 세대생략 상속

할아버지의 유산을 세대를 생략하여 손·자녀가 직접 받은 경우 상속공제 한도가 축소될 수 있음에 유의해야 한다. 세대생략 없이 상속을 받으면 일괄공제와 배우자 상속공제로만 10억 원을 적용받을 수 있는데, 세대생략을 통해 상속을 받으면 10억 원에서 세대생략으로 이전되는 재산가액을 차감한 금액을 상속공제 한도로 하기 때문이다. 따라서 세대생략 상속을 하면 한도 축소에 의해 예기치 못한 상속세가 나올 수 있음에 유의해야 한다.

TIP

상속·증여재산가액이 수정되면 가산세는 어떻게 될까

신고한 상속이나 증여재산가액이 매매사례가액의 발견이나 오류 등에 의해 달라져 과세당국이 수정해 고지서를 보내는 경우 가산세는 어떻게 적용될까?
이런 경우 원칙적으로 신고를 불성실하게 했을 때 신고불성실 가산세(10~40%)를, 납부를 적게 한 경우에는 납부지연 가산세(미납 기간에 따라 일일 2.2/10,000, 2022년 인하)를 부과한다. 하지만 다음의 사유가 발생한 것에 한해서는 신고불성실 가산세를 부과하지 않는다.

- 신고한 재산에 대한 평가가액 적용 방법 차이(예: 기준시가로 신고했으나 매매사례가액으로 고지한 경우 등)로 미달 신고한 경우
- 신고한 재산으로서 소유권에 관한 소송 등의 사유로 인하여 상속 또는 증여재산으로 확정되지 아니한 금액
- 상속공제나 증여공제의 적용 착오로 미달 신고한 금액

참고로 신고 후 과세관청의 감정평가로 신고가액이 경정되는 경우에는 신고불성실 가산세와 납부지연 가산세를 부과하지 않는다.

특수관계자 간의
거래는 이렇게 하라

가족 등 특수관계자 간에는 이해관계가 일치하기 때문에 마음만 먹으면 언제라도 가족 간에 증여나 매매 등을 통해 거래를 성사시킬 수 있다. 이 과정에는 다분히 조세회피의 여지가 들어 있는 경우가 많다. 따라서 세법은 특수관계자 간에 거래가 발생하면 다양하게 규제하고 있는데, 이는 다음과 같은 원리하에 시행한다.

편법 거래를 규제하는 원리

– 만일 특수관계자들이 증여를 선택하면 → 주로 낮은 취득가액 등의 이유로 양도세가 많이 나올 것으로 예상되면 증여를 한 후 양도를

생각하게 된다. 세법은 이런 상황에 대해 이월과세 제도와 부당행위 계산 부인 제도를 적용한다.

- 만일 특수관계자들이 양도를 선택하면 → 특수관계자 간에 양도를 선택하는 경우 대개 증여의 성격을 띠고 있다. 따라서 상속세 및 증여세법에서는 이런 거래들에 대해 일단 증여 추정 규정을 적용하여 유상 양도임을 입증하지 못하면 양도세 대신 증여세를 부과한다.

구체적인 규제 형태

그렇다면 구체적으로 어떤 거래들이 문제가 되는지 알아보자.

① 증여 후 양도 시 취득가액을 부인하는 거래(이월과세 제도)

현재 배우자 간 증여 시에 6억 원까지는 비과세가 되므로 취득세 등 일부만 부담하면 취득가액을 높일 수 있다. 그리고 이렇게 증여를 거친 후 양도하면 전체적으로 세금이 줄어드는 경우가 많다. 그런데 이러한 거래에 대해 세법은 증여받은 배우자가 10년(2022년 이전 증여분은 5년. 이하 동일) 내 증여받은 재산을 처분한 경우 양도 시의 취득가액을 당초 증여한 사람의 것으로 적용하고 있다(이를 이월과세라 한다). 이렇게 되면 증여 시의 신고 금액을 취득가액으로 사용할 수 없다. 다만, 10년(5년)이 경과한 후에 양도하는 경우에는 증여 시의 신고 금액을 취득가액으로 인정한다(부동산·회원권 외의 분양권·입주권도 적용하고 있음. 한편 2025년부터 주식을 포함하되 이월과세 기간은 1년을 적용할 예정임).

② 증여 후 양도를 부인하는 거래(부당행위계산 부인 제도)

보유 중인 집을 친척 등 특수관계자에게 증여한 후 그 친척이 그 집을 10년(2022년 이전 증여분은 5년) 내에 양도했다고 하자. 이런 상황이라면 다음과 같이 그 친척에게 증여세(①)와 양도세(②)를 과세하는 것이 원칙이다.

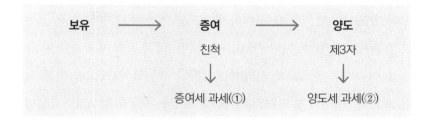

그런데 세법에서는 친척 등 특수관계자와의 거래를 통해 세 부담을 감소시키는 경우에는 이를 부당행위로 간주하여 당초 증여자가 제3자에게 직접 양도하는 것으로 간주한다. 다만, 위 ①과 ②의 세금 합계액이 당초 증여자가 제3자에게 양도했을 때 나온 세금보다 큰 경우에는 부당행위에 해당하지 않는다. 그리고 양도소득이 그 친척 등 특수관계자에게 귀속되면 이 경우에도 부당행위계산 부인 규정을 적용하지 않는다. 증여받은 자산은 그 친척 등 특수관계자 소유의 것이 되기 때문이다. 따라서 이런 경우에는 ①과 ②의 세금이 그대로 확정된다.

만일 이 규정에 의해 친척의 증여세와 양도세가 부인되면 이 세금들은 환급 대상이 된다. 증여와 증여 후의 양도 거래가 부인되었기 때문이다.

한편 자녀가 아버지로부터 주택을 증여받은 후 10년(5년) 이내에 이 주택을 양도한 경우 비과세를 받을 수 있을까? 이 같은 경우에는 먼저 수증일 이후 1세대 1주택 2년 보유(거주)했는지의 여부를 점검해야 한다. 그 결과 비과세를 받을 수 있다면 이월과세 규정을 적용할 이유가 없다. 이 제도는 양도세가 나올 때 적용되는 규정이기 때문이다. 따라서 사례의 경우 이 제도가 적용되지 않는다. 다만, 이러한 상황에서는 소득세법상 부당행위계산 부인 규정을 적용하여 자녀가 부담한 '증여세와 양도세의 합계액'과 증여자가 양도할 경우의 양도세 중 큰 금액으로 과세하고 있다. 다만, 양도소득이 자녀에게 직접 귀속되면 이 규정을 적용받지 않으므로 10년(5년) 내에 처분하더라도 2년 이상 보유(2017년 8월 3일 조정대상지역 취득분은 2년 거주)한 경우라면 1세대 1주택에 대한 비과세를 받을 수 있을 것으로 보인다.

③ 특수관계자 간의 양도를 증여로 추정하는 제도

배우자나 직계존비속 등 특수관계자 간에 양도를 하는 것은 증여의 성격이 짙다. 그래서 세법은 특수관계자 간에 양도 거래를 하면 일단 증여로 추정하고, 만일 거래 당사자들이 유상 양도임을 입증하지 못하면 증여세를 부과한다.

한편 양도세를 낸 상태에서 증여세가 부과되면 세금이 이중으로 부과되므로 이 경우 양도세는 환급 대상이 된다.

④ 특수관계자를 매개로 우회 증여 시 증여 추정하는 제도

친척 등 특수관계자에게 양도를 하고 그 양수자(B)가 양도한 자(A)의 배우자 등(C)에게 양수일로부터 3년(5년이 아님에 유의) 내 다시 양도하는 경우에는 A가 C에게 증여한 것으로 추정한다. 따라서 양도 과정이 유상 양도임이 입증되지 않으면 C에게 증여세가 추징된다.

직계존비속 간 편법 거래에 대한 규제 요약

구분		규제 내용
증여 후 양도 시 취득가액을 부인하는 거래 (이월과세)*	① 부부 또는 직계존비속 간에 증여→증여받은 사람이 10년(5년) 내 타인에게 양도 시	• 취득가액은 증여자가 처음 취득했을 때의 가격을 적용한다(소득세법 제94조 4항, 이월과세 제도). • 만일 이월과세 제도가 적용된 경우 증여세는 환급되지 않고, 양도세 계산 시 기타 필요경비로 산입한다.
증여 후 양도를 부인하는 거래 (부당행위계산 부인)*	② 친척 등 특수관계자에게 증여 → 증여받은 사람이 10년(5년) 내 타인에게 양도 시	• 증여자가 타인에게 직접 양도한 것으로 간주한다(소득세법 제101조 2항, 부당행위계산 부인 제도). • 만일 증여세와 수증자의 양도세가 당초 증여자의 양도세보다 크면 위 제도가 적용되지 않는다. • 만일 위 제도가 적용되는 경우에는 납부한 증여세는 환급받을 수 있다(위 ①과 차이).
양도를 증여로 추정하는 제도	③ 배우자(또는 직계존비속)에게 양도 시	• 대가관계가 확실하면 양도세, 그렇지 않으면 증여세를 부과한다(상속세 및 증여세법 제44조 1항, 증여 추정 제도). • 만일 양도세를 납부한 상태에서 증여 추정으로 증여세가 부과되면 납부한 양도세는 돌려받을 수 있다.
	④ 특수관계자에게 양도 → 3년 내 양도자의 배우자 등 특수관계자에게 다시 양도 시	• 양도 당시의 재산가액을 특수관계자가 증여받은 것으로 추정한다(상속세 및 증여세법 제44조 2항, 증여 추정 제도). • 만일 양도세를 납부한 상태에서 증여 추정으로 증여세가 부과되면 납부한 양도세는 돌려받을 수 있다.

* 이월과세는 취득가액을 종전 증여자의 것으로 하는 제도를 말한다. 부동산과 시설물 회원권, 분양권, 입주금에 대해서만 적용된다. 부당행위계산 부인은 수증자가 양도한 경우 이를 부인하고 증여자가 타인에게 직접 양도한 것으로 본다. 모든 양도세 과세 대상 자산에 대해 적용한다. 이월과세 제도를 먼저 적용하고 이의 적용을 받지 않으면 부당행위계산 부인 제도를 적용한다.

특수관계자 간에
저가양도를 할 수 있을까?

"특수관계자 간 거래에 대한 규제가 참 많네요."

"맞습니다. 특히 우회 양도나 우회 증여 등을 통해 세금 부담을 낮추는 시도들이 많은 상황에서 법은 이들을 규제하려 들기 때문에 그 내용이 점점 복잡해지고 있는 실정입니다."

"그렇다면 세무사님, 직계존비속 간에 진짜 양도를 하면 거래가 인정되잖아요. 그런데 이때 거래금액을 낮추면 어떤 문제가 있나요?"

"아, 역시 야무진 씨는 보는 눈이 예사롭지가 않네요."

저가양도 거래를 하면 어떤 규제가 있을까?

일단 현행 세법에서는 특수관계자 간이라도 유상 양도임이 명백한 경우에는 양도 거래를 인정한다. 그런데 시가는 10억 원인데 이를 1억 원으로 사고판다면 세법은 이런 거래를 인정할까?

일단 거래 자체는 부인할 수가 없다. 계약 당사자 간에 자유롭게 계약할 수 있기 때문이다. 하지만 세법은 제3자 간의 거래와 비교해 볼 때 세금이 줄어들었기 때문에 양도자와 양수자에게 다음의 세금을 부과한다.

- **양도자** → 특수관계자에게 저가(시가의 5% 또는 3억 원 차이)로 양도하는 경우 시가로 고쳐서 과세한다. 국가 입장에서는 이렇게 해야 세수가 확보된다.
- **양수자** → 양수자는 이 거래를 통해 시가보다 낮은 가액으로 취득해서 경제적 이익을 보았다. 따라서 현행 세법에서는 양수자가 특수관계이든 아니든 간에 일정한 이익을 얻었다면 여기에 대해 증여세를 부과한다. 여기서 '일정한 이익'이란 이익이 시가의 30%(위 양도자의 경우는 5% 기준) 차이가 나거나 차액이 3억 원 이상 난 경우를 말한다. 참고로 특수관계가 아닌 경우에는 30% 기준만을 사용한다. 따라서 특수관계가 아닌 경우에는 시가의 30% 이내에서 거래하면 세법상 문제가 없다. 참고로 시가보다 저가로 양수하면 취득세가 줄어드는데, 이에 지방세법은 앞의 양도소득세와 같은 기준을 적용해 시가로 과세하고 있다.

저가양도 시의 세금 관계 사례

예를 들어 아버지가 자녀에게 다음과 같은 거래를 한다고 하자. 어떤 문제점이 있고 세금(취득세는 제외)은 얼마가 부과되는지 알아보자. 단, 아버지는 다주택자로 해당 주택에 대해서는 비과세가 성립하지 않는다고 하자.

〈자료〉
- 거래 대상 : 주택
- 거래 가격 : 3억 원(시세는 5억 원)

① 아버지에 대한 세금 검토

일단 아버지는 자녀에게 양도하는 것인 만큼 부당행위계산 제도가 적용되는지 살펴보아야 한다. 일단 이 제도는 특수관계자 간의 거래를 통해 세금을 부당히 감소시키는 경우에 적용되므로 이 조건이 적용된다. 따라서 과세당국은 아버지의 양도차익을 다음과 같이 고쳐서 과세한다.

당초 양도차익	수정 양도차익
양도가액 : 3억 원	양도가액 : 5억 원
- 취득가액 : ×××	- 취득가액 : ×××
= 양도차익 : 3억 원 - ×××	= 양도차익 : 5억 원 - ×××

다만, 당초 거래금액이 이렇게 시가로 수정될 수 있으나, 이 경우 시가를 둘러싸고 과세당국과 마찰이 발생할 수 있다. 왜냐하면 이런 상황에서 과세당국은 해당 자산의 시가를 알기가 힘들므로 양도일 전후 3개월 내의 매매사례가액으로 과세하려고 하기 때문이다. 이런 문제에 대해서는 앞의 상속 및 증여재산가액을 검토할 때 살펴보았다.

② 자녀에 대한 세금 검토

자녀는 이 거래를 통해 이익을 본 경우에 해당한다. 따라서 이익에 대해서는 증여세를 부과하는 것이 맞다. 다만, 이 이익이 시가의 30% 또는 3억 원 이상이 되어야 하므로 이 부분을 먼저 따져 보아야 한다.

이 사례에서 시가는 5억 원이며 이 금액의 70%는 3억 5,000만 원이므로 저가양도에 대한 증여 규정이 적용된다. 따라서 자녀가 받은 이익에 대해서는 증여세가 부과된다. 다만, 현행법에서는 이때 과세되는 이익을 5억 원에서 양도가액인 3억 원을 차감한 2억 원에 대해 과세하는 것이 아니라 2억 원에서 다음 중 작은 금액인 1억 5,000만 원을 차감한 잔액에 대해 과세한다.

㉠ 시가의 30% [사례의 경우 1억 5,000만 원(5억 원×30%)]
㉡ 3억 원

따라서 증여세는 다음과 같이 부과된다. 단, 증여재산공제액은

5,000만 원이라고 가정한다.

> 증여재산가액 5,000만 원(2억 원 - 1억 5,000만 원)
> - 증여공제 5,000만 원(위의 자녀가 성년자인 경우)
> = 과세표준 0원
> × 세율 10~50%
> = 산출세액 0원

저가양도 거래에 대한 결론

이상과 같이 저가양도 거래를 하면 우선 양도자에게 부당행위계산부인 제도가 적용되어 시가로 과세될 수 있다. 하지만 양도자는 해당 자산에 대해 시가를 파악하기가 힘든 경우가 많기 때문에 거래가를 마음대로 정할 수 있다. 그래서 통상 기준시가보다 약간 높은 수준에서 거래금액을 정하는 경우가 많다.

하지만 과세당국은 부당행위 거래에 대해서는 시가로 과세하는 것이 원칙이므로 매매사례가액 등을 찾아 시가로 과세하려 할 것이다.

따라서 이 제도 또한 시가를 두고 앞에서 본 상속세나 증여세처럼 납세자와 과세당국 간의 마찰이 발생할 소지가 높다. 따라서 이 부분도 재검토가 필요할 것으로 보인다(이러한 문제점을 예방하려면 감정평가에 맞춰 거래금액을 정하는 것이 좋을 것으로 보인다).

한편 양수자는 증여로 이익을 보더라도 이익에서 시가의 30% 등을 공제받기 때문에 증여세 부담이 상대적으로 줄어들 수 있다(현실적으로 이런 이유로 특수관계자 간에 저가양도 거래가 자주 발생하고 있다). 다만, 이 경우에도 시가가 어떻게 확정되느냐에 따라 세금의 크기가 정해지므로 실무상 이 부분에 유의할 필요가 있다.

교환거래를 하는 경우

세법상의 양도는 자산에 대한 등기 또는 등록에 관계없이 매도·교환·현물출자 등에 의해 그 자산이 유상으로 사실상 이전되는 것을 말한다. 따라서 교환의 경우에도 엄연히 양도에 해당하므로 다음과 같은 제도들이 적용된다.

- 교환으로 양도한 자산 → 양도세 규정이 적용된다. 만일 해당 재산이 1세대 1주택이면 비과세를 받을 수 있다.
- 교환으로 취득한 자산 → 취득세 등이 과세된다.

참고로 교환하는 자산의 가액이 차이가 나는 경우로서 차이 난 부분이 현금 등으로 보충되지 않으면 양도세 부당행위계산 부인, 증여세 문제 등이 대두될 수 있다.

부담부 증여 vs 증여 vs 매매의 실익 비교

부모가 자녀에게 집을 마련해 주는 방법 중 대표적인 것에는 증여가 있다. 자녀 명의로 새로운 주택을 구입할 때 취득자금의 일부를 도와주는 것은 현금 증여가 되며, 이미 보유한 주택을 증여하는 것은 부동산 증여가 된다.

이 중 현금 증여는 본인의 자발적인 신고가 없으면 과세당국이 이를 발견할 가능성은 크지 않다. 그래서 과세당국은 일정한 금액을 초과하여 부동산을 취득한 사람들의 재산 취득자금에 대한 자금출처조사를 시행함으로써 간접적으로 현금 증여를 적발한다.

그런데 부동산 증여는 '증여 등기'임이 과세당국에 자동 통보가 되므로 신고 여부를 100% 검증할 수 있다. 따라서 자녀에게 부동산을 증여하면 증여세를 반드시 신고해야 한다.

부담부 증여가 성행하는 이유

현실적으로 증여를 선뜻 선택할 수 없는 경우가 많다. 증여 관련 세금들이 크기 때문이다. 그래서 순수한 증여보다 세금을 낮출 수 있는 변형된 증여 방식인 부담부 증여가 선호되고 있다. 물론 양도하는 방식으로 자녀에게 집을 이전할 수도 있으나 양수자인 자녀가 취득자금의 출처를 입증하지 못하면 증여세가 부과되는 문제점이 있다. 따라서 자금출처 입증이 용이하지 않은 상황에선 현실적으로 이 방식을 선택하기가 힘들다. 그러나 부담부 증여는 오늘이라도 당장 그 집을 담보로 하여 미리 대출받고 증여 등기를 실행하면 곧바로 자산을 이전시킬 수 있는 수단이 된다.

예를 들어 5억 원(편의상 시가와 기준시가가 같다고 가정)짜리 집을 자녀에게 증여한다고 하자. 그렇게 되면 일단 증여를 받은 사람이 취득세 등을 기준시가의 4%(중과세는 12%) 정도 물어야 하고, 증여세를 또 내야 한다. 단순하게 보더라도 증여세는 7,760만 원, 취득세 등 취득 관련 세금은 2,000만 원 등 9,760만 원의 세금이 발생한다. 증여세는 증여재산가액에서 증여공제를 적용한 후의 금액에 세율을 곱해 계산한다. 여기서 증여재산가액은 5억 원, 증여공제는 직계존비속 간은 10년간 5,000만 원이므로 4억 5,000만 원에 20%를 곱하고 누진공제액 1,000만 원을 차감하면 8,000만 원이 나오며, 증여일이 속하는 말일로부터 3개월 내 신고를 하면 3%* 할인을 받는다(사례의 경우 7,760만 원이 최종적으로 결정된 세금에 해당한다). 물론 취득세 등은 기준시가 5억 원에 4%를 곱해 계산한다. 그런데 만약 증여한 주택이 1세대 2주택 이상인 상태에서 조정대상지역 내에 소재하면 12%의 세율이 적용된다. 이렇게 되면 취득세가 6,000만 원이 된다(총세금은 1억 3,760만 원).

* 2019년 이후에는 3%가 적용된다.

부담부 증여 방식에서 유의할 점과 실익

그런데 이 집을 담보로 하여 2억 원을 대출받아 부모가 갖고 이 빚과 함께 집을 자녀에게 증여했을 때 앞의 세금을 줄일 수가 있다. 다만, 구체적으로 이를 계산해 보기 전에 부담부 증여 과세 방식 하나만은 명확히 이해할 필요가 있다. 세법에서는 증여 시 함께 넘어간 빚은 유상 양도에 해당하므로 증여자에게 양도세를 부과하고, 증여를 받은 사람에게는 빚을 제외한 순수한 증여재산에 대해서만 증여세를 부과한다.

앞의 집은 취득 시 시가(단, 양도가액이 기준시가이면 취득가액도 기준시가로 해야 함. 사례는 시가와 기준시가가 동일)가 2억 5,000만 원이라고 할 때 이 집에 대한 양도세율이 누진세율(6~45%) 또는 60%로 적용되는 경우 어떤 결과가 나오는지 보자.

먼저, 부담부 증여 시 빚을 제외한 금액에 대한 증여세는 약 3,880만 원이 발생한다. 기준시가 5억 원 중 2억 원은 부채에 해당하므로 나머지 3억 원이 순수한 증여가 되는 것이다. 이 3억 원에서 증여공제 5,000만 원을 적용한 후의 금액에 세율(20%, 누진공제 1,000만 원)과 신고 세액공제 3%를 적용하였다. 따라서 증여세 산출세액은 4,000만 원[= 2억 5,000만 원×20%-1,000만 원(누진공제)]이고, 3%의 세액공제를 적용하면 결정세액은 3,880만 원이 나온다.

다음으로, 빚은 유상 양도에 해당하므로 이는 양도세 과세 대상이 된다. 그런데 이 양도세는 세율에 따라 다음과 같이 그 크기가 달라진다. 단, 누진세율 적용 시 장기보유 특별공제율은 12%라고 하자. 그리고 세율이 60%가 적용되는 경우는 편의상 이 공제를 받을 수 없다고 하자.

계산 구조	누진세율	60%	산출 근거
양도가액	2억 원	2억 원	채무인수액을 말함.
− 취득가액	1억 원	1억 원	2.5억×2억/5억
− 기타 필요경비	300만 원	300만 원	취득 시 기준시가의 3%
= 양도차익	9,700만 원	9,700만 원	
− 장기보유 특별공제	1,164만 원	0원	12%
− 양도소득 기본공제	250만 원	250만 원	
= 과세표준	8,286만 원	9,450만 원	
×세율	6~45%	60%	누진세율 산출세액 : 과세표준×24%
= 산출세액	≒1,412만 원	5,670만 원	−576만(누진 공제액) = 14,126,400원

양도세에 누진세율이 적용되는 경우에는 양도세가 약 1,412만 원이 발생하고, 빚을 제외한 금액에 증여세가 3,880만 원이 발생하므로 총 세금은 5,292만 원이 발생한다. 이 금액은 5억 원을 순수하게 증

여했을 때의 금액 7,760만 원보다 2,468만 원 정도가 적다. 양도세가 60%로 적용되는 경우에는 양도세가 5,670만 원이 발생하고 여기에 증여세 3,880만 원을 더하면 대략 9,550만 원이 발생하여 순수한 증여보다 1,790만 원이 더 많다. 물론 지방소득세를 감안하면 이 금액이 더 증가할 수 있다.

이상과 같은 분석만으로도 부담부 증여의 성격을 파악할 수 있다. 일단 부담부 증여가 발생하기만 해도 막대한 세금이 발생한다는 것과 양도세 과세 방식에 따라 세금 효과가 달라진다는 것이다. 특히 양도세율이 높은 경우에는 순수한 증여보다 오히려 손해가 됨을 알 수 있다. 그래서 부담부 증여 방식은 누진세율(6~45%)이 적용되고 있는 상황에서 유용한 자산 이전 방식이라고 할 수 있다. 참고로 부담부 증여 시 대출금이 발생하면 그에 따른 이자비용이 필연적으로 발생하므로 이런 부분을 감안할 필요가 있다. 이 외에도 부담부 증여에 따라 인수받은 채무액을 상환할 때에는 이에 대한 자금출처조사가 진행될 수 있음에도 유의해야 한다.

한편 증여는 무상으로 소유권이 이전되는 방식이나, 매매는 유상으로 소유권이 이전되는 방식이다. 따라서 실무에서는 증여와 매매 상의 세제를 비교하는 방식으로 대안을 찾으면 된다. 참고로 앞의 사례에서는 시가와 기준시가가 같다고 가정했지만, 실무에서는 부담부 증여를 포함한 증여를 할 때는 시가(매매사례가액, 감정가액 등 포함)를 기준으로 과세된다는 점에 주의해야 한다.

증여 대 부담부 증여 대 매매에 따른 세무상 쟁점 비교

증여 대 부담부 증여 그리고 매매에 따른 세무상 쟁점들을 비교하면 아래와 같다.

구분	증여	부담부 증여	매매
1. 개념	재산을 무상으로 이전하는 방법	재산을 유상과 무상으로 동시에 이전하는 방법	재산을 유상으로 이전하는 방법
2. 대가 수반 여부	없음.	일부 있음(대출금이나 전세보증금이 승계). ※ 대출금 승계 여부는 금융기관에서 미리 확인해야 함.	있음(대출금이나 전세보증금 승계 포함).
3. 거래가액 측정	시가 → 매매사례가액·감정가액 → 기준시가 순 ※ 상증법상 평가 기준 적용		계약 금액 ※ 부당행위 적용 시 상증법상 평가(±3개월) 기준에 따름.
4. 증여 추정	해당 사항 없음. ※ 저증여 추정은 직계 간 매매를 증여로 추정하는 제도임.		직계 간 매매는 증여로 추정 (대가관계 입증해야 함)
5. 저가양도로 인한 부당행위계산부인/ 증여세 과세	해당 사항 없음.		• 저가양도자 : 부당행위(5%, 3억 기준) • 저가양수자 : 증여의제(30%, 3억 기준) ※ 시가 확정 후 위 규정을 적용함 (주의!!!)
6. 취득가액 이월과세 적용	증여 후 10년(2022년 5년) 내 양도 시 적용 (취득가액을 당초 증여자의 것으로 함. 비과세 주택은 제외)		해당 사항 없음.
7. 취득세	3.5~12%	• 양도 : 1~12% • 증여 : 3.5~12%	1~12%

합법적으로 세금 안 내는 110가지 방법 · 부동산편

초판 1쇄 발행   2003년 11월 15일
초판10쇄 발행   2004년 1월 5일
2판 4쇄 발행   2006년 4월 15일
3판 4쇄 발행   2007년 7월 10일
4판 1쇄 발행   2008년 1월 1일
5판 3쇄 발행   2009년 12월 30일
6판 2쇄 발행   2011년 6월 15일
7판 2쇄 발행   2013년 9월 5일
8판 2쇄 발행   2014년 6월 30일
9판 4쇄 발행   2015년 9월 5일
10판 3쇄 발행   2016년 8월 30일
11판 3쇄 발행   2017년 9월 30일
12판 2쇄 발행   2018년 9월 5일
13판 1쇄 발행   2019년 1월 10일
14판 2쇄 발행   2020년 2월 10일
15판 2쇄 발행   2021년 8월 20일
16판 2쇄 발행   2022년 4월 20일
17판 1쇄 발행   2023년 1월 5일
18판 1쇄 발행   2024년 1월 5일
19판 1쇄 발행   2025년 1월 3일

지은이   신방수

펴낸이   김연홍
펴낸곳   아라크네

출판등록   1999년 10월 12일 제2-2945호
주소   서울시 마포구 성미산로 187 아라크네빌딩 5층(연남동)
전화   02-334-3887   팩스   02-334-2068

ISBN   979-11-5774-768-9 03320